新时代跨境电子商务
新形态系列教材

# 跨境电子商务概论

方美玉　金贵朝　主编
刘睿伣　汤叶灿　副主编

Introduction of
Cross-border E-commerce

清华大学出版社
北京

## 内 容 简 介

本书围绕跨境电子商务（以下简称"跨境电商"）业务链所涉及的理论知识和基本应用，通过案例导学、理论逻辑梳理、基础技术应用与相关理论相结合的编写方式，介绍跨境电商概念、生态系统组成、技术基础、选品、供应链、物流、数字营销、支付、海外市场与文化、政策及法律法规等关键环节涉及的原理、逻辑与管理模式，简要介绍了数字营销、大数据选品、跨境电商直播、财税等新应用，目的是帮助学生形成对跨境电商领域比较完整的知识框架体系，培养对跨境电商的兴趣和奠定扎实的理论基础。

本书适合作为本科院校跨境电子商务专业及相关专业方向的导学教材，也可以作为从业人员自学用书及培训教材。

本书封面贴有清华大学出版社防伪标签，无标签者不得销售。

版权所有，侵权必究。举报：010-62782989，beiqinquan@tup.tsinghua.edu.cn。

**图书在版编目(CIP)数据**

跨境电子商务概论 / 方美玉，金贵朝主编. —北京：清华大学出版社，2022.8（2025.1 重印）
新时代跨境电子商务新形态系列教材
ISBN 978-7-302-61686-3

Ⅰ.①跨… Ⅱ.①方… ②金… Ⅲ.①电子商务－高等学校－教材 Ⅳ.① F713.36

中国版本图书馆 CIP 数据核字 (2022) 第 154938 号

责任编辑：张　伟
封面设计：李召霞
责任校对：王荣静
责任印制：杨　艳

出版发行：清华大学出版社
网　　址：https://www.tup.com.cn，https://www.wqxuetang.com
地　　址：北京清华大学学研大厦 A 座　　邮　编：100084
社 总 机：010-83470000　　邮　购：010-62786544
投稿与读者服务：010-62776969，c-service@tup.tsinghua.edu.cn
质 量 反 馈：010-62772015，zhiliang@tup.tsinghua.edu.cn
课 件 下 载：https://www.tup.com.cn,010-83470332

印 装 者：北京嘉实印刷有限公司
经　　销：全国新华书店
开　　本：185mm×260mm　　印　张：16.25　　字　数：373 千字
版　　次：2022 年 9 月第 1 版　　印　次：2025 年 1 月第 4 次印刷
定　　价：55.00 元

产品编号：093046-01

# 丛书编写指导委员会

（按姓氏拼音排序）

主　任：覃　征

副主任：陈德人　陈　进　贺盛瑜　彭丽芳　孙宝文　章剑林

委　员：曹　杰　陈　曦　郭卫东　胡　桃　华　迎　琚春华
　　　　刘业政　倪　明　帅青红　孙建红　孙细明　王刊良
　　　　魏明侠　武长虹　熊　励　杨兴凯　姚卫新　叶琼伟
　　　　尹建伟　于宝琴　张李义　张润彤　张玉林

# 丛书序

党的二十大报告提出加快建设贸易强国。跨境电子商务已成为我国外贸发展的新动能、转型升级的新渠道和高质量发展的新抓手，作为数字贸易新业态，近年来，其优势和潜力不断释放，对国际贸易的贡献率不断提高，成为稳外贸和促经济的重要力量。从2015年到2022年，我国不断出台扶持政策，支持跨境电子商务健康持续创新发展，先后分6批设立132个跨境电子商务综合试验区，覆盖全国30个省（区、市），在发挥跨境电商助力传统产业转型升级、促进产业数字化发展等方面发挥了积极作用。跨境电商货物进出口规模占外贸比重由2017年前的不足1%上升到2022年的5%左右。2024年1月12日，海关总署相关负责人介绍，2023年我国有进出口记录的外贸经营主体首次突破60万家，跨境电子商务进出口额为2.38万亿元，同比增长15.6%。我国跨境电子商务贸易伙伴遍布全球，与29个国家和地区签署双边电子商务合作备忘录。

行业的发展离不开人才培养，尤其是跨境电子商务作为新兴行业，发展时间短，人才紧缺且良莠不齐，因此，如何又快又好地培养出新型人才，成为行业发展的重要任务。2019年，教育部在本科专业目录中新设立跨境电子商务专业，第一批批准设立该专业的院校有7所。浙江外国语学院成为第一批设立该专业的唯一公办院校。2016年，浙江外国语学院在小语种专业基础上开设了跨境电商"3+1"实验班和电子商务（跨境电商）复合型应用型人才培养课程，是国内最早开设跨境电子商务人才培养课程的学校。通过几年来的实践，浙江外国语学院摸索出一套校政企协同育人的新举措，推动了跨境电子商务专业本科人才培养的进程，为行业、企业输送了合格的跨境电子商务人才。但是，跨境电子商务专业自2019年设立以来，时间不长，积累还不够多，在课程体系的合理性、教学方法的适应性、教材建设的完整性、培养方案的稳定性等方面都尚待完善。因此，浙江外国语学院作为第一批设立跨境电子商务专业的本科院校，在总结已有的教学与实践经验的基础上，编写一套专业课程体系相对比较全面的教材，不仅有重要的现实意义，也有深远的历史意义。本系列教材包括《跨境电子商务概论》《跨境电子商务速卖通运营》等。

本系列教材具有以下几个特点。

第一，这是一套产学研融合一体的学科交叉与复合型教材，经过多年校政企协同育人实践检验。丛书编写指导委员会成员和作者均来自电子商务领域及跨境电子商务综合试验区在内的政府部门、30余所高等院校、10家知名跨境电子商务平台企业。

第二，教材编写主要负责单位浙江外国语学院曾与全球领军跨境电子商务平台成功合作系列跨境电子商务人才培养项目，项目的研发和实施为教材编写打下了坚实的基础。

第三，体现新时代、新形态特征。教材内容嵌入二维码链接的各类扩展资源，融入课程思政元素，配备多媒体课件和测试题。既重视学科和专业理论的建树，又践行校政企协同一体化的育人使命。

第四，在案例教学中融入人文交流的理念，教材每一章开头配套导学型案例，章节中插入丰富的内容解读型案例。很多案例选材蕴含中国文化，讲解严谨而生动，引领学习者理解理论、探讨热点问题、辨析难点知识，从而达到行之有效的学习效果。

在当今的互联网和移动学习时代，知识碎片化程度高，易学但难以致用。本系列教材将从知识的整体性和连续性上，给学习者构建一个理论系统和实践体系。无论是专业教师、跨境电子商务专业或相关专业的大学生，还是对跨境电子商务感兴趣的读者，通过学习，都将会有所收获。希望通过本系列教材的出版，能带动国内外更多跨境电子商务教材的出版，为国内外跨境电子商务领域培养出更多、更好的栋梁之材。

本系列教材是教育部产学合作协同育人项目配套教材。

2022 年 7 月 15 日

# 前　言

相对于市场上的同类教材，本书更加强调培养本科生扎实的专业理论基础，又不失从案例和应用分析中加深对课程理论知识点的理解，目的是帮助学生形成对本专业比较完整的知识框架体系，培养专业兴趣，为后期专业中各门课程的学习奠定扎实基础。

本书共13章，每章开篇有导学案例，章节中以理论与案例结合的模式展开阐述；每一章后配备课后习题和即测即练。本书配套资源有教学大纲、电子课件、习题参考答案、案例解析、课程思政元素表等立体化教学资料。同时，本书得到合作企业支持，5.2.3节为教师提供了正版数据化选品软件。

本书由方美玉总负责，并主写第1、2、3、4、5、6、7、9、11章以及其他章节的部分专题。在此特别感谢杭州师范大学钱江学院金贵朝教授，在本书编写过程中给予许多宝贵意见，并负责编写第8章"跨境电商视觉营销"。编写团队的每位成员都对本书作出了大量的贡献：浙江财经大学东方学院刘睿侃和王恩江分别负责编写第12章"跨境电商法律法规与政策发展"、9.4.3节"领英B2B数字营销"专题；获多家B2C平台认证的官方讲师汤叶灿总经理为本书第4、5章提供了丰富的一手实践材料；万丰奥特控股集团海外投资部夏建忠总监编写了第13章"海外文化及跨境电商市场"第一稿。同时，13.3节"'一带一路'国际商务文化"的内容，来自浙江外国语学院资深教授陈德人老师的讲座报告，感谢陈教授同意我们将本部分内容整理进教材；杭州翎聚出海信息科技有限公司总经理程涛为11.3节"DTC品牌"提供了宝贵的一手实践素材；杭州领聚创海信息咨询有限公司总经理李姿编写了9.2节部分内容；杭州千点白网络科技有限公司的郑盈总监编写了第10章"跨境电商支付结算与财税"部分章节内容；感谢谷歌国人为第9章部分内容提供支持；浙江外国语学院张剑教授、蔡乐毅老师、彭静老师、卢琦蓓老师编写了本书不同章节中部分专题；杨庆梅负责编写了各章节的自测题；朱喆等为教材素材整理提供了大力协助。感谢所有团队成员的大力付出！

由于编者能力有限，书中浅薄纰漏之处在所难免，恳请同行专家、学者及读者批评指正。

编　者
2022年2月26日

# 目 录

### 第1章 跨境电商概述 ········································································ 1
1.1 从中国电子商务谈起 ································································ 1
1.2 跨境电商概况 ········································································· 2
1.3 中国跨境电商的发展现状及趋势 ··············································· 5
1.4 跨境电商前沿关联领域概述 ······················································ 9
1.5 本章有关概念 ········································································ 12
课后习题 ····················································································· 13
即测即练 ····················································································· 13

### 第2章 跨境电商平台及其生态服务 ··············································· 14
2.1 跨境电商生态系统构成 ··························································· 15
2.2 主流 Top 出口跨境电商 B2C 平台 ············································ 16
2.3 跨境电商 B2B 平台 ································································ 28
2.4 独立站 ··················································································· 32
2.5 跨境电商进口平台 ·································································· 33
2.6 跨境电商行业其他生态服务 ···················································· 36
课后习题 ····················································································· 38
即测即练 ····················································································· 38

### 第3章 跨境电商数字技术基础 ······················································ 39
3.1 数字技术概述 ········································································ 40
3.2 Excel 数据处理技术 ································································ 42
3.3 数字技术前沿领域 ·································································· 45
3.4 独立站建站 ············································································ 54
课后习题 ····················································································· 65
即测即练 ····················································································· 65

### 第4章 跨境电商店铺运营基础 ······················································ 66
4.1 跨境电商店铺运营概述 ··························································· 66
4.2 跨境电商店铺运营的思维 ························································ 69
4.3 跨境电商店铺运营的流程 ························································ 71

课后习题 …………………………………………………………………………… 82
　　即测即练 …………………………………………………………………………… 82

## 第 5 章　跨境电商选品管理及实践 ……………………………………………… 83
　5.1　跨境电商选品的概念及原则 ………………………………………………… 83
　5.2　跨境电商选品实践 …………………………………………………………… 87
　5.3　跨境电商产品质量及管控 …………………………………………………… 95
　　课后习题 …………………………………………………………………………… 96
　　即测即练 …………………………………………………………………………… 96

## 第 6 章　跨境电商采购与供应链管理 …………………………………………… 97
　6.1　跨境电商采购 ………………………………………………………………… 98
　6.2　跨境电商供应链管理 ………………………………………………………… 101
　　课后习题 …………………………………………………………………………… 103
　　即测即练 …………………………………………………………………………… 103

## 第 7 章　跨境电商物流及仓储管理 ……………………………………………… 104
　7.1　跨境电商物流概述 …………………………………………………………… 105
　7.2　跨境电商物流模式 …………………………………………………………… 108
　7.3　跨境电商物流运输及通关方式 ……………………………………………… 120
　7.4　跨境电商仓储管理 …………………………………………………………… 127
　7.5　跨境电商物流空运的常用名词 ……………………………………………… 129
　　课后习题 …………………………………………………………………………… 131
　　即测即练 …………………………………………………………………………… 131

## 第 8 章　跨境电商视觉营销 ……………………………………………………… 132
　8.1　视觉营销概述 ………………………………………………………………… 132
　8.2　跨境电商视觉设计基本要素 ………………………………………………… 134
　8.3　跨境电商平台视觉设计 ……………………………………………………… 139
　8.4　跨境电商视觉营销趋势 ……………………………………………………… 143
　　课后习题 …………………………………………………………………………… 150
　　即测即练 …………………………………………………………………………… 150

## 第 9 章　数字营销原理与应用 …………………………………………………… 151
　9.1　数字营销概述 ………………………………………………………………… 151
　9.2　数字营销原理及应用 ………………………………………………………… 154
　9.3　数字营销技术体系分析 ……………………………………………………… 157

  9.4 主流数字营销平台及营销工具 ········· 160
  课后习题 ········· 175
  即测即练 ········· 175

## 第 10 章 跨境电商支付结算与财税 ········· 176

  10.1 跨境支付概述 ········· 176
  10.2 跨境电商支付 ········· 179
  10.3 跨境电商结算 ········· 183
  10.4 成本核算 ········· 187
  10.5 跨境电商关税 ········· 191
  课后习题 ········· 194
  即测即练 ········· 194

## 第 11 章 跨境电商品牌出海 ········· 195

  11.1 品牌概述 ········· 195
  11.2 跨境电商品牌建设 ········· 199
  11.3 DTC 品牌 ········· 200
  课后习题 ········· 202
  即测即练 ········· 203

## 第 12 章 跨境电商法律法规与政策发展 ········· 204

  12.1 跨境电商法律法规 ········· 205
  12.2 中国跨境电商政策发展 ········· 216
  12.3 中国跨境电商综试区实践 ········· 225
  12.4 跨境电商法律法规与政策发展对策建议 ········· 232
  12.5 案例讨论：跨境电商零售进口商品走私 ········· 233
  课后习题 ········· 235
  即测即练 ········· 235

## 第 13 章 海外文化及跨境电商市场 ········· 236

  13.1 海外文化概述 ········· 236
  13.2 跨境电商市场及文化 ········· 239
  13.3 "一带一路"国际商务文化 ········· 239
  课后习题 ········· 243
  即测即练 ········· 244

## 参考文献 ········· 245

# 第 1 章

# 跨境电商概述

**【本章学习目标】**
1. 了解什么是跨境电商，并对跨境电商发展历史、模式分类、业务流程有一个全面和清晰的认识；
2. 了解电商和跨境电商的区别与联系；
3. 熟悉和掌握跨境电商的业务流程；
4. 理解跨境电商的定义本质，以及掌握其发展特点。

**导学案例：关于跨境电商与跨境贸易概念的争论**

张悦和王丽是同一所大学的大一学生，张悦是电子商务专业，王丽是国际经济与贸易专业，两人同住一个宿舍，经常讨论问题，有时还争论得非常激烈。

一天，两人经过学校的众创空间，便不经意地进去参观学长吴平的公司。看到学长正在忙着给货物打包、贴面单，说是要将那些货物通过 Wish 平台和货代公司发往美国的客户。张悦和王丽几乎同时说了一句话："哦，我知道了，学长在做跨境电商/跨境贸易。"张悦说"跨境电商"，王丽说"跨境贸易"，两人都坚持自己的意见，一时争论不下。她们俩到底谁对谁错？还是这两个词本身就含义相同？

吴平是大三创业学生，当时每天营业额 1 000 美元，他针对跨境电商和跨境贸易这两个概念，跟学妹们进行了分析和讲解，两人才明白并停止了争论。

跨境电商是什么？跨境贸易又是什么？它们有什么本质区别？这是本章重点探讨的内容。

## 1.1 从中国电子商务谈起

### 1.1.1 电子商务的定义

电子商务是以信息网络技术为手段、以商品交换为中心的商务活动。也可理解为在互联网、企业内部网和增值网上以电子交易方式进行交易活动与相关服务的活动，是传统商业活动各环节的电子化、网络化、信息化。

### 1.1.2 中国电子商务的发展及其特点

电子商务诞生于 20 世纪 60 年代初，随着互联网的诞生和发展，中国电子商务已从高速增长阶段进入高质量发展的全新阶段。截至 2019 年，中国已连续 7 年成为全球最大的网络零售市场，成为举世公认的电子商务大国。从 2020 年"双 11"交易情况来看，中国电子商务发展呈现几个新特征：电商平台头部集聚效应明显，天猫、淘宝交易额占绝对优势；直播带货成为网络消费新增长点，"双11"期间，直播带货超百亿元；数字生活新服务加快发展，支付宝覆盖衣食住行等经济体数百万家；高质量品质化消费趋势明显，美妆、保健品销售量同比增长超过40%；重点品牌企业表现不俗，如天猫"双11"期间，浙江省共有超过80家企业450个品牌销售超亿元，销售占全省的26%。

中国电子商务通过跨境电商主渠道走出国门，有力地带动了"一带一路"沿线国家（地区）和世界其他地区的经济与就业增长。

## 1.2 跨境电商概况

### 1.2.1 跨境电商的定义

跨境电商，是指分属不同关境的交易主体，通过电子商务平台达成交易，进行支付结算，并通过跨境物流送达商品、完成交易的一种国际商业活动。

跨境电商的本质含义，需要从三个方面来理解：跨境电商交易主体、电子商务平台、跨境电商物流。不同于境内电子商务，跨境电商交易主体分属于不同关境的国家和地区，借助电子商务平台进行交易；电子商务平台提供交易所需要的基本网络环境、交易规则、商品展示功能及支付、物流、结算等工具或对接入口；跨境电商物流是商品送达全球的核心要素，它不同于境内物流，其环节和运输要复杂很多，包括境内物流（头程）、国际（地区间）物流、目的地国家或地区物流与配送三段，涉及输出国（地区）关境和输入国（地区）关境，发货路线和模式非常复杂。第7章将对跨境电商物流展开详细阐述。

### 1.2.2 跨境电商的特点

跨境电商具备全球性、小批量、数字化、低成本、快速演进五大特征。跨境电商不仅冲破了国家间的障碍，使国际贸易走向无国界贸易，同时它也正在引起世界经济贸易巨大变革。

特点一，全球性。互联网是没有一个边界的媒介体，具有全球性和非中心化等特征。由于经济全球化的发展趋势，商家依附于网络进行跨境销售，使得跨境销售也具有全球性和非中心化等特征。

特点二，小批量。在跨境电商交易商业活动中，企业或个人卖家通过平台和消费者直接交易，甚至通过线上直播、即时客服等形式，即时进行单个企业或单个消费者之间的交流沟通，其相对于传统贸易而言，大多是小批量甚至单件销售。

特点三，数字化。跨境电商卖家通过数据化调研市场、分析数据、选定产品，并将产品以数字化文本、图像、视频、直播等形式在网络平台上展示，买家浏览数字化产品，网上下单并支付，网上查询商品物流信息，整个流程几乎都是数字化形式。

特点四，低成本。跨境电商交易基本上是卖家通过全球性的跨境电商平台，直接将商品售卖到买家手里，省去了很多中间环节。相比传统的销售、分销等形式，跨境电商是一种去除中间环节并趋于扁平化的商务模式，因此产品的中间成本非常低，甚至为零。

特点五，快速演进。跨境电商是一个新的模式，其网络设施和相应协议软件的发展具有很大的不确定性。电子商务是在网络上交易，就像新生儿一样，势必会以前所未有的速度和无法预知的方式进行不断的演进。

### 1.2.3 跨境电商的模式分类

根据不同分类标准，跨境电商模式有不同分类方法。其主要分类标准有三种：交易主体、进出口方向和交易模式（图1-1）。

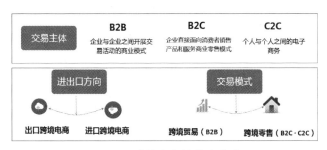

图1-1 跨境电商的模式分类

按照交易主体，跨境电商分为B2B（business to business）、B2C（business to customer）、C2C（customer to customer）三种模式。B2B是分属于不同关境的企业之间开展交易活动，通过跨境物流送达商品，进行支付结算的商业模式；B2C模式是指分属于不同关境的企业直接面向消费者开展线上销售产品和服务的国际商业活动；C2C是指分属于不同关境的个人卖家对个人消费者销售产品与服务，是一种个人与个人之间线上交易的电子商务活动。比较典型的B2B跨境电商平台有阿里巴巴国际站、敦煌网等，B2C跨境电商平台有全球速卖通（AliExpress，以下简称"速卖通"）、亚马逊等，C2C模式的平台有Wish、eBay（Wish、eBay在早期开店政策中，除了允许企业注册的B2C模式以外，也允许个人卖家注册，这种个人卖家注册的店铺，属于C2C模式）。

按照交易的进出口方向，跨境电商分为出口跨境电商和进口跨境电商。出口跨境电商是指境内企业生产的产品，通过跨境电商平台，线上销售到国际上不同国家（或地区）的国际商业活动。进口跨境电商是指境外商品通过线上平台销售到境内的国际商务活动。

按照交易模式，跨境电商模式分为跨境贸易和跨境零售。跨境贸易是B2B模式的跨境电商，跨境零售包括B2C和C2C两种模式。跨境贸易是相对于传统贸易而言，是对外贸易的一种新型贸易形态；跨境零售则是相对于电子商务而言，是电子商务的一种新型应用。

本书在阐述跨境电商知识点的时候，一般先分类为出口和进口大类，再对出口和进口按照B2B、B2C和C2C进行子分类。

### 1.2.4 跨境电商发展历程

**1. 出口跨境电商发展历程**

根据《数字经济时代中国中小企业跨境电商白皮书》研究成果，跨境电商可分为四个阶段，即起源、萌芽期、成长期、成熟期。

1）跨境电商的起源（1998年至1999年）

从世界范围看，跨境电商主要兴起于世纪之交，跨境电商随着亚马逊公司（Amazon，以下简称"亚马逊"）和eBay分别于1998年、1999年登陆欧洲市场而诞生。1999年，阿里巴巴国际站（B2B）的成立标志着中国跨境电商的兴起。随之，境内各类平台型企业不断涌现。

2）萌芽期：跨境电商1.0阶段（2000年至2004年）

萌芽期的跨境电商是指随着互联网技术的普及，从事跨境贸易的交易双方在线上借助跨境电商平台提供黄页服务实现信息撮合，以此为基础在线下完成跨境贸易其他环节（交易、支付、物流、通关）的一种信息化贸易活动，是传统贸易结合互联网技术进行拓展的结果。萌芽期的主要交易模式仅为单一B2B，阿里巴巴国际站是典型代表。

3）成长期：跨境电商2.0阶段（2005年至2015年）

从2004年至2010年，跨境出口平台主要代表是敦煌网、亚马逊中国、eBay中国、兰亭集势、速卖通。2004年，敦煌网上线，标志着跨境电商线上交易的产生。在成长期，随着互联网技术的快速发展和广泛应用，从事跨境贸易的交易双方利用跨境电商平台提供的线上交易功能，逐步实现流程线上化，并开始借助数字化的供应链服务来降低交易成本、提升交易效率。成长期的阶段特征是：交易模式从单纯的B2B转换为B2B和B2C并行发展，B2B部分实现了线上化，B2C交易基本实现线上化，支付、物流、外贸综合服务等供应链服务逐渐在平台上线，交易数据实现部分沉淀。这一阶段，敦煌网开了跨境B2B线上交易的先河，在B2C出口领域，阿里巴巴的速卖通使直接跨境购物成为现实。

4）成熟期：跨境电商3.0阶段（2016年至今）

2015年，阿里巴巴国际站向线上交易全面转型。成熟期的跨境电商是指在人工智能（AI）、大数据、云计算等数字技术飞速发展和消费者需求日趋个性化的背景下，从事跨境贸易的交易双方能够利用平台上沉淀的海量交易数据，实现供需的精准匹配，并借助平台上的低成本、专业、完善的生态供应链服务完成线上交易和履约数字化贸易活动。这一阶段的特征为：随着订单需求日益碎片化，供应链服务呈现明显生态化特征，交易数据基本实现沉淀。

**2. 进口跨境电商发展历程**

进口跨境电商经历了萌芽期、探索期、发展期和成熟期四个时期。

萌芽期：2005年至2006年。中国进口跨境电商代购业起步，以亲朋好友出国代购、海外留学生代购、空姐代购为主体，消费群体小众。

探索期：2007年至2013年。跨境电商进口市场逐步形成，这一阶段主要通过海外平台的内容分享和社区导流，形成海淘代购。这一阶段，洋码头、蜜芽、小红书上线。

发展期：2014年至2015年。海关总署发布2014年第56号公告[①]，个人物品将按行邮税征税，陆续涌现一批跨境进口企业和平台，主要有海淘网、天猫国际、苏宁全球购、网易考拉、京东全球购、国美海外购。

---

① http://www.mofcom.gov.cn/article/b/g/201411/20141100797904.shtml.

成熟期：2016 年至今。随着"四八新政"①出台，跨境电商迎来合规化发展，跨境网购走向常态化。

### 1.2.5 跨境电商业务流程

跨境电商业务流程分为出口业务流程和进口业务流程（图 1-2）。跨境电商出口业务流程指境内制造商或贸易商将产品数字化，上线到跨境电商平台展示，买家浏览商品，选购下单并完成支付，跨境电商企业将商品交付给物流企业进行投递运输，经过出口方和进口方海关通关与商检后，最终送达消费者或企业手中，或者直接通过第三方综合服务平台合作，委托代办物流、通关、商检等各个环节。跨境电商进口流程的方向与出口流程方向相反，是从境外企业到境内企业或消费者，其他内容与跨境出口基本相同。

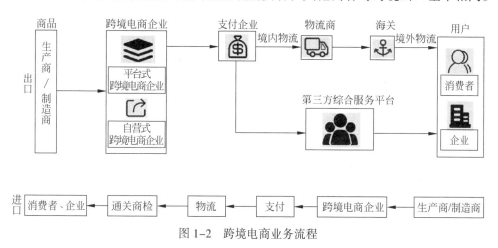

图 1-2 跨境电商业务流程

## 1.3 中国跨境电商的发展现状及趋势

### 1.3.1 发展现状

据估计，到 2035 年，中国进出口贸易额的 50% 有望用跨境电商的方式来完成。中国跨境电商以出口占主导，2020 年出口占比接近七成；2021 年第一季度，中国跨境电商出口远超进口，高达 69.3%，后疫情时代，跨境出口贸易正强势来袭。

**1. 2020 年中国出口跨境电商发展现状**

（1）全球电商化，中国跨境电商成为国际贸易的新动能。国办发〔2021〕24 号《国务院办公厅关于加快发展外贸新业态新模式的意见》指出：加快发展外贸新业态新模式。其发展目标是：到 2025 年，外贸新业态新模式发展的体制机制和政策体系更为完善，营商环境更为优化，形成一批具有国际竞争力的行业龙头企业和产业集群，产业价值链水平进一步提升，对外贸和国民经济的带动作用进一步增强。

---

① "四八新政"指的是：2016 年 3 月 24 日，财政部、海关总署、国家税务总局共同发布了《关于跨境电子商务零售进口税收政策的通知》（以下简称《通知》），其中包含跨境电子商务零售进口税收的新政策。《通知》规定，自 2016 年 4 月 8 日起，跨境电子商务零售进口商品将不再按邮递物品征收行邮税，而是按货物征收关税和进口环节增值税、消费税，以推动跨境电商健康发展。

2021年6月22日,李克强总理主持召开的国务院常务会议指出:确定加快发展外贸新业态新模式的措施,推动外贸升级培育竞争新优势。会议指出,近年来,中国外贸新业态新模式快速发展,其中跨境电商规模5年增长近10倍。数据显示,2021年前5个月,中国跨境电商进出口额超过7 000亿元,增长36.9%。促进了外贸转型升级,尤其在疫情冲击下为稳外贸等发挥了重要作用。下一步,一要完善跨境电商发展支持政策;二要积极推动海外仓发展;三要积极发展市场采购贸易方式;四要进一步推动国际交流合作。

(2)全球贸易不确定性加剧。2020年上半年,中美、中印等国际关系矛盾频发,中国企业经营活动受限,中国产品在美国、印度等市场也受到不公平对待,给中国外贸形势带来了重大不确定性。东南亚市场快速崛起,新兴国家市场仍有空间。

(3)1/4的企业开设独立站,运营渠道趋向立体化。跨境电商以B2B模式为主,占比75%～80%(图1-3)。随着利好跨境电商B2B出口政策相继出台,B端数字化水平逐渐提高,B端配套设施服务持续构建和完善,未来B2B的渗透率将加速提升,B2B的主体地位将不断强化。

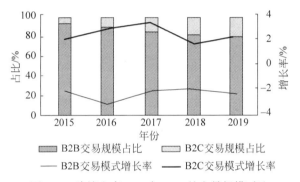

图1-3 跨境电商B2B与B2C的交易规模对比

B2C出口模式以每年2～3个百分点的速度扩张,增长势头明显,占跨境电商总比例20%以上,2020年中国跨境电商市场交易规模为10.3万亿元(图1-4)。跨境电商出口用户群体中,海外小B创业者正在快速崛起,成为跨境电商的重要客群。

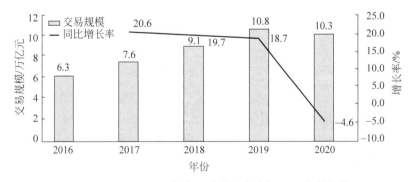

图1-4 2016—2020年中国跨境电商市场B2C交易规模

资料来源:艾媒数据中心(data.limedia.cn)。

（4）新冠肺炎疫情对跨境电商"有危有机"。新冠肺炎疫情的不可预知性、影响范围都是史无前例的，由此造成停工停产、国际物流受阻、物流成本激增、海外仓入仓受限。相反，疫情之下也蕴藏着新机遇。海关总署数据显示，2020年中国跨境电商进出口1.69万亿元，同比增长31.1%。疫情常态下，中国传统产业基础快速赋能跨境电商，年采购金额过亿的源头产地超过30个，很强的产业优势第一时间能够保障中国跨境电商化危为机。同时，疫情期间特定商品机遇、时间差机遇、未来消费模式机遇等，都是化危为机的关键所在。

（5）国家大力扶持跨境电商发展。2020年4月，疫情期间，国务院常务委员会为"稳外贸"出硬招，新设46个跨境电子商务综合试验区（以下简称"跨境电商综试区"），2022年2月，第六批又设立27个跨境电商综试区，至此，中国跨境电商综试区扩容至132个。发挥杭州跨境电商综试区作为首个综试区的先行先试优势，通过构建信息共享体系、金融服务体系、智能物流体系、电商信用体系、统计监测体系和风险防控体系，以及线上"单一窗口"平台和线下"综合园区"平台等"六体系两平台"，实现跨境电商信息流、资金流、货物流"三流合一"，建立以真实交易为基础的电商信用评价体系，对企业或商品实施分类分级监管，简化优化监管流程，并依托大数据的分析运用，提供金融、物流等供应链综合服务，将经验向全国其他综试区推广。

（6）新兴市场潜力很大。目前欧美仍是跨境电商最主要的市场，但东盟已经成为中国最大的贸易伙伴，随着RCEP（《区域全面经济伙伴关系协定》）的推进，东盟将成为增长最快的跨境市场。超过20%的中国跨境电商企业入驻了Shopee、Lazada两个面向东南亚市场的跨境电商平台。

（7）积极发展市场采购贸易模式。市场采购贸易方式具有通关快、便利化等特点，外贸经营者可在批准的市场集聚区采购商品，并在采购地办理出口通关手续。加快发展市场采购贸易方式有助于提升集货能力和品牌影响力，进一步挖掘贸易潜力。2020年9月16日，新增17家市场开展第五批市场采购贸易方式试点。此次扩围后，全国市场采购贸易方式试点总数达到31家，覆盖东、中、西部15个省（区）。

（8）海外仓数字化智能化水平得到提高。在跨境电商发展过程中，海外仓是重要支撑点。数据显示，目前中国跨境电商海外仓数量超过1 800个，分布在俄罗斯、日本、韩国、美国等国家和地区，2020年增速达80%，面积超过1 200万平方米。国务院常务会议提出，鼓励传统外贸企业、跨境电商和物流企业等参与海外仓建设，提高海外仓数字化、智能化水平，促进中小微企业借船出海，带动境内品牌、双创产品拓展国际市场空间。

扩展阅读1-1　中国跨境电商二十年

（9）跨境电商人才需求旺盛。中国跨境电商人才缺口达到450万以上，并以每年30%的增速扩大。各大平台非常重视人才培训，纷纷与高校合作，推出人才培育计划，如阿里巴巴的跨境电商高校人才计划、亚马逊的全球开店101·时代青年计划、Wish的"星青年计划"、eBay的"E青春"人才培养项目、Shopee的"扬帆计划"等；2019年，教育部批准高职院校设立跨境电子商务专业。2020年，

扩展阅读1-2　市场采购贸易

教育部批准第一批7所高校设立跨境电子商务本科专业,开始招收跨境电子商务四年制本科生。

**2. 2020年中国进口跨境电商发展现状**

新冠肺炎疫情已经成为第二次世界大战以来全球最严重的一次大流行病,200多个国家和地区受到影响且仍未停息。疫情影响了全球消费者的消费习惯,出于无接触的消费需求,线上购物成为主流的购物方式,电商渗透率持续提升。进口消费加速线上化,中国进口跨境电商进入长期成长空间。2020年,社会消费品零售总额391 981亿元,网上零售额117 601亿元,比上年增长10.9%,电商渗透率达30%。

2020年6月,《海南自由贸易港建设总体方案》出台。自贸港封关运作后,功能区域升级,海南全岛可以不受限制地开展所有跨境电商类型模式,没有税收负担,没有品类限制,没有额度控制;贸易自由便利,海南实行自由便利贸易政策,形成连接国内外、自成体系的市场,电商企业可以更好地从国际、国内、自产三个渠道备货,供给充足;跨境电商线上线下融合发展,海南岛免税和离境退税两项利好政策,方便消费者携带商品出岛出境,有利于跨境电商企业尝试开展自提店、免税店、市场采购店等线下业务。

2020年9月,天猫国际宣布升级海外仓业务,正式发布官方跨境直邮业务"海外直购"。11月,天猫国际宣布升级进口内容生态,共有全球84个国家和地区26 000多个海外品牌入驻天猫国际,覆盖了5 300多个品牌。

2020年8月,考拉海购宣布战略升级会员电商,发布了十大会员权益,围绕全球精选、定制、极致性价比、专属服务等方面升级。9月29日,其发布"黑卡通全球计划":考拉黑卡与全球1 000多家免税店、卖家互通会员权益,并发布五项支持举措。

中国进口跨境电商B2C市场格局呈现一超多强的格局,其中,天猫国际与考拉海购占据市场65%份额。B2B市场,集中度不高,整体是小而散的格局,新冠肺炎疫情带来了新机遇,行业龙头(budou、海拍客、小笨鸟、1688进口货源、海豚供应链、行云全球汇、海带等)呈现群雄争霸的局面。

### 1.3.2 发展趋势

**1. 中国出口跨境电商发展趋势**

继续加大"单一窗口"建设及推广力度。利用快速发展的信息技术和大数据技术,构建跨境电商数字化管理形式,推动政府部门政务革新监管,提升政府部门行政实效,精简中间流程,解决"公司多头申报""单位多头监管"等问题。打造信息一站式服务平台,强化对市场端贸易信息及政府端管理信息的整合、梳理、建模等整体研发及运用。

强化产业、生态链打造。重视传统产业同跨境电商的交融推进,革新"互联网+跨境交易+中国生产"新商业形式,提高产业发展级别。迅速确立顺应跨境电商服务交易的程序及形式,调动市场积极性,逐步完善产业格局及空间计划,政策上支持企业、重视人才培养,积极优化各类匹配服务,建立跨境电商整体生态链及产业链。

快速提高金融配套服务水平,将跨境电商同电商平台、物流、金融、外贸服务等产业进行融合。不仅保障了跨境电商企业、个体与金融、物流供应的匹配,还方便推进跨境电商出口项目与之同步发展。同时有效探寻构建跨境电商征信部门和建立依托贸易信息及管理信息融合的征信平台，这是保障跨境电商健康发展的重要手段。

形成新时期跨境电商发展新格局。完善和新建本土跨境电商平台，加强品牌建设，实现品牌出海；重视和引领数字化规则、标准、评价体系建设；不断完善国际竞争下的贸易管制措施；推行产业融合发展为主流的综试区建设；创新发展以技术驱动为主的业务模式，推动跨境电商向健康的内涵式的高质量之路持续迈进和发展。

**2. 中国进口跨境电商发展趋势**

全渠道模式，跨境电商线上线下融合加深。随着消费者对"随时随地购物的需求越来越高"，持续向线上渠道和O2O（线上到线下）渠道转移，品牌要注重为消费者提供无缝的、整合的购物体验，未来跨境电商线上线下之间的融合会不断加深，线下门店也将注重商品池的打通和利用科技力量助力体验。

新型获客方式成为跨境电商发展的新动能。随着互联网技术的发展，以直播和社交为特征的新型获客方式成为跨境电商的常用方式，给消费者带来更直观、生动的购物体验，正成为跨境电商平台的新增长动力。

跨境电商趋于合规化、稳定发展。电商法及系列跨境电商新政的出台约束和规范了整个市场，提升了市场整体品质，保障了商品来源透明化、安全化，并对税收、物流、售后等消费者关心的方面做了明确规定；保障消费者权益的同时也鼓励并支持跨境电商行业的发展，使企业有章可循、规范发展，推动市场有序竞争；同时，也加强了对消费者权益的保护，有利于促进购买、推动行业发展。

后疫情时代，跨境电商的竞争已经从前端的销售竞争转移到后端的供应链的竞争。随着经济全球化程度的加深，企业要在全球竞争中获取优势，就必须整合全球资源，在全球范围内开展供应链上游、中游、下游企业合作，协调运作过程，把产品的竞争形态从"企业与企业"之间的竞争转变为围绕核心企业打造的"供应链与供应链"之间的竞争。未来行业竞争的重点将会更加聚焦于供应链环节，在该环节取得优势的企业将在跨境电商市场占据领先地位。

产品贸易转向服务贸易。随着跨境电商产业的不断发展，对于B端卖家、C端消费者而言，跨境电商已不再是纯粹的产品贸易，由物流、客服、支付方式等一系列叠加而成的服务贸易正成为当下跨境电商的新形式。伴随服务需求的增加和服务价值的提升，未来跨境电商服务红利有望持续扩大。

跨境电商的发展日益精细化、垂直化。在工业4.0时代，物联网（internet of things，IoT）等新技术使得制造向智能化转型，供给端生产由需求端决定，国民的消费升级使得跨境电商的发展转向精细化和垂直化，以满足消费者个性化需求。

## 1.4 跨境电商前沿关联领域概述

大家发现，不管在网络媒体还是在政府政策文件中，都会高频率出现一系列的概念，如传统贸易、电子商务、跨境电商、数字贸易、数字经济、服务贸易等，对于没有专业基础的读者和学生来说，常常感到理解困难。因此，本节就这一问题进行概念性的探讨。本章前面已经系统介绍了电子商务和跨境电商的概念、特点等内容。这里我们对其他几个概念及这些概念之间的区别与联系进行简要介绍，以使学习者更好地理解跨境电商及其相关概念。

**1. 跨境电商与电子商务**

电子商务强调的是相对于传统商务活动的交易电子化、网络化、信息化。跨境电商的核心在于"跨境货物流动"，指跨越关境开展的电子商务活动，是电子商务活动范围扩大而衍生出的概念。中国电子商务研究中心（2015）认为，跨境电商是指分属于不同国家的交易主体，通过电子商务手段将传统进出口贸易中的展示、洽谈和交易环节电子化，并通过跨境物流及异地仓储送达商品，完成交易的一种国际商业活动。阿里研究院发布的《2016中国跨境电商发展报告》认为，广义的跨境电商是指分属不同关境的交易主体通过电子商务手段达成交易的跨境进出口贸易活动；狭义的跨境电商特指跨境网络零售，指分属不同关境的交易主体通过电子商务平台达成交易，进行跨境支付（cross-border payment）结算、通过跨境物流送达商品，完成交易的一种国际贸易新业态。

跨境电商与境内电商的差别主要体现在以下四个方面。

业务环节差异。境内电商是一种境内贸易，而跨境电商实质上是一种国际贸易，跨境电商业务环节更加复杂，需要经过海关、检验检疫、外汇结算、出口退税、进口征税等环节。在货物运输上，相对于境内快递物流运输，跨境物流更加复杂，运输时间长，货物容易损坏，由于运输成本高，退换货操作更复杂。

交易主体差异。境内电商交易主体一般是境内企业对企业、境内企业对个人或者境内个人对个人。而跨境电商交易的主体是境内企业对外企业，境内企业对境外个人，或者境内个人对境外个人。跨境电商交易主体涉及全球用户，消费习惯、文化心理、生活习俗都不同，广告营销、境外品牌创建等方面的运营思路也不同。

交易风险差异。相较于境内电商，跨境电商涉及国际上不同国家与地区的知识产权和法律法规体系，知识产权风险较大，容易引起纠纷，后期的司法诉讼和赔偿特别麻烦。

使用规则差异。跨境电商涉及的规则更多、更复杂。首先是平台规则，跨境电商涉及不同的平台，其操作规则都不一样，即使是同一个平台，规则变化也非常频繁，需要熟悉和掌握的技能有很多。其次是国际贸易体系、双边贸易协定和关税细则、政策都需要更加深入地了解与分析。

**2. 服务贸易与数字贸易**

服务贸易是一国的法人或自然人在其境内或进入他国境内向外国的法人或自然人提供服务的贸易行为。世界贸易组织（WTO）界定了服务贸易的12大领域，包括商业服务、通信服务、建筑及相关工程服务、金融服务、旅游及旅行相关服务、娱乐文化与体育服务、运输服务、健康与社会服务、教育服务、分销服务、环境服务及其他服务。

广义的服务贸易既包括有形的活动，也包括服务提供者与使用者在没有直接接触下交易的无形活动。服务贸易一般情况下都是指广义的。

数字贸易是信息技术对贸易影响的进一步深化所产生的概念。数字贸易的核心在于"跨境数据流动"，数字贸易包括数字服务贸易（数字内容、数字技术）、数字平台贸易（跨境电商）。相比电子商务与跨境电商两个概念，数字贸易更突出数字化的产品和服务贸易，但国际上对数字贸易的讨论和谈判大多仍

扩展阅读1-3 服务贸易

在电子商务框架基础上展开。目前，各国对数字贸易的认识尚不统一。美国认为数字贸易"不仅包括网上消费产品的销售和在线服务的供应，还包括使全球价值链成为可能的数据流、使智能制造成为可能的数字服务以及无数其他平台和应用"。澳大利亚政府认为数字贸易不只是在线上购买商品和服务，还包括信息和数据的跨境流动。经济合作与发展组织（OECD）认为数字贸易是指数字技术赋能于商品和服务贸易，同时涉及数字的和物理的传输。

综合对比众多专家学者对数字贸易的定义，本书认为，2014年8月美国国际贸易委员会（USITC）在《美国与全球经济中的数字贸易Ⅱ》中提出的概念内涵比较全面，其指出，数字贸易是以现代信息网络为载体，通过信息通信技术的有效使用实现传统实体货物、数字产品与服务、数字化知识与信息的高效交换，进而推动消费互联网向产业互联网转型并最终实现制造业智能化的新型贸易活动，它是传统贸易在数字经济时代的拓展与延伸。

**3. 数字经济**

数字经济是以数据资源为重要生产因素，以现代信息网络为主要载体，以信息通信技术融合应用、全要素数字化转型为重要推动力，促进公平与效率更加统一的新经济形态。

**4. 各概念的联系与区别**

数字贸易起源于数字经济，是全球化和数字经济的产物，是跨境电商的高级形态和数字化拓展。电子商务是数字贸易的早期表现形式；跨境电商是电子商务发展到一定阶段的具体表现。总而言之，跨境电商既是数字贸易的具体表现，又是数字经济统计范畴，更是电子商务的一种国际商务活动形式，是对外贸易和自贸区的重要国际商务模式，因此，跨境电商是这些新概念新领域的核心内容，在数字贸易、数字经济领域发挥着不可或缺的重要作用。

这里举一个传统对外贸易的例子。中国向美国出口家电，一次性出口10 000台电冰箱，每台500美元。那么美国需要向中国支付500万美元，一般是通过电汇（T/T）完成，那么这种就是传统的B2B外贸业务。这种交易模式不需要在亚马逊这种电商平台交易，走的是传统的银行转账模式，没有经过PayPal这类第三方支付平台。也不需要在亚马逊后台进行沟通，而是直接用电话、邮件沟通，有条件的可以在展会现场和客户直接沟通谈判。

对于数字贸易和数字经济，人们在认识上常常存在偏差，这里举例理解。从本质属性看，数字经济是对生产活动进行的描述，属于生产范畴，而数字贸易是对交易行为进行的描述，属于流通范畴，两者既有联系又有区别。例如，用传统工业技术生产的手工艺品，没有使用任何的信息技术，统计上归属传统经济而非数字经济，但是如果这个手工艺品通过阿里巴巴的速卖通或者国际站销售给巴西的消费者，这显然是一种跨境电商B2C模式（通过速卖通销售）或跨境电商B2B模式（通过阿里巴巴国际站销售），属于数字贸易的范畴，应该统计到数字贸易中。这个例子表明数字经济和数字贸易统计上是有差别的。同样，属于数字经济范畴的活动也不一定能归入数字贸易范畴。例如，华为生产出来的通信设备显然会统计到数字经济范畴，但如果这个设备是通过传统的一般贸易方式进行交易，那就与数字贸易没有关系，而是传统贸易。正是由于数字经济与数字贸易之间存在这样的重叠和区别，人们在认识上才容易产生一些偏差。

服务贸易是数字贸易的重要内容，前面定义中涉及12大服务贸易领域，重在无形的数字产品交易。比如动漫产品的交易，是一种数字产品交易与服务，可以通过数字化的传输进行交货，不同于实物贸易，这一种交易形式的贸易属于数字贸易中的服务贸易形式。

## 1.5 本章有关概念

（1）GMV：gross merchandise volume 的缩写，即（一定时间段内）的成交总额。

（2）货币化率：营业收入 / GMV。

（3）SEO：search engine optimization 的缩写，即搜索引擎优化。

（4）SEM：search engine marketing 的缩写，意即搜索引擎营销、联盟广告。

（5）KOL：key opinion leader 的缩写，营销学上的概念，通常被定义为拥有更多、更准确的产品信息，且为相关群体所接受或信任，并对该群体的购买行为有较大影响力的人。

（6）FBA：Fulfillment by Amazon 的缩写，也就是亚马逊物流服务，是亚马逊自营的物流系统，类似国内京东物流。

（7）SKU：stock keeping unit 的缩写，即库存进出计量的单位，可以是以件、盒、托盘等为单位。保存库存控制的最小可用单位。

（8）SaaS：software as a service 的缩写，意思为软件即服务，即通过网络提供软件服务。

（9）PaaS：platform as a service 的缩写，是指平台即服务。

（10）API：application programming interface，应用程序接口，是一些预先定义的接口［如函数、HTTP（Hypertext Transfer Protocol，超文本传输协议）接口］，或指软件系统不同组成部分衔接的约定。

（11）SDK：一般指软件开发工具包。软件开发工具包一般都是一些软件工程师为特定的软件包、软件框架、硬件平台、操作系统等建立应用软件时的开发工具的集合。

（12）ASP 商业模式：application service provider，即应用服务提供机构。ASP 商业模式是一种新型的网络服务形式，是国际上主流软件公司（例如美国的微软公司的"软件服务战略"）新的战略方向。

（13）CAGR：compound annual growth rate，即复合年均增长率。CAGR 并不等于现实生活中 GR（growth rate）的数值。它的目的是描述一个投资回报率（return of investment，ROI）转变成一个较稳定的投资回报所得到的预想值。

（14）清关：清关即结关，是指进出口或转运货物出入一国关境时，依照各项法律法规和规定应当履行的手续。

（15）进 / 出口关税：进 / 出口关税是一个国家的海关对进 / 出口货物和物品征收的关税。

（16）RCEP：全称为 Regional Comprehensive Economic Partnership，即区域全面经济伙伴关系协定。RCEP 是 2012 年由东盟发起，由中国、日本、韩国、澳大利亚、新西兰和东盟十国共 15 方成员制定的协定。2020 年 11 月 15 日，第四次区域全面经济伙伴关系协定领导人会议以视频方式举行，会后东盟十国和中国、日本、韩国、澳大利亚、新西兰共15个亚太国家正式签署了《区域全面经济伙伴关系协定》，标志着当前世界上人口最多、经贸规模最大、最具发展潜力的自由贸易区正式启航。

## 课后习题

1. 跨境电商的模式分类有哪些？
2. 跨境电商出口业务流程是怎样的？
3. 跨境电商与境内电商的差别主要有哪四个方面？

## 即测即练

# 第 2 章

# 跨境电商平台及其生态服务

【本章学习目标】

1. 了解跨境电商生态系统的构成与各个组成部分的功能和作用；
2. 熟练掌握跨境电商平台的特点及其发展概况，理解各大平台的核心竞争力；
3. 了解跨境电商生态服务机构的职能及特点；
4. 明确学习跨境电子商务专业应具备的领域知识和岗位能力。

## 导学案例：多点发力，打造企业良好跨境电商生态

豪雅是一家以跨境 B2C 电子商务为核心、以创新科技为驱动的跨境电商企业。2008 年金融危机的冲击，让豪雅开始考虑转型升级的问题。为了破除海外客户把控渠道和定价的贸易桎梏，豪雅选择将传统外贸平台前移，积极地在海外组建本地化销售团队、租赁海外物流仓库，通过多措并举提升企业适应能力，组建多语言客服团队，自主培养专业 IT（信息技术）团队，优化配置进行供应链整合，设立产品研发部，打造自主品牌，坚持第三方平台和独立站运营相结合的运营模式，从而不断完善和升级企业跨境电商生态。

豪雅依托 B2B2C（卖方对交易平台对买方）模式，在采购、运营、仓储、发货等关键环节加大投入力度，通过进驻亚马逊、eBay、Walmart 等知名第三方网络零售平台和公司自建独立站进行产品零售。跨境电商业务的成功布局使豪雅拥有了自己的销售与推广渠道，并能获取第一手信息，根据需求反馈改良产品及服务，在巩固转型成果的基础上扩大市场占有率。

为进一步提升客户体验，谋求更长期的发展，豪雅精心打造了一支精通多国语言的客服团队。这支队伍中，既有来自全国各大知名高校外语专业的精英，又有熟悉当地消费习惯的外国人才，打破海内外文化壁垒，全年 365 天、全天 16 小时在线提供周全的服务，解决消费者在购物过程中遇到的不同问题。

豪雅依托自主培养的专业 IT 团队，研发 ERP（企业资源计划）、WMS（仓库管理系统）、CRM（客户关系管理）等信息化管理系统，将各订单快速分配到海外仓储物流中心，并与众多国际知名快件物流公司达成战略合作，不断优化配送服务，让"最后一英里"不再是服务难题。

从 2014 年开始，豪雅就不断引进国内外产品研发和创新设计人才，并设立产品研发总部，对海外市场主流销售产品进行科学细分，结合零售市场消费者的需求信息反馈，大力开发畅销产品。

2012 年，豪雅在美国成立分公司并设立海外仓，自主研发信息化系统实现物流标准化管理，在 8 个国家 22 个海外仓实现统一标准，零失误操作，避免人为因素、区域

因素、文化因素等对海外仓物流管理造成的货物丢件、错件、漏件等问题。依托"跨境电商+海外仓"业务模式,豪雅不断探索搭建"门到门"的国际物流体系,充分享受政策红利,降低物流成本,提升配送速度,增强与国际品牌同台竞技的硬实力。

豪雅经过10余年的跨境电商发展,经营的产品涵盖家具、家电、运动器材、婴童用品、户外用品、工具、宠物用品、箱包等20余个品类,市场覆盖北美、西欧、澳洲、日本等数十个发达国家和地区,其中自主品牌销售占比超过95%,2022年前6个月总销售额超60亿元人民币。

资料来源:宁波跨境电商综合试验区.典型案例丨豪雅:多点发力打造企业生态,科学决策实现经营质变[EB/OL].(2022-06-14).https://mp.weixin.qq.com/s/hMeo-VnNnVf6feCTnaqDkg. 2022.6.

本章将从跨境电商生态系统构成出发,介绍每一部分的功能和作用,以及生态服务机构的职能,并且对跨境电商平台及其竞争力进行分析,从而培养学生良好的跨境电商专业意识和正确的实践导向。

## 2.1 跨境电商生态系统构成

中国跨境电商出口B2C行业生态系统由监管机构、信息资讯平台、品牌商、营销、支付、跨境电商平台、物流服务、运营服务商和一站式服务平台构成(图2-1)。总体来说,可以将以上生态系统内容分成三种类型:平台、服务和环境。平台指的是实现交易的网络平台,跨境电商平台处于核心位置。服务包括基础服务如物流、支付、监管检测服务,衍生服务包括运营、咨询培训、货代等相关服务,环境指的是文化、市场及法律差异、数字技术环境、贸易规则等。以下内容主要对平台展开介绍,平台分为B2C平台、独立站平台、B2B平台。服务中的物流、营销和环境中的文化、法律法规、数字技术等内容在后面有专门章节介绍,本章进行简单介绍。

图 2-1 中国跨境电商出口B2C行业生态系统

跨境电商B2B产业链生态系统(图2-2)由全球各个国家和地区监管单位、境内供应商、引流营销服务、B2B2C创新服务、B2B在线交易平台、外贸综合服务平台、物流、支付、仓储、境外采购商等组成。B2B在线交易平台是生态系统的核心,类似于B2C生态系统,同样原理，跨境电商 B2B 产业链生态系统也包括平台、服务和环境，本章重点介绍 B2B 在线交易平台。

图 2-2 跨境电商 B2B 产业链生态系统

## 2.2 主流 Top 出口跨境电商 B2C 平台

全球有 60 多家主流跨境电商出口 B2C 平台，这些主流平台布局在美国、欧洲、日韩、马来西亚、印度尼西亚、菲律宾、越南和新加坡这些电子商务发达国家和地区（表 2-1）。

表 2-1 主流跨境电商出口 B2C 平台

| 国家或地区 | 美国 | 欧洲 | 日韩 | 马来西亚 | 印度尼西亚 | 菲律宾 | 越南 | 新加坡 |
|---|---|---|---|---|---|---|---|---|
| B2C 代表平台 | 亚马逊、eBay、Wish、Newegg、Walmart、Jet、Tophatter、Etsy、OpenSky、Wayfair、Overstock、Best Buy、Sears、Zibbet、Tanga | 亚马逊、eBay、速卖通、Allegro、Zalando、Cdiscount.com、GittiGidiyor、eMAG、Marktplaats、OTTO、Fnac、bol.com、ManoMano | 日本乐天、亚马逊日本站、雅虎日本、kakaku、Starday、韩国乐天、Gmarket、11 街、UNIT808、eBay 韩国站 | Shopee MY、Lazada MY、Lelong、ZALORA、GoShop、Hermo、Fashion Valet、EZBuy、Qoo10 | Tokopedia、Bukalapak、Lazada 印尼站、Blibli、Orami、Bhinneka、京东印尼站、BLANJA、ZALORA 印尼站 | ZALORA、Argomall、YouPoundit | Tiki、Sen Đỏ、Thế Giới Di Động | Qoo10、Carousell、SINGSALE、FairPrice On、Pupsik |

主要跨境电商平台除了亚马逊、eBay、Wish（2.2.3 节展开介绍）以外，还有以下众多有特色的平台。

Newegg：在线零售商，产品包括计算机硬件和消费电子产品，目前有75个类型可供商家选择并销售。

Walmart：美国的跨国零售企业、世界上最大的零售商，每月有超过1亿次独立访问。

Jet：沃尔玛旗下独立电商网站，日浏览量100万。

Tophatter：美国新一代闪拍平台，专注于移动端，在全球14个国家拥有超过2 500万忠实消费者，连续4年增长率超过100%。

Etsy：网络商店平台，以手工艺成品买卖为主要特色，被誉为"祖母的地下室收藏"。

OpenSky：美国新兴的小众电商平台，消费者主要是35～65岁的高收入女性群体。

Wayfair：主要销售家具和家居用品，是北美排名第一的专业家居电商销售平台，每月访问量保持6 000万以上。

Overstock：美国当地知名的网上购物平台和品牌折扣销售平台，每月访问量3 500万。据了解，平台女性消费者占76%。

Best Buy：全球最大的家用电器和电子产品零售集团。

Sears：最大的连锁百货，有1亿种产品，面向100多个国家和地区。

Zibbet：原创手工艺品、艺术品、古董和工艺品的交易平台，深受艺术家、手工艺人、工匠和收藏家的喜爱。大约有50 000名卖家在网站上售卖手工产品。

Tanga：美国知名电商平台，拥有极强的用户黏性。

Reverb：全球二手乐器交易平台，每年8 000万访问量。

Cratejoy：专门销售订阅盒，月浏览量300万次。

Bonanza：卖家友好型，数千万商品，覆盖7个国家和地区。

Rakuten：美国领先的固定价格电商，吸引广泛受众。

Houzz：家装平台，兼具网上市场和社交网站功能。

Qoo10：成立于2010年，以整合全亚洲资源为目的的电子购物平台，是东南亚地区最成熟的本地B2C平台。2015年eBay参与平台投资，2018年4月eBay完全控股Qoo10母公司Giosis以及Qoo10日本站。Qoo10的一大特色是可以在当地的7-11便利店付款。

Carousell：新加坡知名的二手交易平台，类似国内的"闲鱼"，主打移动端，在马来西亚、新加坡、印度尼西亚、中国台湾、澳大利亚和中国香港也有运营。采用C2C模式，用户简单编辑商品信息并上传实物图后，就可以在平台上自由交易闲置物品。

SINGSALE：新加坡唯一的会员制在线时尚购物网站，每天不断更新世界顶级时尚品牌商品。会员可以享受高达80%折扣的出自高端设计师的时尚女装、男装、童装及配饰，以及美容和家居用品品牌。

FairPrice On：新加坡最大的杂货零售商NTUC Fairprice Co-operative Ltd.的电子商务门户，FairPrice是新加坡主要杂货零售商。客户可以在FairPrice On上购买新鲜食品、家庭和婴儿用品等家用产品，可送货到家或用户在方便时领取。

Pupsik：Pupsik（俄语中的意思是"婴儿娃娃"）2008年成立于新加坡，最初是一家家庭工作室，提供舒适实用并且价格实惠的婴儿背带（抱婴儿用吊带），如今已发展到提供一站式的婴儿护理和育儿产品服务，帮助父母精心挑选育婴产品。

Tiki：2010年在越南成立。与Shopee、Lazada等外来者不同，Tiki是一家"纯本土"的电商平台，在越南消费者心目中拥有良好口碑。在越南所有电子商务平台中，它的退货率最低，客户满意度最高。

Sen Đỏ：成立于2012年，目前拥有30多万卖家，为越南全国1 000万左右的顾客提供超过29个品类的电商服务。不仅专注于河内和胡志明市，还专注于迄今尚未开发的二线城市。此外也提供类似"大众点评"的服务，支持线上采购优惠券、线下消费。

Thế Giới Di Động：2004年在越南成立，隶属于Mobile World Group，是一家纯越南本土资本的越南最大手机零售品牌。除在线电商外，还拥有478家手机店和37家大型消费电子产品商店。

ZALORA：ZALORA是东南亚最大的时尚电子商务网站，成立于2012年，为男女顾客提供时装、饰物、鞋履及化妆护肤品。总部位于新加坡，获得了德国电商孵化器Rocket Internet的投资，于不同地区设有分区网页，包括中国香港、中国台湾、新加坡、印度尼西亚、菲律宾、泰国、越南、马来西亚及文莱。

Argomall：菲律宾本土电商平台，2019年开始崛起，如今占据国家电商份额主导地位。按照月度流量计算，Argomall已经成为菲律宾本土最大的智能手机及配件销售商。

YouPoundit：Poundit.com自2014年在菲律宾运营，是一家销售手机、电子产品及相关小工具配件的垂直电子商务网站。自成立以来，Poundit与国内顶尖科技品牌建立了合作伙伴关系，使之能够以极具竞争力的价格提供具有制造商保修的正宗产品。致力建设互动社区，为用户提供技术与生活方式最新资讯和热门促销活动。

Tokopedia：成立于2009年，是印度尼西亚最受欢迎的在线电商平台。截至2022年3月，平台注册商户达600万（由小型零售商和品牌方组成），物流范围覆盖93%的印度尼西亚区域。阿里巴巴于2018年12月完成了对Tokopedia的G轮领投，继Lazada（阿里系）后进一步深化对印度尼西亚市场的控制。

Bukalapak：印度尼西亚第三大电商平台（从2018年的印度尼西亚电商规模第二名下降到2019年第二季度的第三名）。从C2C业务起家，现在亦开始提供B2C服务，允许品牌方与消费者之间相互交易。印度尼西亚媒体和科技巨头Emtek Group是其最大股东，持股49.21%。

Lazada印尼站：Lazada隶属阿里系，是目前东南亚规模最大、人气最高的电商平台之一。截至2019年第二季度，Lazada的销售额已从2018年的第二名跌落至第四名。

Blibli：在印度尼西亚各地提供免费送货服务，且可为所有产品提供利息为零的分期付款，分期最长期限高达12个月。覆盖品类包括手机、平板电脑和可穿戴的小工具、相机、台式电脑、笔记本电脑、电子设备、时尚男装、时尚女装、保健、美容、母婴产品、体育及户外活动、门票和优惠券、家居产品、玩具和视频游戏15大类几十万种产品。

Orami：以母婴、婴童、家庭与个护产品为主，并提供食品和营养品、玩具和配件以及一系列相关产品。印度尼西亚作为一个人口结构高度年轻化的国家，母婴市场具备非常可观的潜力。

Bhinneka：成立于1993年，主要聚焦在电脑、笔记本电脑、小工具和配件领域的销售。此外，超过9 000家供应商提供各种IT和电信需求、电子设备、爱好和身体护理产品。不仅通过http://bhinneka.com网站提供在线购物服务，还在多个城市设有线下商店。雅加达有5家商店（Gunung Sahari、Mangga Dua Mall、Ratu Plaza、Poins Square、Cibubur Junction），还有一家位于泗水（Jalan Dharmahusada）。

京东印尼站：2015年10月上线，京东目前在印度尼西亚有自己的客服与仓储物流设施。京东印尼站销量最好的依然是电子3C类产品以及家电产品，用户以男性为主（约70%）。此外，服饰类产品在京东印尼站的销量也越来越好，女性用户正不断增长。

BLANJA：由Telkom Indonesia和eBay合作，主要销售健康和美容产品、手机、平板电脑、电脑、游戏等在内的数十万种国内外产品。经常提供各种折扣促销活动，比如harbolnas促销活动、周年纪念BLAN促销活动等。

Shopee MY：Shopee隶属腾讯系，是东南亚第二大电商平台。近年来，Shopee MY后来者居上，超过Lazada MY，成为马来西亚第一大综合电商平台。

Lazada MY：Lazada隶属阿里系，东南亚最大电商平台，亦是马来西亚第二大电商平台，月均网站流量仅低于Shopee MY约3%。目前，在马来西亚的业务超过80%来自吉隆坡和巴生谷，并计划向农村地区提供更多在线产品和服务。

Lelong：马来西亚本土综合电商平台，马来电商TOP 3，但其月均访问量较第二名已断层下滑，仅为Lazada MY的15%左右。支持B2C与C2C交易，此外还提供在线商店开设课程，并设有客户支持团队提供在线支持。

GoShop：GoShop除了运营电商网站外，还通过24小时家庭购物电视频道进行产品销售。主要销售电器、电子、家居、厨房、健身、美容、时尚配饰等。

Hermo：马来西亚的美容电商网站，2012年进入市场，类似于聚美优品，主要销售一些日、韩及中国台湾的化妆品、护肤品。

FashionValet：由马来西亚著名博主Vivy Yusof和她的丈夫于2010年创建，为用户提供广泛的成衣选择，在马来西亚和新加坡设有办事处，承载来自东南亚各地的本土品牌和设计师，成为这些国家新秀设计师的关键平台。

EZBuy：创立于2010年，旨在"专注于本地需求，以开发更适合其用户的新服务"。目前，拥有来自新加坡、马来西亚、印度尼西亚、泰国的超过300多万用户，并为用户提供来自中国大陆、美国、中国台湾、韩国和当地的数百万优质产品。

韩国乐天：乐天（LOTTE.com）是韩国五大集团之一，世界500强跨国企业，拥有广博的物流基础设施及经验，主导着韩国在线购物的流行趋势。成立于1996年，是韩国最早开通的综合购物网站，目前已发展成为拥有1 500多万名会员的韩国互联网综合购物商城。

Gmarket：韩国最大的综合购物网站，在韩国在线零售市场中的商品销售总值方面排名第一，主要销售书籍、化妆品、电脑、家电、衣服等。

11街：韩国移动通信巨头SK旗下知名电商平台，韩国电商平台份额最高（12%）的平台，2017年交易额为84亿美元。消费群体集中在20～40岁，总会员1 400万，每年 19% 的增长率。2018 年 11 月 11 日，当日交易额达成 1.2 亿美元，刷新了韩国电商平台交易额的历史新高。

UNIT808：韩国专注海外产品的跨境电商平台，在其平台上销售的产品可以同时在 We Make Price、NAVER 两家韩国本土平台展示。其中，韩国最大流量门户 NAVER 日均 UV（独立访客数）达 3 000 万以上。平台上最受欢迎的是 3C 产品、服饰、户外用品、汽车配件，其中，空气净化器 2021 年增幅 1 200%。

日本乐天：日本最大的虚拟商业圈，成立于 1997 年，隶属于日本的乐天株式会社。乐天产品类目丰富，拥有众多的忠实用户。乐天株式会社也经营 Infoseek 等很多不同业务的网站。支持简体和繁体中文，可以使用人民币、支付宝、PayPal 支付，一般会用国际邮政快递 EMS 发货。

雅虎日本：雅虎是日本本土十分常用的购物网站，包含非常齐全的生活用品，也包括众多效果好、价格低的药妆品牌。消费者可在该网站上同时对比多家化妆品价格。雅虎日本开通了支付宝支付渠道，对中国消费者来说很方便，不过目前还不支持海外直邮，需要通过转运公司将商品运到国内。

kakaku：kakaku.com 是一个跨地区的直销商店联盟，其用户不仅可以得到相对最低的价格信息，更重要的是可以获取同类商品不同品牌型号的评价和比较。kakaku 的价钱一般每天变三次，即上午 10 点左右、下午 5 点左右、凌晨 1 点左右，不过一天内的变化不会太大，最多也就 100 日元上下。

Starday：日本的跨境电商服务平台，依托在全球建立的供应链体系，为日本消费者提供高品质的购物体验，为创业者开辟全新的外贸通道。Starday 将在日本全境开设 1 000 家 Starday Mart 体验店，让消费者在移动端便捷购物的同时享受线下购物的乐趣。

从跨境电商卖家企业平台入驻情况来看，跨境电商正在深度融入全球市场。其中，亚马逊和速卖通入驻率占比分别为 43.3% 和 32.7%，速卖通、亚马逊、eBay、Wish、Lazada 及 Shopee 等平台，是具有全球覆盖能力的 TOP 出口跨境电商 B2C 代表平台，覆盖了全球 200 多个国家和地区；eBay 卖家企业入驻率占 25.0%，Lazada 为 16.3%，海外国家本地平台占 14.4%，Wish 占 13.5%[①]。

### 2.2.1 速卖通

速卖通是阿里巴巴面向国际市场打造的跨境电商平台，被广大卖家称为"国际版淘宝"。速卖通面向海外买家客户，通过支付宝国际账户进行担保交易，并使用国际物流渠道运输发货，是全球 TOP 在线购物网站。2010 年上线，2012 年成交增长 400%，2022 年已覆盖全球 220 多个国家和地区，拥有世界 18 个语种站点，海外成交买家数超过 1.5 亿。速卖通是阿里巴巴帮助中小企业接触终端批发零售商，小批量多批次快速销售，拓展利润空间而全力打造的融合订单、支付、物流于一体的外贸在线交易平台。速卖通覆盖 3C（计算机类、通信类和消费类电子产品）、服装、家居、饰品等共 30 个一级行业类目，其优势行业主要有服装服饰、手机通信、鞋包、美容健康、珠宝手表、消费

---

① 资料来源：亿邦智库调研。

电子、电脑网络、家居、汽车摩托车配件、灯具等。适合在速卖通销售的产品一般体积较小、附加值高，具备独特性，价格较合理。AliExpress 在俄罗斯、波兰、西班牙、沙特的市场份额和占比都很高。根据 2018 AliExpress Brand Tracking Survey by AliExpress User Research Team 的数据，速卖通在俄罗斯市场份额第一，远超 Ozon、Wildberries、Joom 等本地跨境平台；在波兰市场份额第二，与最大的本地电商 Allegro 相当，远超 Amazon 的表现；在西班牙（远超 Zara、MediaMarket 等本地电商平台）和沙特排前三（与 Amazon 表现相当，远超 Wish 和 Joom）；在法国排第六（与本地电商 Venta-Privee、eBay、跨境电商 Wish 相当）。AliExpress 的盈利方式为：入驻平台需要缴纳 10 000～50 000 元人民币不等的年费；阿里巴巴会向该平台上每笔成功交易根据不同的支付方式收取交易总额 3%～9.15% 不等的交易佣金；若卖家采用支付宝进行交易，在优惠期内，阿里巴巴收取 3% 的佣金，即收取产品总价加上运费的总额的 3%。

2019 年，速卖通的核心战略主要是助力用户增长和商家成长。用户增长涵盖三个方面：第一，社交互动。不仅在产品上有升级，还会在市场上做更多的投资。此外，社交的前提是精准服务用户，这需要细分地精准地推广，且商家跟海外的网红等资源有精准对接。第二，智能导购。针对用户，速卖通一方面需要精准化吸引用户，另一方面也要增加吸引来的用户的黏性。第三，会员促活。速卖通在会员营销方面的关键是做更好的精准营销，通过服务提升会员黏性。商家成长涵盖四个方面：第一，用户运营能力。平台鼓励商家直接运营用户。第二，品牌塑造能力。速卖通会提供更多产品去支持品牌发展。速卖通针对线上线下市场的活动，也会越来越多主打"中国品牌"。因此，品牌商家在速卖通上的机会也会越来越多。此外，对于国内品牌出海，速卖通也会给予一定的帮助。第三，供应链能力。速卖通上很多商家的商品都是来自中国的工厂，速卖通会更进一步跟 1688 等平台打通，让商家能销售更具性价比的商品。第四，基础卖家产品升级。

速卖通是中国唯一一个覆盖"一带一路"全部国家和地区的跨境出口 B2C 零售平台。2018 年，速卖通平台上 56% 的买家来自"一带一路"沿线国家和地区，这些地区的消费者贡献了速卖通平台 57% 的订单量和 49% 的交易金额。截至 2019 年 5 月，速卖通在"一带一路"的布局如下。

**1. 俄罗斯**

速卖通在 2012 年进入俄罗斯市场，俄罗斯买家数已达 2 200 万，即每 6 个俄罗斯人里就有 1 个在使用速卖通。俄罗斯人最爱从速卖通网购的中国商品是手机、女装、汽车电子设备、男装、时尚饰品。速卖通发布的"2018 年最受俄罗斯人关注的中国手机排行榜"显示，俄罗斯消费者对中国手机的关注度已全面超越三星、LG 等跨国品牌，中国手机已成为俄罗斯手机市场的第一集团军。小米连续两年保持俄罗斯"网红"手机 No.1，华为晋升第二。不仅如此，速卖通还在本土进行了相关布局。搭建俄罗斯物流体系：2018 年 6 月 19 日，速卖通同全球知名物流服务商 DPD 合作，在俄罗斯 100 座城市和哈萨克斯坦、白俄罗斯等其他关税同盟国新增 2 000 个自取提货网点；基于"海外仓"，2018 年 7 月，速卖通联合菜鸟在俄罗斯正式推出"当日达"服务，为莫斯科消费者提供免费当日配送；2018 年 9 月 11 日，在符拉迪沃斯托克市举行的第四届东方经济论坛上，阿里巴巴集团与俄罗斯直接投资基金（RDIF）、Mail.Ru集团、MegaFon宣布建立新的战略合作伙伴关系，共同成立合资公司AliExpress Russia，将帮助俄罗斯零售价值链实现数字化和转型；2019年3月5日，速卖通在俄罗斯开先河，正式推出在线售车服务，为当地消费者开启线上线下打通的购车体验，俄罗斯消费者可以直接在速卖通上一键下单，支付预付款，到指定线下门店支付尾款即可提车，中国自主品牌车企奇瑞是该新项目的首个合作伙伴，据了解，以奇瑞、力帆等为代表的中国自主汽车品牌在俄罗斯深受欢迎，长期位列俄罗斯最畅销的中国汽车排行榜。

### 2. 韩国

数据显示，2018年"双11"，韩国消费者在速卖通上的消费额同比上一年增长超过100%。而2018年一整年，速卖通在韩国的销售额整体增长约达60%。从品类上看，中国消费电子和运动用品分列韩国用户购买前两名，以小米为代表的一批中国新兴品牌深受韩国消费者青睐。而中国的高尔夫周边产品、骑行装备、滑雪装备等运动用品也大受韩国人欢迎。数据显示，速卖通上的高尔夫周边产品，来自韩国的订单占全球销量的30%。

### 3. 非洲

2018年半年速卖通非洲国家的买家数平均增长近1倍。其中埃及、埃塞俄比亚、突尼斯、肯尼亚、乌干达、安哥拉、莫桑比克、摩洛哥的买家增长率超过100%。速卖通2018年"双11"非洲国家成交额同期增长78%，其中北非国家增速最快，高达156%，东非国家的交易额最高。有23个非洲国家的同期增速超过100%，非洲小国圣多美和普林西比的成交额相比上一年暴增10倍。从订单数看，非洲地区排名前十的国家，大多数是沿海国家、岛国或者经济较为发达的国家，如南非、埃及、加纳、摩洛哥、佛得角、毛里求斯等，但也包括一些欠发达和政局不太稳定的地区，如尼日利亚。非洲地区比较受欢迎的产品是生活DIY（自己动手制作）类产品，如假发、蔬菜水果种子、美甲类、衣服上的亮片、串珠、种花用的水晶土等，即使在战乱国家也是如此。按销量统计，卖得最好的是女装、配饰、美甲等类目，说明非洲人民爱美、爱生活。假发这一品类在速卖通上成交规模惊人，每2秒就能卖出一顶，中国假发已成为全球海外消费者刚需。其中非洲国家作为全球第二大假发消费市场，在速卖通上的假发消费金额涨幅惊人，尤其是南非、尼日利亚、赞比亚、肯尼亚、坦桑尼亚等10余个非洲国家的假发成交额涨幅在100%～300%之间。速卖通一直持续投资搭建非洲国家的物流、支付基础设施。首先速卖通建立了中非之间的跨境专线，速卖通上假发商品的物流时效从平均三四十天缩短到平均5～7天。同时，通过拉动南非、尼日利亚、加纳的驻非企业入驻速卖通，速卖通上的假发商品借助商家的本地仓发货服务，实现了本地送达的物流服务，最快可以次日达。速卖通还正在吸引加纳、刚果（金）、赞比亚、坦桑尼亚、津巴布韦等国的中资驻非企业入驻速卖通平台。

### 4. 中亚、南亚

速卖通数据显示，中亚、南亚地区有超过2 000万的消费者通过速卖通网购。其中，吉尔吉斯斯坦的买家3年增长4倍，成为电商普及增速最快的国家。当地25～30岁的年轻人已经成为"键盘经济"的主力军，网上购买机票、分期付款购物乃至网购海外商品已成为一种新时尚。在速卖通上，服饰和配饰、手机和零配件、消费电子、化妆品等是中亚、南亚地区消费者最喜爱的中国商品。一台 6 000 多美元 10 千克农用八轴多旋翼喷洒农药无人机，成为印度消费者 2017 年速卖通最大的单笔订单。网购也成为当地人接触新技术的一条捷径。

### 5. 南美

速卖通已占据了智利邮政 80% 的跨境单量。当地政府为速卖通专门建造了自动化分拣的厂房和末端配送的设备，速卖通帮助当地升级邮政系统，从人工分拣包裹升级到机器分拣，效率提升了至少 10 倍。拉美地区有 6.4 亿人口，平均年龄不到 30 岁，互联网电商发展缓慢。当地电商基础设施薄弱，很久以前中国消费者在淘宝买东西，需要打印一个支付订单去邮局付款。而这种支付方式目前在南美依然很流行。超过 40% 的电商交易目前是通过这种线下支付的方式完成。而且由于南美国家政局动荡、汇率波动，人们不知道明天会发生什么，所以当地还流行分期付款。在巴西 70% 左右的零售交易是通过分期付款完成的。

### 6. 土耳其

速卖通正以土耳其为试点，进行海外商品"卖全球"的尝试。此前，速卖通和土耳其邮政合作，帮助土耳其邮政系统把跨境 B2C 出口的包裹处理能力从日处理 20 单提升到 1 000 单，足足翻了几十倍。2019 年 1 月 29 日，速卖通上的土耳其商店 Trendyol 正式开业，24 小时内便迎来全球 58 个国家的消费者争相采购，3 天卖了 90 多个国家。最远卖到地球背面的新西兰和智利。

### 7. 欧洲

电子商务基金会（Ecommerce Foundation）的西班牙国家电商报告显示，速卖通在西班牙当地拥有超过 770 万注册用户，App 下载量突破千万。在 Facebook、Twitter、Instagram 等社交媒体上，速卖通的西班牙粉丝近 200 万。在东欧市场的核心波兰，速卖通增长率超过 50%。波兰主流财经商业媒体 Puls Biznesu 称，每 4 个波兰人中，就有一人使用速卖通进行网购。

#### 2.2.2 亚马逊

亚马逊，1994 年 7 月 5 日由杰夫·贝索斯（Jeff Bezos）创立，一开始叫 Cadabra，是美国最大的一家网络电子商务公司，位于华盛顿州的西雅图。1995 年，第一个网站主页上线，是网络上最早开始经营电子商务的公司之一。一开始亚马逊只在网上经营书籍销售业务，现在经营的产品繁多，已成为全球商品品种最多的网上零售商和全球第二大互联网企业。

根据亚马逊披露过的收益数据粗略估算，亚马逊平台 2020 年的整体商品交易总额达到 4 750 亿美元。其中，亚马逊自营的 GMV 是 1 800 亿美元；亚马逊第三方卖家创造了 2 950 亿美元的 GMV，占亚马逊全球 GMV 的 62%，高于 2019 年的 60% 和 2018 年的 58%。2021 年 4—6 月疫情期间，第三方卖家首次成为亚马逊业务增速最快的板块，连带 FBA 相关收入的增速首次达到 53%。可见，亚马逊第三方卖家的销售能力足够强劲。亚马逊市场报告显示，亚马逊 2020 年新增了 130 多万名卖家。每分钟有 2 位新卖家入驻亚马逊。中国大卖在大卖总数中的占比已经达到42%。亚马逊平台的大部分销量来自平台的资深卖家，这意味着企业与用户之间的黏性很好，能长时间运营。虽然新卖家在不断增长，但不会取代平台的资深卖家，因为市场饱和度不够，新卖家有其他的增长机会，跟资深卖家处于不同的利基市场。截至2021年5月，亚马逊卖家分布在全球19个国家和地区，分别是美国、英国、加拿大、墨西哥、印度、法国、德国、意大利、西班牙、日本、澳大利亚、中国、巴西、土耳其、阿拉伯联合酋长国、新加坡、荷兰、沙特阿拉伯、瑞士。亚马逊业务版图如图2-3所示。

亚马逊销售品类覆盖面比较广，包括办公用品、家装建材、工具类、电子产品、照相器材、汽配用品等。亚马逊有10万台以上的物流FBA机器人（图2-4），卖家把货物发往FBA的仓库，亚马逊提供包括仓储、拣货打包、派送、收款、客服、退货处理一系列服务。

图2-3　亚马逊业务版图

图2-4　亚马逊FBA物流及智能机器人

亚马逊的快速发展离不开飞轮理论（图2-5）。这个理论是杰夫·贝索斯用一张餐巾纸画出来的亚马逊整体运营逻辑，后来演变成了亚马逊运营核心思想。飞轮理论是可以从任何一个点开始，却没有终点的闭环逻辑，也就是无限模型。从用户角度，以用户体验为起点，如果做好用户体验，口碑传播就快，流量就会增加，就可以吸引更多供应商加入平台销售产品，就意味着平台商品更加丰富，有更高的性价比，由此会带来新一轮的用户体验，下一个循环就会开始；从卖家角度，以供应商为起点，不断优化自己供应链，研发生产出品质更好、价格更低的产品，让买家买到更好的产品，从而吸引更多的买家。

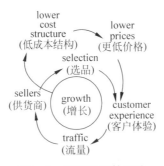

图2-5　亚马逊飞轮理论

亚马逊全球开店在中国的人才培养计划源于其在杭州的合作历程。2016年5月，亚马逊全球开店与杭州市签署合作备忘录。当年12月在杭州召开亚马逊全球开店卖家峰会。2017年召开首届大卖家·制造商对接大会之后，2018年6月的亚马逊全球卖家直采大会更是进一步将供应链和卖家进行了深度对接。2018年8月，亚马逊全球开店·101时代青年计划在浙江外国语学院试航，之后分

扩展阅读2-1 亚马逊落地杭州

期向全国院校推广，加大了跨境电商人才培养的力度和广度。2019年4月，亚马逊全球开店杭州跨境电商园开园，并启动亚马逊全球开店杭州品牌50强。

### 2.2.3 Wish

**1. Wish 发展历程**

2011年9月，两位一起求学于加拿大滑铁卢大学的室友，即出生在欧洲的Peter Szulczewski 和来自广州的 Danny Zhang（张晟），在美国硅谷创立了一家名为 ContextLogic 的公司，即 Wish 的母公司。ContextLogic 希望通过机器学习和自然语言处理技术处理信息，提高广告与内容页的相关性。后来，ContextLogic 推出 Wish，Wish 起初的模式类似于图片社交，用户可以在上面创建自己的愿望列表。2013年3月，Wish 加入商品交易系统，正式踏入电商领域。

2021年，Wish 成为北美和欧洲最大的移动电商平台。同时，Wish 也荣列全球第六大互联网电商平台，成为全球第五家4年内GMV达到30亿美元规模的互联网公司！很快就成为令业界瞩目的独角兽科创公司！

2013年，自 Wish 转型进入电子商务行业，仅9个月后，其平台交易额就达到近1亿美元。

2014年2月，为了进一步拓展中国供应商资源，Wish 在上海成立了办事处。随后，中国招商团队在华展开了大规模的招商活动。

2015年，Wish 由单一 Fashion 品类发展到全品类产品销售，分别上线了科技电子产品类 Geek App 和母婴类 Mama App，后又推出专门针对"女性经济"的化妆美容类商品的垂直应用 Cute。Wish 推出这些垂直类 App，一方面是对潜在竞争对手的防御，另一方面也是自我发展的需要。

2016年，Wish 平台 GMV 增幅达100%，营收增幅超过200%，推广费用降低80%，注册用户超过3.3亿，日活超过700万。Wish 上90%的买家来自 Facebook，90%的卖家来自中国。Wish 选择与京东合作，并于2016年5月 Wish 在上海成立客诉中心。Wish 平台在2016年呈现出新的趋势，品类分布上，服饰、配饰品类占比下降，3C数码、美妆、家居占比上升。客单价方面，2016年同比增长17%。从账户产出来看，广东占比55%；长三角地区增长快速，来自浙江的账户产出已跃升至第二，占比19%。

2014—2016年是 Wish 飞速发展的3年，其连续3年被评为硅谷最佳创新平台。

2017年3月，Wish 在春季卖家大会上首次公布以"星工厂、星青年、星服务、星卖家、星技术"为内容的"五星计划"。尤其是"Wish星工厂"和"Wish星青年"两个平台项目，一方面帮助传统制造业摸索出一个有效地推进、实施跨境电商业务的路径，另一方面也为跨境电商供应链提供更多的人力资源输送。截至2017年6月，平台上聚集了超过30万卖家。2018年6月，在接受 CNET 采访时，Szulczewski 透露了一系列数据。

他表示 2017 年 Wish 第一次创收超过 10 亿美元，自 8 年前成立以来，Wish 每年的收入都翻了一番多。他补充说，"看来 2018 年我们的收入会再次翻番。"2020 年 12 月 16 日，Wish 在纳斯达克成功上市，股票代码"WISH"。Wish 此次 IPO（首次公开募股）发行 4 600 万股 A 类普通股，发行价每股 24 美元，拟筹集 11 亿美元。2020 年，Wish 的月活跃量用户数突破了 1.07 亿，覆盖全球 100 多个国家和地区，信息翻译成 40 种语言，并提供实时聊天的支持。

截至 2020 年底，Wish 一共融资 16 亿美元，投资者包括泛大西洋投资集团（General Atlantic）、Founders Fund 和 GGV Capital 等。其中，Wish 在 2015 年完成超过 5 亿美元的融资，估值约 30 亿美元。Wish 在 2017 年获得 F 轮融资，投资方包括淡马锡、DST、Third Point Ventures、Founders Fund、光际资本等。2019 年 8 月，Wish 获泛大西洋投资集团领投的 3 亿美元 H 轮融资，估值为 112 亿美元。招股书显示，Wish 在 2020 年前 9 个月收入为 17.47 亿美元，2019 年同期的收入为 13.25 亿美元，同比增长 2%。Wish 在 2020 年前 9 个月毛利为 11.42 亿美元，2019 年同期的毛利为 10.7 亿美元，同比增长 7%。

**2. Wish 的商品推送原理**

Wish 买家是通过系统推送方式手机浏览商品，Wish 上的产品种类丰富，包括 3C 数码类、母婴、美妆、家居等全品类产品。Wish 商品推送原理的依据是商品更换频率高、淡化店铺概念、注重商品本身的区别和用户体验的质量；在商品相同的情况下，以往服务记录好的卖家会得到更多的推广机会。Wish 根据用户在注册时填写的基本信息，加上后期的浏览、购买行为，为用户打上标签（tag），并且不断地记录和更新用户标签，根据用户多维度的标签推荐买家用户可能感兴趣的商品。这些工作由系统完成的，并且有持续修正的过程。

### 2.2.4　eBay

eBay 于 1995 年 9 月 4 日由 Pierre Omidyar 以 Auctionweb 的名称创立于加利福尼亚州圣荷塞。eBay 是一个可让全球民众上网买卖物品的线上拍卖及购物网站。拍卖即卖家通过设定物品的起拍价及在线时间，开始拍卖物品，并以下线时的最高竞拍金额卖出，出价最高的买家即为物品的中标者。以"一口价"方式销售的物品在线最长时间是 30 天，可以让产品有充分的展示时间。2014 年 2 月 20 日，eBay 宣布收购 3D 虚拟试衣公司 PhiSix。2018 年 7 月 25 日，eBay 终止与长期支付伙伴 PayPal 的合作，宣布与后者的竞争对手苹果和 Square 达成新的伙伴关系。杰夫·史科尔（Jeff Skoll）在 1996 年被聘雇为该公司首任总裁及全职员工。1997 年 9 月，该公司正式更名为 eBay。eBay 已有 1.471 亿以上注册用户，有来自全球 29 个国家的卖家，每天都有涉及几千个分类的几百万件商品销售，成为世界上最大的电子集市。2021 财年，eBay 净营收为 104.2 亿美元，同比增长 17%。

eBay 的中国卖家出口范围居全球之首，出口至 220 个以上的国家或地区，涉及主要产品是电子、时尚用品、家居园艺、汽配、工业品类。中国卖家的十大出口目的地国家为美国、英国、澳大利亚、德国、加拿大、法国、意大利、以色列、西班牙、挪威。

### 2.2.5 Lazada

Lazada 是东南亚地区主流购物网站之一，被阿里巴巴收购。其主要市场在印度尼西亚、马来西亚、菲律宾和泰国。Lazada 的快速崛起得力于其地区特色化服务，Lazada 选择与 100 多家物流公司全方位合作，并在运输工具上选择了更加便捷的电轮摩托车进行配送。Lazada 发展的一大特点是社交电商，通过 Facebook、Instagram、YouTube 等社交软件频繁与用户互动，占据流量先机。Lazada 平台未来仍将以物流＋社交电商作为其竞争的发力点，着重打造具有地域特色的 B2C 电商平台。

2014 年，Lazada 营收 1.543 亿美元，但净运营亏损达到 1.525 亿美元。Lazada 集团自 2016 年起成为阿里巴巴集团东南亚旗舰电商平台。2018 年度报告显示，Lazada 以 27% 的访问额占东南亚电商在线流量排名榜单第一。2018 年 3 月 19 日，彭蕾出任 Lazada CEO（首席执行官）职务，原 CEO Bittner 出任高级顾问职务。2019 年 7 月 12 日，据外媒 CNN 雅加达报道，第三方机构 Alvara 研究中心一项研究结果表明，东南亚电商平台 Lazada 当选印度尼西亚当地千禧年轻一代最受欢迎的购物平台。2020 年 8 月 4 日，《苏州高新区·2020 胡润全球独角兽榜》发布，Lazada 排名第 58 位。2020 年 8 月 19 日，Lazada 联合天猫发布"新国货出海计划"，为入驻品牌商城 LazMall 的天猫品牌设立快速入驻通道，入驻周期从一个月缩短到一周。

Lazada 自建物流网络，凭借平台端对端物流能力实现对供应链的全面掌控。截至 2020 年底，Lazada 在东南亚 17 个城市拥有超过 30 个仓储中心，在各国建立自营仓库、分拣中心和电子科技设施，配合合作伙伴网络，全面提升跨境及"最后一公里"物流能力。Lazada 接入自有物流渠道——Lazada 全球物流方案（Lazada Global Shipping，LGS），为商家解决第一公里和"最后一公里"的复杂货运流程，同时大幅降低东南亚部分地区因基础设施落后而产生的昂贵运费。

在科技助力下，Lazada 致力于重新定义零售体验。对实时数据的应用让 Lazada 第一时间掌握消费者需求变化，Lazada 对科技领先的追求步履不停，凭借 Voyager 项目中阿里巴巴领先技术的协同效应，Lazada 能够发展创造出规模化且极具竞争力的未来产品和技术解决方案。

东南亚各国电子支付和电子商务尚处于初期阶段，Lazada 为消费者提供了一套多样化的支付方式，满足目前需求的同时，还引领消费者使用便捷而可靠的电子支付方式。

### 2.2.6 Shopee

Shopee（又称虾皮）是东南亚及中国台湾地区的电商平台。2015 年于新加坡成立并设立总部，随后拓展至马来西亚、泰国、中国台湾地区、印度尼西亚、越南及菲律宾共七大市场。Shopee 拥有的商品种类包括电子消费品、家居、美容保健、母婴、服饰及健身器材等。Shopee 社群媒体粉丝数量超过 3 000 万，拥有 700 万活跃卖家，员工超 8 000 人，遍布东南亚及中国。2018 年，Shopee GMV 达到 103 亿美元，同比增长 149.9%。2019 年第一季度，Shopee 季度 GMV 同比增长 81.8%，总订单数同比增长 82.7%，App 下载量超过 2 亿。App Annie《2019 年移动市场报告》显示，2018 年 Shopee 在全球 C2C 购物类App中下载量排名第一；iPrice Group 2019年Q1报告显示，Shopee凭借PC（个人计算机）端和移动端共1.84亿次访问，成为2019年第一季度东南亚地区访问量最大且唯一流量呈正增长的电商平台。Shopee于2016年在深圳和香港设立办公室，开展跨境业务，为中国跨境卖家打造一站式跨境解决方案，提供流量、物流、孵化、语言、支付和ERP支持。2017年设上海办公室，服务华东市场。2019年与厦门市战略合作，于厦门落成全国首个Shopee跨境孵化中心，增设福建转运仓。同年，与杭州跨境电商综试区签署合作备忘录，达成战略合作，发布区域基建、人才发展及产业集群构建等战略合作举措。Shopee母公司Sea是首家于纽约证券交易所上市的东南亚互联网企业（股票代码：SE）。权威分析机构iPrice Group公布2020年第二季度东南亚电商平台的数据：Shopee移动端以全市场第一稳居东南亚购物类App冠军宝座；网页端以2.7亿月度访问量蝉联流量最高电商平台，并在印度尼西亚、越南、马来西亚、新加坡及泰国五个市场分别夺魁。2020年，Shopee宣布"双12"大促再破纪录，平台首小时售出商品数达2019年同时段4倍，0点后仅24分钟便售出1 200万件商品，最高一分钟销出100万件。大促期间，Shopee为消费者带来超20亿款丰富产品供选购，共计4.5亿人次观看了Shopee Live，应用内游戏次数高达27亿次，通过Shopee自有整合支付工具的交易单量较平日增长18倍。

Shopee主要采取了以下经营策略。

本土化策略。Shopee绝大部分高层都在东南亚生活了数十年，对东南亚市场非常了解。其进行本土人才招聘和培养，在当地形成了良性的人才培养梯队。Shopee依据每个市场特性制订本土化方案，以迎合当地消费者需求。比如，Shopee在印度尼西亚和马来西亚市场发起斋月大促活动，推广引流，两大市场迎来一年一度的流量高峰。

移动端优先。Shopee从移动端切入，推出简洁干净、易于使用的交互页面，使消费者顺畅使用App每个功能，实现在30秒内完成选择并购买商品；优化移动端体验，如推出Shopee Shake摇金币游戏契合移动端碎片化场景，在2018年"双11"当天，东南亚用户总计玩了9 400万次Shopee Shake。

社交明星引流。以"社交"作为切入点，Shopee结合本地元素、流量明星、互动游戏、社交网络等方式，获取高黏性用户。Shopee在App中推出直播功能，商家可在App中通过直播向潜在消费者推介商品。Shopee在应用内引入Shopee Quiz，邀请各地区的名人来主持问答。各市场邀请本土知名的社交明星强势引流。2018年，Shopee"双12"生日大促中，Shopee宣布由韩国首席女子天团BLACKPINK受邀担任首位区域品牌代言人。2019年8月14日，Shopee宣布联手全球足球巨星克里斯蒂亚诺·罗纳尔多（C罗）出任全新品牌代言人，以Shopee标志性的年度大促"9·9超级购物节"为起点，携手平台，共同揭幕2019下半年的购物旺季。

提升全流程体验。Shopee跨境业务团队专为中国跨境卖家打造一站式跨境解决方案，提供流量、物流、孵化、语言、支付和ERP等全流程支持。

## 2.3 跨境电商B2B平台

B2B平台可以连接世界各地的供应商和买家，使双方更方便地交易产品。下面介绍跨境电商 B2B 主流平台。

### 2.3.1 阿里巴巴国际站

阿里巴巴国际站是阿里巴巴集团最早创立的业务，是目前全球领先的跨境 B2B 电子商务平台，服务全世界数以千万计的采购商和供应商。作为全球最大的 B2B 跨境电商平台，阿里巴巴国际站物流已覆盖全球 200 多个国家地区，将与生态合作伙伴融合共振，通过数字化重新定义全球货运标准。"门到门"服务能力是重点方向之一：货物从工厂拉到境内港口、报关，通过海陆空进入境外港口、清关、完税，最后完成末端配送。阿里巴巴国际站提供一

扩展阅读 2-2　阿里巴巴国际站官网

站式的店铺装修、产品展示、营销推广、生意洽谈及店铺管理等全系列线上服务和工具，帮助企业降低成本、高效率地开拓外贸大市场。

### 2.3.2 敦煌网

敦煌网是中国领先的 B2B 跨境电商在线交易服务平台。为跨境电商产业链上中小微企业提供"店铺运营、流量营销、仓储物流、支付金融、客服风控、关检汇税、业务培训"等全链路服务，帮助对接全球采购，实现"买全球，卖全球"。敦煌网成立于 2004 年，是全球领先的在线外贸交易平台，致力于帮助中国中小企业通过跨境电商平台走向全球市场，开辟一条全新的国际贸易通道，让在线交易变得更加简单、更加安全、更加高效。多年的专业与口碑使得敦煌网成立 12 年达到了 120 多万国内供应商、3 000 多万种商品，遍布全球 224 个国家和地区，以及 1 000 万买家在线购买的规模。每小时有 10 万买家实时在线采购，每 3 秒产生一张订单！敦煌网是国内首个为中小企业提供 B2B 网上交易的网站，它采取佣金制，免注册费，只在买卖双方交易成功后收取费用。敦煌网是在线外贸交易额中亚太排名第一、全球排名第六的电子商务网站，其在 2011 年的交易达到 100 亿规模。

### 2.3.3 TradeKey

TradeKey 是全球知名度高和实用性比较强的 B2B 网站。TradeKey 一直致力于全球买家数据的采集和分析。与全球诸多实力雄厚的集团机构结成联盟的 TradeKey 网站，专门为中小企业而设，以出口为导向，已成为全球 B2B 网站的领导者和最受外贸企业欢迎的外贸 B2B 网站之一。TradeKey.com 上有超过 700 万家公司面向 240 多个国家/地区开发国际商机并销售其产品。这个网站主要为访客提供三项服务：第一，如果用户想要购买一款特定产品，可以在网站上向数千万的供应商发起求购信息，供应商看到求购信息后，如果有兴趣就会主动联系。第二是产品，网站上产品类别很多，主要按批发商、制造商和出口工厂分类。第三是公司，用户可以在这里找到直接供应商、制造商和经销商。除此之外，它还可以让用户成为经销商，帮助制造商、出口商、批发商和其他中小型公司售卖商品，从而无限制地赚取佣金。TradeKey 是全球领先、发展最快的 B2B 平台之一，为全球的中小进口商、出口商和企业提供贸易往来。TradeKey 还有自己的 App，

无论用户身处何处，都可以搜索新的供应商，或者在旅途上与顾客保持联系。多年来，TradeKey 凭借独特而强大的商业匹配引擎和高效的推广工具，为全球 240 个国家或地区的供应商、采购商、制造商和进口商搭建了联系。

### 2.3.4 中国制造网

中国制造网创立于 1998 年，是一个中国产品信息荟萃的网上世界，面向全球提供中国产品的电子商务服务，旨在利用互联网将中国制造的产品介绍给全球采购商。中国制造网是国内最著名的 B2B 电子商务网站之一，连续 4 年被《互联网周刊》评为中国最具商业价值百强网站，由中国的焦点科技股份有限公司开发并运营，是电子商务行业的领导者。中国制造网上所有的产品都是在中国大陆和中国台湾制造的。

### 2.3.5 ExportHub

ExportHub 是国际性的 B2B 平台。ExportHub 是由一批 B2B 和网络营销专家组成的国际 B2B 市场品牌，一直致力于追求技术项目。ExportHub 的技术组人员具有超前的互联网营销经验，拥有深厚的行业相关知识。ExportHub 的宗旨是持续高效地运作。与其他 B2B 平台不同的是，ExportHub 还为客户提供独家服务，允许客户根据自己的意愿选择计划，并根据客户计划来提供不同的服务。客户可以选择不同种类的包装，包括标准包装、金色包装、数字包装和 VIP 包装。供应商可以根据买家的级别、规模和市场选择不同的包装。与传统 B2B 平台不同的是，ExportHub 很重视投资的供应商，保证供应商可以盈利。ExportHub 的客户经理会为买家提供高效的服务，方便买家选购。

### 2.3.6 ECPlaza

ECPlaza 创始于 1996 年，是全球最负盛名的企业间电子商务贸易网站，韩国外经贸部直属的 KTNET（株）是 ECPlaza 的母公司。KTNET 自 1990 年成立以来一直从事提供贸易相关的 EDI（电子数据交换）系统和商业信息技术服务，海外营销，电子贸易，程序构筑，DB（数据库管理）事业，多语言网站制作，平面设计，是世界上最为成功的 B2B 公司之一。网站会员数量已经超过 100 万。ECPlaza 主要经营出口营销，但它不仅提供 B2B 平台、EDI 服务和贸易咨询服务，还为中小企业提供线下的贸易相关服务。ECPlaza 网站拥有超过了 400 万供应商，供应商数量全球第一。在 Alexa、Rankey、100 HOT 等著名排名网站上，ECPlaza 位居前列。

### 2.3.7 环球资源

环球资源有限公司于 2000 年在新加坡成立，致力于促进大中华地区的对外贸易。公司的核心业务是通过一系列英文媒体，包括环球资源网站、印刷及电子杂志、采购资讯报告、"买家专场采购会"、贸易展览会（trade show）等形式促进亚洲各国的出口贸易。环球资源是以环球资源有限公司（GSOL）的名义在纳斯达克上市的 B2B 平台。环球资源因其拥有来自不同行业的优质供应商而闻名。许多制造商为了成为此门户网站上的供应商，都会支付高额的入驻费。环球资源展示了许多制造商和供应商，主要来自中国。

该平台与中国香港的国际贸易展览会有关系，网站上大部分都是中国香港的注册公司，在与西方贸易往来方面有丰富的经验。这使得环球资源十分注重网站的耐用性、功能性、设计性、客户服务以及国际贸易的规则。换句话说，产品质量都很高。

### 2.3.8 ThomasNet.com

ThomasNet.com 以前叫作 the Thomas Register of American Manufacturers，是全球领先 B2B 平台，每月有超过 180 万访问量。自成立以来，ThomasNet 为制造业和工业的买卖双方建立联系。现在，全球范围内的买家都可以使用 ThomasNet.com 来寻找供应商、采购产品，包括工程师、采购代理、设施经理等，买家主要集中在美国。ThomasNet 将强大的搜索技术与平台上众多的公司简介相结合，从而增加供应商选择，而且是免费的。ThomasNet 是一个庞大的平台，拥有 67 000 个工业类别，以及 650 000 个分销商、制造商和服务公司。ThomasNet.net 还可以让客户向公司询盘。但是它和阿里巴巴国际站不一样，它不允许个人发布通用的"报价请求"。

### 2.3.9 EC21

EC21 于 1997 年在韩国成立，是全球十大在线 B2B 平台之一，服务器在美国。EC21 致力发展全球买家，是海外的综合贸易平台，并非仅仅针对韩国市场。其拥有 100 万买家，每月超过 60 万次询盘。EC21 目前有 3 个站点，包括 EC21 中国站、EC21 韩国站和 EC21 全球站，支持 8 种不同的语言。

### 2.3.10 GlobalSpec

GlobalSpec.com 是全球最专业的电子及工业采购网站之一，是目前发展最迅速的技术类 B2B 媒体，是美国主流的 B2B 平台，面向北美和亚洲市场，主要提供工业部件、机械以及相关的服务。其拥有 590 万采购工程师和技术类买家用户群体，超过 500 万工程师和技术专家定时使用 GlobalSpec，作为他们首选的在线工程技术信息资源。

### 2.3.11 大健云仓

大健云仓是业界领先的大件商品 B2B 交易平台，致力于通过数字贸易的形式改造外贸行业，打造全球家居流通骨干网。依靠国际化商业架构，自有全球化物流仓储系统及精准数据营销分析系统，为国内主流家居厂商/大件商品供应商以及线上超过 2 500 个零售商提供线上/线下综合跨境交易及交付服务。大健云仓旨在为客户提供全渠道、全方式的产品交易和交付解决方案，帮助客户全面降低成本，提高外贸竞争能力。集团总部位于中国苏州及美国洛杉矶，在中国香港、美国、日本、德国、英国、越南和中国内地设有各功能机构。其核心优势：16 个海外仓，总面积大于 23 万平方米；订单均重 50 磅（1 磅 =453.59 克）以上；正常出库时效 99.6%，疫情期间出库时效（5 日内）93.4%；全球员工 600 名以上；日零售订单折合标准集装箱 120 个以上；北美 9 城上门配送安装。

## 2.4 独立站

跨境电商行业在不断发展。最初，eBay、亚马逊和 AliExpress 等大型跨境电商平台是海外业务的起点，但这一单一的销售渠道运营不能满足外贸行业的发展需求。那么除了平台之外，卖家应该如何扩大其海外销售？答案就是使用独立站。

从技术层面解释，独立站是指拥有独立的域名、空间、页面的网站，不从属于任何平台，可以进行多方面、全渠道的网络市场拓展，推广所带来的流量、品牌印象、知名度等等都完全属于独立站所有。

通俗地解释，独立站，也叫外贸网站建站（外贸建站），就是做一个单独的官网或网站，用某种程序在国外空间上用外语（英文和小语种等）实现企业介绍、产品展示和转化、在线沟通等功能。建立独立站有许多建站工具可供选择，如 Shopify 等。

按功能，独立站可以分成展示型网站和营销型网站两种。展示型网站，主是介绍公司、展示公司产品的信息。营销型网站，除了展示型网站的内容，还需要进行营销的设置，如添加 CTA（用户行为召唤）、在线聊天表单及流量统计工具等，让客户进来之后产生一定的转化，获取询盘，产生商业价值。营销型网站与展示型网站的根本区别就是：营销型网站的流量转化率要比展示型网站的转化率高很多，从而在相同的流量情况下，营销型网站能获得更多的询盘，产生更大的价值。按业务模式，独立站又可以分成 B2B 企业站和 B2C 零售站。B2B 企业站是针对国外进口商、代理商或批发商的网站，内容主要是展示企业实力、产品资料等。B2C 零售站是针对国外终端用户，网站内容主要是产品资料、价格、购物车、购买付款等。

当然，相对那些跨境电商平台，独立站有以下优缺点。

优点：没有太多规矩，对产品限制少，可以直接接触客户，积累客户等方面的资源，时间越久积累越好。经营积累的客户和流量都属于卖家自身。自建网站来的询盘，更有针对性，会有更高的转化率。同时能够将数据 100% 留存，实现数据安全和增值，实现数据的二次开发，源源不断地挖掘数据价值。由于不受平台诸多细则的制约，也没有封号的风险。

缺点：没有免费流量支持，前期投入大、出单少。卖家企业还需要对网站相关技术有所了解。流量和推广都靠网站本身，需要通过社交流量、搜索流量、邮件流量、直接流量等来引流，所以创业初期启动比较难。

目前比较常见的独立站搭建模式有两种。

第一种是依托于第三方建站平台创建的独立站。当然这里的第三方平台并不是商务平台，而是技术平台，也就是对方提供给你建站所需要的相关技术环境，然后里面的内容及其表现形式都由卖家自定义。该模式和站群系统有点类似，优点自然是入门的门槛低，缺点主要就是半独立，虽然商业模式上已经是独立了，但是技术手段还是受限较多，无法完全定制（至少无法完全免费定制）个性化的内容。目前比较流行的就是 Shopify 这个独立站平台。

第二种是则是完全独立创建的独立站，该模式相对门槛较高，如果卖家自身没有相关知识基础的话投入也会比较大，因为需要招人或者找人来建站并做日常维护。

2020年，独立站迎来发展机遇，跨境电商卖家积极筹建独立站，独立站的发展主要有以下四个模式。

（1）以新奇特爆款为主的商业模式。比如曾经爆过的指尖猴子、指尖陀螺等产品。通过独立站进行批量测试（站群模式），在前期以一定的预算以及周期（1～3个月）看市场反馈，效果一般的话果断放弃并换品。

（2）转型垂直领域品类的商业模式。此模式不同于传统铺货模式，产品的领域更加垂直和专业，用户需求更加偏向刚性需求。如汽配零件、家居窗帘、假发等品类，Google关键词广告成为卖家首选。因为搜索意味着需求，当用户主动去找这个关键词的时候，说明他对这个产品是有需求的。

（3）小额批发复购的商业模式。以传统贸易工厂转型小额批发为主，我们可以将批发业务做成线上复购，通过小额批发商城网站达成在线交易，独立站可以增加用户黏性，也省去了平台抽佣等。

（4）定制化区别平台的商业模式。这种模式是网上购物带来的演变，即从标准化产品的生产到大规模的定制化。

## 2.5 跨境电商进口平台

主流跨境电商进口平台有天猫全球购、考拉海购、洋码头、蜜芽、1号店1号海购、顺丰海淘、聚美极速免税店、唯品会全球特卖、苏宁全球购、京东全球购、亚马逊中国等。

### 2.5.1 天猫全球购

天猫全球购是国内十大进口跨境电商平台之一，它的商品范围非常广泛，几乎覆盖所有类品，能为境内的消费者提供海外原装正品。它主要是通过与自贸区合作在全国各地保税物流中心建立了各自的跨境商品物流仓，消费者在网上下单，通过保税直邮可以更快收到商品，缩短了消费者从下单到收货的时间，在很大程度上满足了消费者对于商品时效性的需求。

### 2.5.2 考拉海购

考拉海购是网易和阿里巴巴共同合作开发的综合型跨境电商系统平台。其主营业务有美容彩妆、家居生活、营养保健、环球美食、服饰箱包、数码家电等。2015年6月，考拉海购被授予"跨境电商综试区首批试点企业"，浙江省省长李强亲自为企业代表授牌。2015年6月，考拉海购在聚集天猫国际、淘宝全球购等知名跨境电商的杭州下沙保税区的出单量稳居第一，日出单量甚至已超过当地半数。

2015年11月，全球著名投资银行高盛集团发布研究报告，给予网易股票以"买入"（Bu）评级。2016年3月，考拉海购荣获App Store精品推荐，成为业内首批获"使用Apple Pay购买"精品推荐的跨境电商。2019年8月，网易发布的2019年Q2财报显示，其电商板块营收同比增长20.2%，毛利率在大促季节也未受影响，仍然提升至10.9%，盈利能力持续提升。而在之前由艾媒咨询（iiMedia Research）发布的《2019上半年中国跨境电商市场研究报告》中，考拉海购以27.7%的市场份额排名首位，第九次蝉联跨境电商市场份额第一。2019上半年，考拉海购先后与雅培、合生元、iRobot、雀巢中国、小林制药、欧缇丽、强生中国、欧莱雅中国等众多知名品牌达成或升级战略合作关系，势头越发迅猛。

考拉海购以100%正品、天天低价、30天无忧退货、快捷配送提供给消费者海量海外商品购买渠道，希望帮助用户"用更少的钱 过更好的生活"，助推消费和生活的双重升级。考拉海购主打自营直采的理念，在美国、德国、意大利、日本、韩国、澳大利亚、中国香港地区、中国台湾地区设有分公司或办事处，深入产品原产地直采高品质、适合中国内地市场的商品，从源头杜绝假货，保障商品品质的同时省去诸多中间环节，商品直接从原产地运抵境内，在海关和国检的监控下，储存在保税区仓库。除此之外，考拉上线蚂蚁区块链溯源系统，严格把控产品质量。

考拉海购在经营模式、营销方式、诚信自律等方面取得了不少建树，获得由中国质量认证中心认证的"B2C商品类电子商务交易服务认证证书"，认证级别四颗星，是国内首个获此认证的跨境电商平台之一。考拉海购很好地解决了商家和消费者之间信息不对等的问题，并拥有自营模式、定价优势、全球布点、仓储、海外物流、资金和保姆式服务七大优势。

### 2.5.3 洋码头

2014年12月，完成国内保税仓布局。

2015年，获得中国互联网产业峰会新锐创业企业奖。

2015年，获评中国电子商务创新发展峰会年度最佳跨境企业。

2015年，获评21未来之星——年度最具成长性新兴企业。

2015年，获得中国互联网电子商务优秀企业奖。

2019年11月15日，胡润研究院发布《世茂海峡·2019三季度胡润大中华区独角兽指数》，洋码头以70亿元人民币估值上榜。

2020年8月，洋码头以70亿元位列《苏州高新区·2020胡润全球独角兽榜》第351位。

洋码头成立于2009年，是中国境外购物平台，满足了中国消费者不出国门就能购买到全球商品的需求。"洋码头"移动端App内拥有首创的"扫货直播"频道；而另一特色频道"聚洋货"，则汇集全球各地知名品牌供应商，提供团购项目，认证商家一站式购物，保证境外商品现货库存，全球物流护航直邮。为保证境外商品能安全、快速地运送到中国消费者手上，洋码头自建立以来就打造跨境物流体系——贝海国际。洋码头全球化布局已经完成，在境外建成10大国际物流仓储中心（纽约、旧金山、洛杉矶、芝加哥、墨尔本、法兰克福、东京、伦敦、悉尼、巴黎），并且与多家国际航空公司合作实施国际航班包机运输，每周40多驾全球班次航线入境，大大缩短了境内用户收到国际包裹的时间。

洋码头首创境外卖场扫货场景式购物模式，自2013年12月正式上线至今，"扫货直播"频道已聚集了数万名海外认证买手，他们分布于美国、欧洲、澳洲、日韩等全球20多个国家和地区，现场直播"血拼"，体验同步折扣，洋码头跨过所有中间环节，降低了境内市场的进入门槛，让消费者体验真实的境外现场"血拼"。

从模式上看,"扫货直播"频道主要有两大特点。

买手制:"扫货直播"频道的买手遍布全球,实时直播全球线下卖场、Outlets、百货公司等扫货现场实况。它是一种同步的境外购物 C2C 模式,买手实时发布商品和直播信息,消费者如有兴趣可直接付定金购买。

限时特卖:由于"扫货直播"频道做的是境外特卖现场直播,所以特卖时间与境外基本同步。限时模式除了制造稀缺感外,一定程度上也将用户带入现场进行体验。

### 2.5.4 蜜芽

蜜芽创立于 2011 年,它的经营模式是垂直自营,它的商品进口模式是一般贸易+境外直邮+保税进口,主营的业务是母婴。蜜芽的产品线虽然单一,但却为无数个中国妈妈带来了最大的便捷,蜜芽深受女性消费者的喜爱。

### 2.5.5　1号店1号海购

1 号店 1 号海购创立于 2014 年 9 月,它的经营模式是自营 B2C,它的商品进口模式是境外直邮加保税进口,主营的商品范围是食品、母婴、美妆。

### 2.5.6　顺丰海淘

顺丰海淘是顺丰旗下的一款独立进口商品购物网站,主要是为用户提供食品、服饰、鞋类和珠宝、健康和个人护理用品等商品。顺丰海淘主要是借助顺丰速运的物流优势,为用户提供全程透明可追踪的物流系统,给境内用户带来更好的境外商品购物体验。

### 2.5.7　聚美极速免税店

聚美极速免税店创立于 2014 年 9 月,它的经营模式是垂直自营,它的商品进口模式是保税进口,主营的产品类型是美妆、母婴、服装等。聚美极速免税店的商品以韩国化妆品为主、欧美品牌为辅。此外,店铺长期开展满减包邮等活动,优惠力度相当大,因此备受年轻消费者的青睐。

### 2.5.8　唯品会全球特卖

唯品会全球特卖创立于 2014 年 9 月,它的经营模式是垂直自营,它的商品进口模式是境外直邮加保税进口,主营的商品范围是美妆、母婴、服装等。唯品会首个开通正规境外快件进口的"全球特卖"业务,它全程采用的是海关管理模式中最高级别的"三单对接"标准,形成了四位一体的闭合全链条管理体系。

### 2.5.9　苏宁全球购

苏宁全球购创立于 2014 年 2 月,它的经营模式是自营 B2C 加招商,它的商品进口模式是境外直邮加上保税进口,主营的业务是母婴、美妆、服装和 3C 家电等。苏宁在港澳台地区其至日本等地拥有多家分公司,也拥有自己的采购和供应链等相关资源,使得业务的开展变得极为顺利，同时苏宁还通过全球招商来增加自己的国际商用资源。

### 2.5.10 京东全球购

京东全球购创立于 2014 年 1 月，它的经营模式是自营 B2C 加非纯平台经营，它的商品进口模式是境外直邮加上保税进口。京东已逐渐在许多国家和地区开设相应的特色馆，京东全球购也是京东海淘业务的主要方向。京东向来重视对产品质量的把控，只为用最好的产品来赢得消费者的信赖。京东全球购的业务合作范围较窄，目前开通的国家馆有法国馆、韩国馆、日本馆、澳大利亚馆以及美国馆等。主要是通过合作或自营等方式建设京东全球化的仓储、物流体系。

## 2.6 跨境电商行业其他生态服务

### 2.6.1 跨境支付服务

跨境支付服务目前主要是支持跨境 B2C 业务和 B2B 中的小额批发 / 交易业务。主要的支付方式是信用卡支付和第三方支付工具的账户支付 [ 如 PayPal、国际支付宝（Escrow）、个人支付宝账户、P 卡和 WF 卡、PingPong、WorldFirst（万里汇）等 ]。通过第三方支付工具的跨境支付还能提供相应的交易优化和保障服务，如对部分卖家提供提前放款服务（对于信誉比较好的卖家在买家没有收到货之前，提前把款放给卖家，提高卖家的资金周转率）。

跨境进口电商支付有以下几种情况。

保税区模式下的跨境支付。物流与支付就好比电商发展的左膀右臂。如果一家境外公司在中国境内发展跨境电商业务，并且在中国境内已经有注册公司，也就意味着这家境外公司有中国境内域名、ICP（网络内容提供商）备案，服务器也部署在中国境内。在这种情况下，当中国境内消费者下单之后，这家公司便可采用保税区或者直邮的模式进行货品运送。相应地，跨境支付在技术上的解决方案便可转换为诸如与支付宝、微信支付等中国消费者普遍使用的电子支付方式产生对接。

境外直邮模式下的跨境支付。在境外直邮模式中，先是境内消费者下单，境外货品到达中国海关仓储，清关后进行境内物流配送。与保税区模式相比，境外直邮是以个人包裹形式入境，需缴纳 5%～10% 的税款。这种模式可以保证商品品类的丰富，但中间涉及境外仓储、收件打包、跨境运输、海关清关、境内配送等多个环节，没有极强的把控力难以在时间和运费上有优势。TMO Group（探谋网络科技）在为跨境公司架构电商网站中，充分开发了支付集成，支持接入支付宝、微信支付以及银联支付等多种接口，也提供与海关对接的身份验证功能、物流信息追踪等满足跨境电商需要的技术解决方案。

也有一些公司可能在中国境内有注册实体，但由于种种原因没有采用保税模式或者境外直邮模式，而是采用邮政的方式，也就是我们一般意义上的进口贸易，其完全可以用中国境内的支付方式。其弊端或许就是税率相对较高，但比起申请一个证书需要两年的时间成本，快速出货的方式即采用邮政通关并交付税率，然后采用境内支付方式。

### 2.6.2 跨境物流服务

从运输角度来讲,跨境物流服务可以分为两个部分:一是支持 B2B 较大额业务为主的海运、海运拼箱等业务;二是支持 B2B 小额以及 B2C 业务的小包、快递(如 EMS、全球四大快递)等业务。物流的形式也分为一般物流和专线物流两种模式。专线物流是针对某一个特定地区、线路的较高效的物流运输方式,如针对发往俄罗斯的小包,通过和中国邮政合作开通了"速邮宝"专线。类似的还有俄速通、燕文专线等。快递物流之外,跨境仓储服务也在逐步兴起,各类边境仓、海外仓等模式不断出现,帮助卖家提升境外物流体验、降低成本。详细内容在第 7 章中阐述。

### 2.6.3 外贸综合服务

外贸综合服务主要是为出口企业提供通关、结汇、退税的一站式服务,并在此基础上提供相应的物流、金融等增值服务的模式。外贸综合服务的实质是对接贸易监管机构(海关、税务、商检、外汇等),形成便利化的"单一窗口"。据第三方咨询机构统计,目前中小企业外贸环节时间占出口总周期的 1/3,成本开展占出口总成本的 1/3,外贸服务能力决定了几乎 50% 的外贸成交额。外贸综合服务能为 B2B 交易的买卖家提高通关效率、降低成本,更方便地实现一站式通关、结汇和退税。

中国先后设立了多批次跨境电商综试区,旨在跨境电商交易、支付、物流、通关、退税、结汇等环节的技术标准、业务流程、监管模式和信息化建设等方面先行先试。各个试验区建立线上综合服务平台来实现一站式通关、结汇和退税。较为成熟的综试区线上综合服务平台线上和线下结合开展业务。线上业务主要包括备案登记、通关服务、数据认证与存储等;线下业务以货物检验与物流追踪为主。表 2-2 为各综试区线上综合服务平台的主要功能。

表 2-2 各综试区线上综合服务平台的主要功能

| 综试区线上综合服务平台 | 主要功能 |
| --- | --- |
| 杭州 | 园区入驻、备案登记、数据申报、金融服务、查询统计、风险提示、物流追踪等业务功能 |
| 北京 | 依托大数据技术,支持跨境电商 B2B 业务、出口退货、跨境电商企业所得税征收联网核查及无票免征等业务 |
| 呼和浩特 | 跨境电商海关辅助监管服务、O2O 跨境新零售管理服务、EDI 服务、跨境综合通关进口管理服务、跨境综合通关出口管理服务、保税仓储管理服务、一站到家物流管理服务、商品溯源管理服务、大数据展示分析服务等 |
| 乌鲁木齐 | 采用"综合保税区 + 跨境电商网购保税进口"的模式;<br>线上:与海关、税务、市场监管等政府部门之间的监管互认、执法互助、数据共享;<br>线下:综合查验、电商作业公共仓、X 光机分拣线等服务 |
| 茂名 | 通关、税务、外汇、市场监管、信用、物流、金融等服务 |

### 2.6.4　跨境电商衍生服务

跨境电商的衍生服务包括翻译、代运营、财税、搜索、关键词优化、数据分析、人员培训咨询等围绕电商应用的一系列相关服务。这部分服务在跨境电商的在线服务市场中较为活跃。

## 课后习题

1. 跨境电商 B2B 产业链生态系统由哪些部分组成？
2. 列举 3 个你最熟悉的跨境电商出口 B2C 平台及产品类目。
3. 介绍 3 个你最熟悉的跨境电商进口平台。

## 即测即练

# 第 3 章

# 跨境电商数字技术基础

【本章学习目标】
1. 了解跨境电商的技术基础相关的定义、概念；
2. 掌握技术基础 Excel 的数据处理技能；
3. 了解大数据定义与人工智能、云计算、物联网、区块链的基本概念；
4. 理解独立站的基本概念和建站步骤。

## 导学案例：同富特美刻——成功应用跨境电商数字技术的典型

在外贸领域，同富特美刻颇有先见之明。早在 2008 年前，便着手打造中高端保温杯品牌——TOMIC，并在全国成功开设 100 多个专柜；凭借过硬的产品实力与极具创意的设计能力，成为宾利、路虎、奔驰、苹果、梵高博物馆、中国丝绸博物馆、英国皇家设计院等国际知名品牌的指定战略合作商。线下贸易如火如荼的同时，同富特美刻还积极推动跨境电商与实体经济深度融合，引导更多传统外贸和制造企业转变发展理念、创新销售模式，运用跨境电商开拓国际市场。这方面，同富特美刻有着自己的一套成功之道。与其他大部分品牌不同的是，同富特美刻公司拥有自主的电子商务运营团队，所有创造力都来自企业内部，而非借助第三方运营公司。据跨境电商部总经理何秋燕介绍，从 2015 年正式成立电商部，试水跨境贸易以来，同富特美刻的跨境电商年度销售额增长持续强劲，4 年增长了 27 倍。其中，2018 年跨境电商成交额突破 5 400 万美元，首次超过同年传统外贸带来的销售额。何秋燕直言，跨境电商的成长就像坐飞机，"我们跨境电商用了 4 年的时间，就走完了传统外贸走了 17 年的路。"

其中的数字技术运用和数字化转型是同富特美刻取得成功的关键原因。

同富特美刻借助云服务，实现全球所有子公司财务核算、产供销一体化，线上线下连接。通过外贸云服务与管理云服务的无缝对接，完成从电商平台订单到线下订单的转换；通过云发货管理与快递平台的连接，能有效地管控发货流程、安排快递；通过出库单的同步完成了云服务与线上库存的同步。通过云服务软件的应用，同富特美刻实现研、产、供、销一体：完成了物料的有序编码，避免重复料号的产生；能够把商品设计信息及时传递给生产工艺部门；能够实现产品从设计到生产的完整生命周期管理。

借用云之家，实现移动办公：通过移动报销，使内贸的业务员报销流程更便捷，实现报销的"无纸化"和流程的简易化；通过移动下单的应用，使内贸的店铺人员完成了远程移动订货，或保障数据的准确性；通过移动签到使同富特美刻的大量业务员能够及时打卡，HR（人力资源）的数据统计更加真实和及时。数字化转型后的同富特美刻最终也成功入选工信部的 2019 年企业上云典型案例。

资料来源：同富特美刻——"一带一路"上的跨境电商数字化转型 [EB/OL].（2020-11-19）. https://www.sohu.com/a/432965007_187871, 2020.11.

本章将介绍数据处理基本技能、多种数字技术及其应用领域。跨境电商的发展越来越离不开数字技术，从关检、汇税、选品、运营、物流、支付等全流程数字化，到供应链、生产环节，数字化运用会越来越多。

## 3.1 数字技术概述

中国跨境电商已经成为外贸发展的新引擎，成为全球电商平台不可或缺的重要组成部分。随着数字化技术的发展和智能制造的转型，跨境电商各个环节得到数字化赋能，跨境电商步入新一代高质量数字化贸易发展时代。

### 3.1.1 数字技术概念

我们所说的数字技术中的"数字"其实也是两个符号即 0 和 1 的应用，这是一种用"比特"表示信息的技术。

我们把每一个二进制码（即 1 个 0 或 1 个 1）所占有的空间定义为一个单位，国际规定称之为 bit（比特）。由于这个单位小，在实际应用中很不方便，又因为最早的电脑处理器是一次处理 8 位编码（也就是 8 bit），于是就产生了另一个单位：byte（字节）。国际规定为：1 个字节等于 8 个比特。它降低了数据存储、计算和传输的成本。

数字技术将复杂多样的大千世界（声、像、图、文等）用最简单的二进制码记录下来，把各种各样的信息都变成了由 0 和 1 组成的数码流，这个数码流带来了人类历史上的第三次技术革命浪潮，席卷全球。数字化技术有 10~15 种，如移动计算、物联网、边缘计算和云计算、大数据、机器学习和人工智能、5G、VR（虚拟现实）/AR（增强现实）、社交网络、区块链、无人机、量子计算等，每一个不同的应用都会对不同的业务区间产生深刻的影响。

### 3.1.2 数字技术赋能跨境电商

传统外贸不仅发生了交易方式的变革，更重塑了贸易形式。线上展会、跨境直播、云洽谈等形式创新，拉近了各个国家和地区商家的距离；数字赋能洽谈、通关、结算等交易环节，极大提高了交易效率；1 800 多个"海外仓"在全球落地，电子商务平台国际站、独立站兴起，全链条跨境供应体系正在形成。其中，数字技术在提升产品营销、流通效率方面，起到十分关键的作用。

跨境电商逆势增长，数字技术驱动政府深度优化政策支持。针对通关不够便利、运输成本较高、退换货不方便等问题，商务部、海关总署等部门推出一系列举措。从设立跨境电商综试区、建设数字口岸，到开展跨境电商企业对企业出口试点，从优化跨境电商进口商品退换货监管，到大力建设中欧班列、国际海运等跨境物流运输体系，相关举措不断优化营商环境，推动跨境电商等新业态新模式加快发展，使外贸成为推动构建新发展格局的重要力量。

数字化助力打破外贸各环节的"数据孤岛"，提升行业风险预判和动态调整能力，实现跨境电商产业链、供应链的变革升级。

数字化大大降低跨境电商等数字经济活动的成本。在数字化环境中，搜寻成本更低，从而扩大了搜寻的潜在范围和质量。数字产品可以零成本复制，因此它们通常是非竞争性的。随着数字产品和信息的运输成本接近于零，地理距离的作用发生了变化。数字技术使追踪任何一个人的行为变得容易。最后，数字验证可以更容易地验证处于数字经济中的任何个人、公司或组织的声誉和可信度。

### 3.1.3 数字技术在跨境电商技术中的典型应用

（1）数字化运营。在中国跨境电商发展趋向品牌化的过程中，数字化是对跨境电商出口的全新武装。随着大数据、云计算和人工智能等新技术的不断发展，跨境电商运营从大数据分析、选品到数字图像处理、数字物流、数字广告与营销、数字规则法案、数字化关境检测、运营优化等，体现了一种新业态的运营思路和逻辑。

（2）跨境电商数字营销涵盖数字广告、社交媒体等内容。数字广告指站内广告引流，一般由平台提供接口，是一种付费引流方法。社交媒体营销是数字营销的最新领域，包括在 Facebook、LinkedIn、Pinterest、Instagram、Twitter、谷歌+、Snapchat 和 Tumblr 上推广和发布信息。利用社交媒体推广产品的优势在于更强互动性、有针对性的营销、易建立品牌忠诚度等。

（3）短视频和直播。短视频广告一直是各大跨境电商平台比较成熟和常用的吸引客流量的模式。在疫情影响下，境外消费者购物习惯产生了很大转变，直播带货成为流量爆发渠道。亚马逊、速卖通等平台纷纷布局直播模块，在境外营销新兴模式中，"种草"事业在境外发扬光大起来。

### 3.1.4 数字技术发展

数字技术变革对人类社会发展影响深远，海量数据能够让笨重的机器逐步具备"思考"的能力。数字产业化以及产业数字化推动中国从"制造大国"向"制造强国"及"智造强国"迈进，使跨境电商供应链数字化升级，全面推动跨境电商向数字贸易高质量发展。

数字技术的蝶变是核心。数字化转型过程中，人工智能、大数据、物联网和工业互联网等所有新型信息基础设施（或数据基础设施）奠定了数据加工产业的基础。数据已成为数字经济发展所需新型生产要素。数字技术催生了加工新型生产要素的新型工具（大型机计算机、小型机、个人计算机、移动处理终端、网络计算机、云计算、量子计算机等），培训大批新型劳动者（如软件工程师、数据库管理员、数据科学家、数据分析师、首席数据官、数据专员、数据管家等），形成新的生产关系，构造新型的生产力，进而提升生产率。

从技术视角，数字技术是支撑动力；从资源视角，数据是生产要素；从产业视角，数字技术是数字经济体系的核心组成部分。未来的发展方式就是以数字经济为主导，以数字技术创新应用为牵引，以数据要素价值释放为核心，以多元化、多样化、个性化为方向，通过产业要素重构融合衍生而形成商业新业态、业务新环节、产业新组织、价值新链条，激活产业活力，使中国经济增长更加强劲有力。

## 3.2 Excel 数据处理技术

数据处理技术是数字技术的一种具体技能。在跨境电商运营过程中，Excel 是一种最实用、使用频率最高的数据分析、图形可视化和店铺管理工具。从产品调研、分析到成本核算、定价、绩效计算、员工考核、运营绩效和店铺指标分析、可视化等，都离不开 Excel 的使用。熟练掌握 Excel 的一些使用技巧，可以大大提高效率，事半功倍。本节要求读者已经具备 Excel 基础技能，以 Excel 2013 版本为例，讲解在跨境电商运营中一些常用的 Excel 功能。

### 3.2.1 巧妙地使用公式

**1. 计算出口物流成本**

已知数据表格如图 3-1 所示，计算出口物流成本的公式为：出口物流成本 =（重量 × 平均重量计算费用 + 挂号费）× 批次数量 × 折扣。

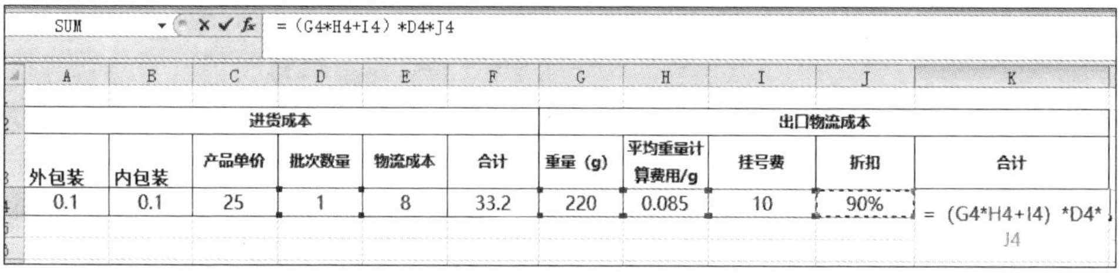

SUM =(G4*H4+I4)*D4*J4

| 进货成本 | | | | | | 出口物流成本 | | | | |
|---|---|---|---|---|---|---|---|---|---|---|
| 外包装 | 内包装 | 产品单价 | 批次数量 | 物流成本 | 合计 | 重量（g） | 平均重量计算费用/g | 挂号费 | 折扣 | 合计 |
| 0.1 | 0.1 | 25 | 1 | 8 | 33.2 | 220 | 0.085 | 10 | 90% | =（G4*H4+I4）*D4*J4 |

图 3-1 计算出口物流成本

**2. 按地区统计销量**

一般有一些现成的公式和模板，可以在模板基础上设计产品定价、制作销售报告或进行销售预测。

语法结构：=SUM（单元格引用或数据范围）。

目的：计算销售员的总销量。

方法：在目标单元格中输入公式：=SUM（C3 : C9）。或者在输入的时候依次输入 = sum（ ），在括号里鼠标沿着 C3 拖动到 C9，即 C10 单元格 sum（ ）括号里自动填入 C3 : C9，回车结束输入。或者光标单击 C10 单元格，单击 Excel 菜单栏的公式选项卡，单击其中的自动求和按钮（∑），按回车键则自动累计求和，得到结果为 416。如图 3-2 所示。

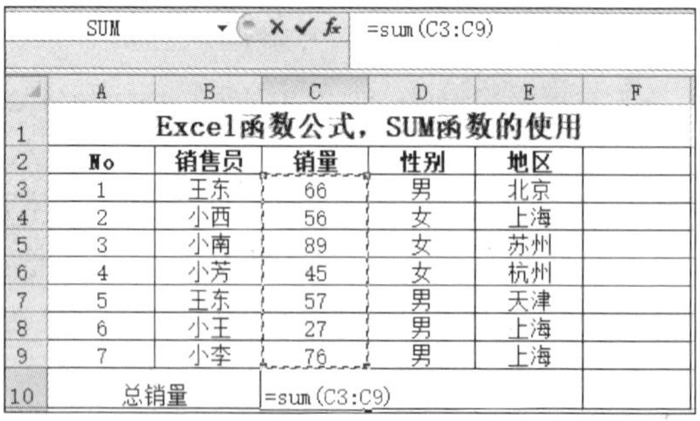

SUM =sum(C3:C9)

| Excel函数公式，SUM函数的使用 | | | | |
|---|---|---|---|---|
| No | 销售员 | 销量 | 性别 | 地区 |
| 1 | 王东 | 66 | 男 | 北京 |
| 2 | 小西 | 56 | 女 | 上海 |
| 3 | 小南 | 89 | 女 | 苏州 |
| 4 | 小芳 | 45 | 女 | 杭州 |
| 5 | 王东 | 57 | 男 | 天津 |
| 6 | 小王 | 27 | 男 | 上海 |
| 7 | 小李 | 76 | 男 | 上海 |
| 总销量 | | =sum(C3:C9) | | |

图 3-2 计算总销量

例如，单条件求和。

目的：按地区（上海地区）统计销量。

方法：在目标单元格中输入公式：=SUM（(E3：E9=G3)*(C3：C9))；Ctrl+Shift+ Enter 组合键填充。

解读：如果 E3：E9 范围内的值等于 G3，则返回 TRUE，即 1，否则返回 0；返回的值形成一个数组，分别和 C3：C9 范围内的值相乘，之后再求和，从而得到符合条件的和。

操作步骤：首先制作"地区"下拉列表（效果如图 3-3 的 G3 单元格）。光标放置在 G3 单元格，单击 Excel"数据"选项卡，选择"数据有效性"功能按钮的下拉列表，选择数据有效性，弹出对话框如图 3-3 所示，选择序列，在"来源"框中输入"北京，苏州，杭州，上海，天津"，单击对话框的"确定"按钮。

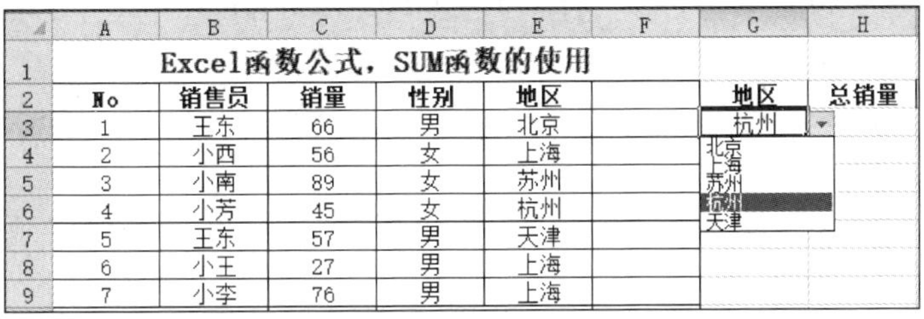

图 3-3 下拉列表与按条件求和

接着在 H3 单元格中输入 =SUM（(E3：E9=G3)*(C3：C9))，按 Ctrl+Shift+ Enter 组合键，选择不同地区，即可查询各个地区的销售总和（图 3-4），查询到上海地区总销售为 159。

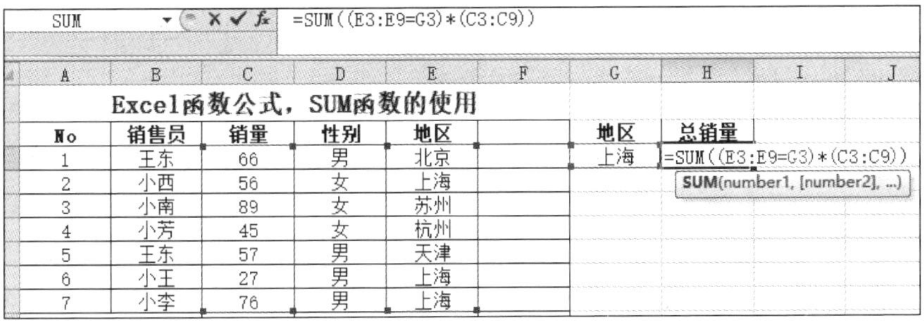

图 3-4 按条件求和操作效果图

### 3. COUNTIF 函数：统计销售员销售笔数

目的：统计销售员的销售笔数。

方法：在目标单元格中输入公式：= COUNTIF（B3:B9,G3）或者 COUNTIF（B3:B9,B3）。

例如，求王东的销售笔数，按照图 3-5 输入公式，结果为 2。

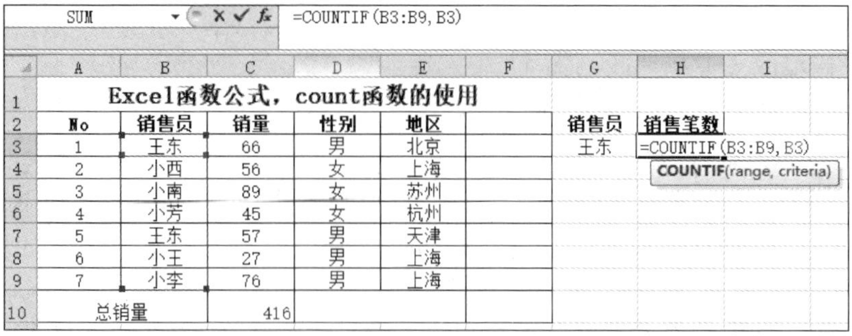

SUM =COUNTIF(B3:B9,B3)

| | A | B | C | D | E | F | G | H |
|---|---|---|---|---|---|---|---|---|
| 1 | Excel函数公式，count函数的使用 | | | | | | | |
| 2 | No | 销售员 | 销量 | 性别 | 地区 | | 销售员 | 销售笔数 |
| 3 | 1 | 王东 | 66 | 男 | 北京 | | 王东 | =COUNTIF(B3:B9,B3) |
| 4 | 2 | 小西 | 56 | 女 | 上海 | | | COUNTIF(range, criteria) |
| 5 | 3 | 小南 | 89 | 女 | 苏州 | | | |
| 6 | 4 | 小芳 | 45 | 女 | 杭州 | | | |
| 7 | 5 | 王东 | 57 | 男 | 天津 | | | |
| 8 | 6 | 小王 | 27 | 男 | 上海 | | | |
| 9 | 7 | 小李 | 76 | 男 | 上海 | | | |
| 10 | 总销量 | | 416 | | | | | |

图 3-5 COUNTIF 函数的使用

**4. VLOOKUP 函数：按工号统计销售业绩**

该函数的语法规则如下：

VLOOKUP（lookup_value,table_array,col_index_num,range_lookup）

语法：VLOOKUP（查找值，区域，列序号，逻辑值）

lookup_value 是要查找的值；table_array 是要查找的区域；col_index_num 是返回数据在区域的第几列数；range_lookup 是模糊匹配，写 TRUE 或 FALSE。

VLOOKUP 函数参数实例：查询图 3-6 中工号为“210008”的销售总量。

实例公式：=VLOOKUP（I4,A3:F12,6,FALSE）

第 1 个参数：I4，输入值 I4，表示要以 I4“210008”为准。注意这个值只能在本列出现唯一一次，否则不能用该公式查找。

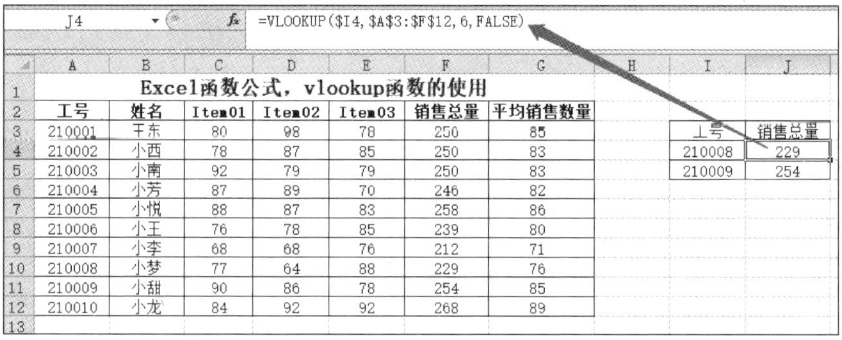

J4 =VLOOKUP($I4,$A$3:$F$12,6,FALSE)

| | A | B | C | D | E | F | G | H | I | J |
|---|---|---|---|---|---|---|---|---|---|---|
| 1 | Excel函数公式，vlookup函数的使用 | | | | | | | | | |
| 2 | 工号 | 姓名 | Item01 | Item02 | Item03 | 销售总量 | 平均销售数量 | | | |
| 3 | 210001 | 王东 | 80 | 98 | 78 | 250 | 85 | | 工号 | 销售总量 |
| 4 | 210002 | 小西 | 78 | 87 | 85 | 250 | 83 | | 210008 | 229 |
| 5 | 210003 | 小南 | 92 | 79 | 79 | 250 | 83 | | 210009 | 254 |
| 6 | 210004 | 小芳 | 87 | 89 | 70 | 246 | 82 | | | |
| 7 | 210005 | 小悦 | 88 | 87 | 83 | 258 | 86 | | | |
| 8 | 210006 | 小王 | 76 | 78 | 85 | 239 | 80 | | | |
| 9 | 210007 | 小李 | 68 | 68 | 76 | 212 | 71 | | | |
| 10 | 210008 | 小梦 | 77 | 64 | 88 | 229 | 76 | | | |
| 11 | 210009 | 小甜 | 90 | 86 | 78 | 254 | 85 | | | |
| 12 | 210010 | 小龙 | 84 | 92 | 92 | 268 | 89 | | | |
| 13 | | | | | | | | | | |

图 3-6 VLOOKUP 查询公式的使用

第 2 个参数：A3:F12，输入值 A3:F12，表示要在 A3 ～ F12 的范围内查找。A3 表示开始，F12 表示结束。因为需要查询的是销售总量，所以范围到 F12；如果只需要第一组的销量，那么范围可以改为 A3:C12。注意需要查询的字段信息“210008”应位于整个区域 A3:F12 的第一列。

第 3 个参数：6 代表返回数据在查找区域的第几列数，从 A3 到 F12 这个范围，一共包含了 6 列，所以填 6。

第 4 个参数：FALSE。FALSE 或 1 代表精确匹配；TRUE 或 0 代表近似匹配。日常生活中，大部分都使用精确匹配查询想要的值，一般不要使用 TRUE，使用 TRUE 会带来意想不到的结果。

VLOOKUP 函数中 $ 的意义。

（1）因为要用到"拖曳"自动生成公式功能，所以要对公式加入"$"。

实例公式：=VLOOKUP（$I4,$A $3: $F $12,6,FALSE）

（2）公式中"$"代表"锁定"公式，是绝对地址符号，在拖动时不会改变。

比如：$I4，代表 I 是不能变的，4 是可以变化的。将 J4 的公式下拉到 J5，则查找范围不变，查找的工号相应变化为$I5，即查询工号为"210009"的销量总量。

### 3.2.2 数据图表：销量对比图

在 Excel 2013 中创建图表并进行一些设置和在其他 Excel 版本中的操作方法一样。在这里就简单地说下在 Excel 2013 中如何创建图表。

打开 Excel 例题工作表以后，选择插入选项卡，选择 B 列的 B2 到 B12，按住 Ctrl 键，选择 E 列的 E2 到 E12 区域，单击 Excel 插入选项卡，选择图表栏目的柱形图，生成如图 3-7 所示的图形，双击图表标题，可以修改标题。

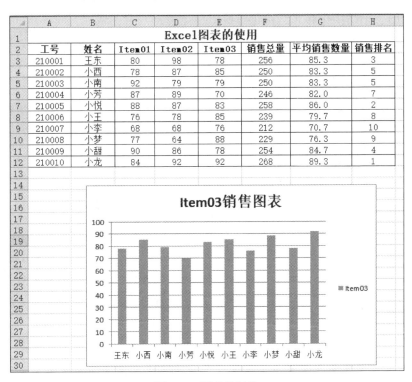

图 3-7　图表的制作

## 3.3　数字技术前沿领域

跨境电商快速健康发展，离不开大数据应用和数字化新技术的支撑。首先我们来熟悉下大数据相关概念。

### 3.3.1 大数据

**1. 大数据的定义**

不同的人对"大数据"有不同的理解。对于社会大众而言，大数据就是很多数据；对于互联网工程师而言，大数据是在常规软硬件条件下难以进行捕捉、管理和处理的数据集合。对于数据科学家而言，大数据则有比较清晰的内涵，即大数据具有5V属性：数量（volume），多样性（variety），数据更新的速度（velocity），低价值密度（value）和真实性（veracity）。

（1）数量：计算机中最小的存储单位是二进制位（比特），而存储器容量的度量单位习惯上是字节，目前主流台式机硬盘的容量以TB（1 TB = $2^{40}$ 字节）为单位。当数据的数量级达到几十TB到几PB（1 PB=1 024 TB）时，这样的数据就具有大数据的数量特征。

（2）多样性：随着硬件设备和网络技术的发展，数据的格式也变得十分复杂。除了传统的关系数据库表格，还有来自网页、社交媒体、数字贸易、网络视频监控、电子邮件中的原始、半结构化和非结构化数据。

（3）数据更新的速度：在大数据时代，我们常常需要对实时产生的大量数据进行分析并迅速作出反馈。如淘宝"双11"购物节启动时网站的点击量、春晚期间的社交媒体评论数据、上下班高峰期的城市路况实时监控数据等。

（4）低价值密度：低价值密度指的是有价值的信息被隐藏在大量半结构化和非结构化数据中。需要采用数据挖掘、机器学习等手段将那些有价值的信息提取出来。

（5）真实性：只有真实而准确的数据才能让数据的管控和治理真正有意义。

**2. 大数据分析定义与分类**

大数据分析，是指用数据挖掘、人工智能等方法对收集到的大量数据进行分析、发现规律、形成知识、进行预测、得出结论并用于指导社会经济活动的整个过程。大数据分析是数据到知识再到创造价值的核心环节。从对分析结果的展示和描述方式来看，大数据分析可以分为定性分析和定量分析。从分析的深入程度来看，大数据分析可以分为描述性分析、诊断性分析、预测性分析和规范性分析四类。描述性分析描述数据的基本特征，能够回答"发生了什么"这类问题。诊断性分析比描述性分析提供了更有用的信息，因此需要更加复杂的算法和技术的支撑。为了提高诊断效果，往往也需要对数据进行很好的组织和标注。预测性分析试图回答"可能发生什么"问题。这种类型的分析利用从数据中习得的规律和知识，对未来的趋势进行预测。规范性分析建立在预测性分析的基础上，基于对已有观测数据的描述、数据内在关系的挖掘和蕴含规律的认知，进一步规范需要作出的反馈，帮助大数据分析用户进行更加合理的决策。

**3. 大数据分析的生命周期**

（1）商业案例评估：首先要确定相关需求是不是真正的大数据分析问题，其次要确定执行这个项目的基本预算。相关软件工具、硬件资源、人力资源都要提前规划，以对预期投入和收益进行衡量。

（2）数据标识：数据标识的作用是标识项目分析所需要的数据集及其他相关资源。标识种类众多的数据资源可能会提高找到隐藏模式和相互关系的可能性。

（3）数据的获取与预处理：数据的获取是指从真实世界对象中采集原始数据的过程。获取并集成后的数据需要经过一些变换，将数据转换成可用于大数据分析和可视化的格式，这就是数据的预处理。

（4）数据的分析：数据分析的作用是根据预处理好的数据，提取其特征并对特征的性质进行描述、刻画、分析、建模，进而获取关于事物发展方向的预测性信息以帮助决策。

（5）数据可视化阶段使用数据可视化技术和工具，通过图形表示分析结果。可视化技术使得数据分析的结果不仅能由数据分析人员理解，还能被用户直观地了解，从而能让用户提出有效反馈意见，参与数据分析过程。

（6）分析结果的应用：大数据分析结果可以用来为商业使用者提供商业决策支持，分析结果可以应用于业务流程的各个层次。

**4. 大数据技术的应用领域**

大数据技术在跨境电商领域的应用，表现在跨境电商的选品、关检、物流、营销等诸多方面。

信息化是拓展和延伸海关管理的手段，将大数据等数字化技术与各项海关服务结合，可大幅提升国际信息交流效能。一是实现智能化通关，在通关作业、物流监控、通关服务、政务管理、大数据中心等方面，有效地提升海关税收征管、风险防控、情报分析、统计应用等海关管理水平，助力中国海关率先步入无纸化、智能化通关时代。二是优化大数据技术，强化大数据实战应用，提升海关精准风险分析等能力。三是为企业及消费者提供数据增值服务、为相关部门分析和制定宏观经济政策提供数据支撑等业务。

大数据技术尤其在跨境电商物流领域，发挥了传统互联网和 IT 手段不可替代的作用。通过大数据智能预测，破解跨境电商配送难题，通过采集的跨境电商交易数据、合作历史数据、监管清报关数据、贸易政策许可数据，实现智能物流方案推荐、智能物流跟踪和智能评估推荐等功能。通过智能品类分析，确定物流方案推荐模型；通过智能市场预测、挖掘与预警，结合智能贸易与监管政策分析，开展智能物流跟踪；利用大数据技术，开展智能关区分析和供应链金融评估，进行智能评估/推荐。

大数据挖掘技术在跨境电商选品及营销中的应用已经非常普遍。运营优化中使用大数据和机器学习专业性强，大数据依赖于海量数据，机器学习依赖于丰富的运营经验，可以大大减少人力，提高准确性。实时分析和报告用户的在线行为，可以细化到一个用户的粒度，包括用户分析、市场渠道分析、产品使用分析、交易行为分析和转化目标分析。市场渠道分析，可以精准地报告某个用户从哪个渠道进入、做了什么行为、最后产生了什么价值、渠道的价值转化率多高等。

用户分群：单维度和多维度对站内用户进行标签、画像、分群分类，深度认识和评估客户的活跃度、忠诚度、价值度等，为不同用户群体进行个性化营销策略。

精准预测：深度学习(deep learning)用户的各种特征，机器学习精准预测用户行为，为各个环节精准定位最高漏斗转化率的目标人群。

营销自动化：创建各种营销活动精准触达和转化目标人群，达到运营目标。系统智能推荐各种经典运营目标、运营指标、运营策略，自动机器学习推荐最高转化率的目标对象,自动设计 A/B 测试,全生命周期跟踪被触达对象对活动的反馈情况,以及后续因为活动产生的行为或者价值转化。持续闭环循环优化运营活动的效果。

### 3.3.2 人工智能技术

大数据技术的关键要素是大数据分析,而大数据分析的核心任务是从数据中寻找隐藏的规律和知识,并指导人们进行科学的推断与决策。从历史角度看,数据挖掘、统计分析等技术都是实现数据分析的有效工具。但当前数字经济时代,大数据分析更需要近年来崛起的机器学习技术。机器学习有高层次的理论分析,有高效的训练方法,同时也有很多数据挖掘没有的东西,如深度学习和强化学习。从广义上讲,统计分析和机器学习均属于人工智能范畴,它们共同构成了数字经济背景下数据分析的核心方法与技术。

**1. 维数约减**

在大数据分析领域,预处理后甚至提取特征后的数据依然具有很高维度,导致对数据分析的计算量呈指数倍增长,因此需要利用降维方法降低数据的维度。常见的降维方法包含:无监督的线性降维,如主成分分析(principal component analysis,PCA);无监督的非线性降维,如流形学习;有监督的线性降维,如线性判别分析(linear discriminant analysis,LDA);特征选择以及基于神经网络的特征提取。

**2. 回归**

在进行数据分析时,我们常常想了解数据之间的定量关联关系。在数学上,这种关系常常被定义为函数,即通过自变量得到因变量的某种处理或者变换。我们可以把实际观测到的一些数据或其特征看作自变量,把另外一些相关联的数据或者特征看作因变量,探索它们之间的这种函数变换就叫作函数拟合的过程。在统计学中,函数拟合也称为回归。对于数据分布比较简单的数据集,可以用一些比较简单的线性模型进行线性回归。相反,对于数据分布比较复杂的数据集,通常需要一些比较复杂的模型进行非线性回归。

**3. 聚类**

聚类是在数据中发现有意义组的过程。聚类的目标不是去预测目标的类别信息,而是简单地发现数据中可能存在的自然分组情况。所谓"物以类聚,人以群分",聚类算法就是通过直接考察数据之间的相似度来判断哪些数据可能属于同一组。一般而言,聚类算法只需要数据本身,而不需要数据带有明确的语义标签。从这个意义上讲,聚类算法属于无监督学习算法。按照应用目标的不同,聚类可以分为两种,一种是用于描述数据的聚类,一种是用于预处理的聚类。常用的聚类算法包含 K 均值聚类、密度聚类、基于混合高斯模型的聚类等。

**4. 分类**

一旦样本集中的数据有了明确的标签,就可以对数据进行更加复杂的建模,从而获取数据到标签之间的映射关系。根据我们已经掌握的知识,这种学习方式可以称为回归。如果这种明确的标签表示的是类别语义,那么这种从原始数据到类别属性的回归就是分类。常用的分类算法包括决策树分类、K 近邻分类、贝叶斯算法、支持向量机以及基于神经网络的分类。

**5. 深度学习**

深度学习是机器学习的分支，泛指具有深层结构的、能够从海量数据中学习蕴含语义信息的特征表示的数学模型。由于神经网络技术的发扬光大，深度学习方法目前主要是利用深层神经网络来实现的。具体说来，深度学习使用包含复杂结构或由多重非线性变换构成的多个处理层对数据进行高层抽象的算法，这是一种基于对数据进行表征学习的算法，至今已有数种深度学习框架，如卷积神经网络、深度置信网络和递归神经网络等已被应用在计算机视觉、语音识别、自然语言处理、音频识别与生物信息学等领域并获取了极好的效果。

**6. 文本挖掘**

文本挖掘指的是从文本数据中获取有价值的信息和知识，它是数据挖掘中的一种方法。文本挖掘中最重要最基本的应用是实现文本的表示、文本的聚类和分类。文本的表示常常指无监督的词向量表示。文本的聚类和分类则是在表示的基础上进行的无监督挖掘和有监督挖掘。文本挖掘是一个多学科混杂的领域，涵盖多种技术，包括数据挖掘技术、信息抽取、信息检索，机器学习、自然语言处理、计算语言学、统计数据分析、线性几何、概率理论，甚至还有图论。

**7. 时序信息预测**

时序数据是与时间先后有关的数据，通常按照产生的时间顺序进行排列。时序分析是从时序数据中提取有意义的规律和模式的过程。时序信息预测是在时序分析的基础上，根据过去的观测数据和其他输入来预测时间序列数据的未来值的过程。时序分析是特点鲜明的研究领域，这个领域始于金融业，如进行股市趋势预测、投资风险评估等，后来又渗透到其他领域，对未来市场预测、动态定价、用电量预测以及生物医药也有较多应用。时序分析与其他有监督预测模型相比的重要特点是时序数据存在时间依赖关系。从研究方法上，时间序列预测方面的研究大致可分为四类：基于时间序列分解的预测、基于平滑的技术、基于回归的技术和基于机器学习的技术。

### 3.3.3 云计算

云计算是一种建立在分布式存储、分布式计算和互联网技术基础上的新型计算与服务模式。在数字经济背景下，云计算为大数据的汇聚和分析提供了计算基础设施，客观上促成了数据资源的集中和对数据的存储、管理与分析能力的提升。云计算需借助特定的软硬件系统来实现，这种软硬件系统称为大数据平台。大数据平台集数据采集、数据存储与管理、数据分析与计算、数据可视化以及数据安全与隐私保护等功能于一体，为人们通过大数据分析处理的手段解决问题提供技术和平台支撑。数据分析是大数据平台的核心功能，主要通过分布式存储与计算框架来实现。针对批量大数据和流式大数据，还需要有专用的计算方法。在大数据平台的物理基础上，利用互联网技术和高效的资源分配与调度机制为用户提供按需分配的计算资源，这就是云计算的基本实现模式。

**1. 大数据平台**

（1）技术架构：从技术角度，大数据平台可划分为四个层次：数据采集层、数据存储层、数据处理层和服务封装层。数据采集层主要负责从不同的数据源采集数据，数据存储层负责大数据的存储和管理，数据处理层主要负责大数据的分析和处理，服务封装层主要根据不同的用户需求对各种大数据处理和分析功能进行封装并对外提供服务。

（2）开源平台：目前已经有一些开源工具可以帮助我们建立大数据分析平台。用于数据采集的开源系统有 Sqoop、Scrapy 和 Flume 等。主要的数据存储系统有 HDFS（Hadoop 分布式文件系统）、SWIFT（环球同业银行金融电信协会）系统和 Kafka 系统。MapReduce 是开源大数据处理框架 Hadoop 的核心计算引擎，主要用于对批量数据的处理。Storm 是一个分布式、开源、实时的大数据流式计算引擎，具备良好的容错机制。Hive 是基于 Hadoop 的数据仓库工具。Spark SQL 是基于 Spark 的一个数据仓库工具，将低层的 MapReduce 替换为 Spark，将分析查询工作转化为 Spark 任务运行。

### 2. 分布式系统

大数据平台需要存储和处理海量的多样化数据，数据的存储和计算几乎不可能在一台独立的服务器上实现，所以需要分布式系统的支持。分布式系统是由一组通过网络进行通信、为了完成共同的任务而协调工作的计算机节点组成的系统。分布式系统的出现是为了用廉价的、普通的机器完成单个计算机无法完成的计算、存储任务。其目的是利用更多的机器处理更多的数据。分布式系统是实现云计算服务可扩展性和按需分配资源的关键技术。几种主流的分布式文件系统包括 Hadoop、Ceph 和 GlusterFS。主要的分布式计算框架包括 MapReduce、Storm 和 Spark。

### 3. 批量数据处理

批量计算面向离线计算场景，计算的数据是静态数据，在计算前已经获取并保存，在计算过程中不会发生变化。批量数据处理的实时性要求不高，这种数据计算系统通常由计算请求输入接口、计算控制节点和计算执行节点共同组成。用户通过计算输入接口提交计算请求并指定结果输出位置。用户的一个计算请求在批量计算中通常称为一个作业。批量计算的作业在提交到计算系统后，会被分解为一组有相互依赖关系的任务，由计算控制节点负责任务的分配，分配到具体的计算执行节点进行运算。每个任务在计算执行节点上可以有一个或多个执行实例。实例是批量计算执行和管控的最小单元。

### 4. 流式数据处理

流式计算主要面向在线计算场景，计算的数据是动态数据，数据在计算过程中不断地到来，计算前无法预知数据的到来时刻和到来顺序，也无法预先将数据进行存储，因此流式计算的实时性要求高。

流式大数据处理系统通常是一个数据处理拓扑或管道，类似自来水或煤气的管道系统。该系统包括数据源节点、数据处理节点和数据分发逻辑。数据源节点是数据流的产生节点，不断产生新的数据流传递到整个拓扑中。数据处理节点是计算逻辑的执行单元。数据分发逻辑定义节点间的数据流向关系。

### 5. 云计算服务

云计算是一种基于互联网的、用户随时随地获取计算软硬件资源和算力进行计算的新型分布式计算模式。它将大规模计算节点的存储与计算资源组织起来，形成共享资源，并通过互联网为企业和个人用户提供快速灵活的计算服务。

（1）云计算服务的特点：与传统的网络应用模式相比，云计算具有虚拟化、动态可扩展、按需部署、灵活性高、鲁棒性强、性价比高等特点。

（2）云计算服务的类型：云计算的服务分为三类，即基础设施即服务（IaaS）、平台即服务和软件即服务。

（3）云计算关键技术：包含自适应体系结构、资源监控、自动化部署、分布式文件系统、分布式计算等。

（4）云计算的实现形式：包含软件即服务、网络服务、平台服务、互联网整合、商业服务平台、管理服务提供商等形式。

（5）云计算服务的应用：包括云存储、医疗云、教育云和金融云等应用。

### 3.3.4 物联网

**1. 物联网的基本概念**

简单地说，物联网是一个基于互联网、传统电信网等信息承载体，让所有能够被独立寻址的普通物理对象实现互联互通的网络。中国在 2010 年的政府工作报告中对物联网给出的定义是：通过信息传感设备，按照约定的协议，把任何物品与互联网连接起来，进行信息交换和通信，以实现智能化识别、定位、跟踪、监控和管理的一种网络。它是在互联网基础上延伸和扩展的网络。物联网具有如下三个明显特征。

（1）互联网特征：物联网的物品能够实现互联互通，每个物品都是一个自治的终端。

（2）识别与通信特征："物体"具有自动识别与物物通信功能，"物体"设备化。

（3）智能化特征：网络系统具有自动化、自我反馈与智能控制的特点。

**2. 物联网基本体系框架及基础技术**

根据信息生成、传输、处理和应用的原则，可以把物联网由下向上分为四层：感知识别层、网络构建层、管理服务层和综合应用层。感知识别层实现对外界的感知，识别或定位物体，采集外界信息等。网络构建层负责感知信息或控制信息的传输。服务管理层对感知识别层通过网络构建传输的信息进行动态汇集、存储、分解、合并、数据分析、数据挖掘等智能处理。综合应用层实现物联网的各种具体应用并提供服务。

**3. 物联网应用**

（1）智能农业：在应用了物联网技术的智能农场中，蔬菜被种植在可以移动的种植床上，而种植床的土壤里安装有湿度传感器，同时湿度传感器通过 Wi-Fi 网络连接到物联网大数据处理服务平台上，大数据处理平台将传感器发送来的数据进行处理后递交给该农场的自动化管理平台。管理平台根据大数据平台反馈的数据作出相应举措。

（2）智能物流：在物流的过程中，采用 GPS（全球定位系统）、二维码、条形码标签扫描技术、自动化识别技术等对运送的货物进行自动化的跟踪与监管。同时建立完全自动化的配送中心，这些配送中心通过传感器技术、自动识别技术、各种类型的网络覆盖接入云平台，实现对物流货物的自动识别、自动跟踪、智能化自动分配，达到整个物流作业与生产制造的自动化、智能化。

### 3.3.5 区块链

**1. 区块链的发展过程**

在世界各国都加紧开发利用区块链技术的同时，中国也高度重视并积极布局区块链的技术研发与应用。2020年，国务院办公厅发布了《国务院办公厅关于支持国家级新区深化改革创新加快推动高质量发展的指导意见》，进一步指出要促进区块链和实体经济的融合，探索"区块链+"模式，推动区块链技术和产业创新的发展。截至2021年3月，中国央行实现了数字货币的功能研发、对农业区块链核心技术的突破，展开了基于区块链在金融、在线教育等方面的应用研究。

**2. 区块链整体架构原理**

区块链是一种按时间顺序将数据区块以顺序相连的方式组合成的链式数据结构，并以密码学的方式保证不可篡改和不可伪造的分布式记账本。区块链技术作为一种多项技术的集成创新，包含的核心技术有分布式数据存储、P2P（端到端）网络（点对点对传）、共识机制、加密算法等计算机技术。这里的共识机制，是指在区块链系统中实现不同节点之间建立信任、获取权益的数学算法。

**3. 区块链底层技术原理**

区块链的整体架构确保了区块链上的交易记录很难被篡改、不易伪造并且可追溯。区块链记录交易发生的所有信息一旦被写进区块链，即使是内部人员（维护节点的"矿工"）也无法做任何修改。这种不可逆的特点不是由规章制度或系统权限进行保护而实现的，而是区块链系统的运作机制本身决定的，正因如此，区块链可以被应用到任何一种真正需要公正、公平、诚实的地方。

**4. 区块链的特点**

（1）去中心化：区块链是由众多节点共同组成的一个P2P网络，不存在中心化的设备和管理机构。区块链数据的验证、记账、存储、维护和传输都不是基于中心机构，而是利用数学算法实现的。去中心化使网络中的各个节点之间能够自由连接，进行数据、资产、信息等的交换。

（2）开放性：区块链中的所有数据信息是公开的，每一笔交易都会通过"广播"的方式，让所有节点可见。由区块链衍生出来应用的客户端源代码是开放的，任何人都可以对区块链真实的工作模式、规则、共识机制进行验证。任何人也都可以自由不受控地加入公开链。

（3）自治性：任何加入区块链的节点都会获得一份完整的区块链拷贝。节点之间基于一套共识机制，通过竞争计算来共同维护整个区块链。区块链技术采用基于协商一致的规范和协议，使得整个系统中的所有节点能够在去信任的环境中自由安全地交换数据，人为的干预非常难以实现。

（4）不可篡改性：不可篡改性是指区块链网络中单个节点或多个节点对整体区块链的修改近乎不可能。区块链的核心技术包括密码学中的哈希函数、非对称加密机制和P2P网络，确保了区块链上的信息不被篡改。区块和区块是通过密码学证明的方式连接在一起的，当对其中一个区块进行篡改，则该区块后的所有区块都需要重新进行计算生成。所有这些机制都有效地实现了区块链的不可篡改性。

（5）匿名性：任何人都可以下载区块链客户端自由地加入区块链中，区块链的自身算法规则会自动判断每个节点的活动是否有效，节点和节点之间无须交互认证信息，因此，加入节点的人无须以公开身份的方式来让其他节点信任自己，从而实现了匿名性。

**5. 区块链的应用**

区块链作为一个开放式系统，利用维护区块链数量庞大的"矿工"和特殊的耗时设计实现了一种去中心化、分布式、具有自治性的数据库系统，从现实层面上做到了对已记录内容的永久保存，防篡改、防欺骗。区块链的这些特性可以被应用到各行各业当中去，如在金融服务领域可以降低交易成本和减少跨组织交易；在征信和权属管理领域可以建立个人物权和诚信数据库；结合物联网与供应链，可以实现对物品的追踪；等等。

跨境电商企业在交易过程中，因为跨境企业的文化、制度等方面存在差异，交易双方信任难度大；跨境电商由于出口方与进口方之间存在信息不对称问题，甚至有些国家和地区的不法商家把境内假冒伪劣产品通过造假物流信息变成为进口商品，这些问题由于商品溯源困难而难以解决；在当前的跨境电商体系下，跨境支付平台无法对跨境电商平台进行有效的约束，同时世界各个国家和地区的金融政策法规存在不一致性也导致很难对跨境支付进行有效的监管，这种缺乏监管需要靠企业自律的模式从客观上增加企业在交易过程中的信用风险和交易成本，因此导致货币支付风险。针对以上难点，结合区块链的特点和优势，可以将区块链应用在跨境电商领域的以下几个方面。

（1）在企业信用认定方面，相对于传统的信任机制，区块链信任模式并非建立在传统第三方信用机构，而是运用区块链技术，保证数据源客观准确的同时降低了跨境监管成本，增强了参与者的信心，为跨境电商中各交易主体在跨境交易中提供可靠的信任基础。

（2）在跨境电商的交易过程中，可追溯性是交易数量完成和建立用户信任的重要基础。区块链所存储的数据天生具有不可篡改的特点，应用在跨境电商领域就可以将产品的原料购买、加工生产、货物运输、营销信息等相关信息通过自动广播的形式发送到整个区块链系统中，而且每条信息都附有各信息节点的数字签名和时间戳，实现一批一码甚至是一物一码。区块链不断写入数据也就不断强化了前面区块的内容，进一步增强了不可篡改性。例如，在产品源头追溯方面，可以通过区块链和物联网技术打通原产地、物流企业、当地政府、第三方检测机构间的信息追溯屏障，将从原材料采购一直到消费者手中的全程整合，进行跨越式溯源。

（3）在跨境电商的交易过程中，传统的贸易单证信息串行在多个部门之间，信息不能及时同步，因而造成传递时间过长。而区块链技术可以让同一平台承载所有的节点信息。通过平台区块链的共同信任机制，可以让跨境电商中的各个成员协同一致地完成同一个商务活动，这种全新的协同处理模式，为整个跨境电商的运作提高了效率，降低了信任风险。同时由于在区块链中使用了数字签名等技术，因此可以在不同的部门实现不同权限的功能，以此来保护企业的隐私信息。

（4）由于区块链技术源于数字货币，具有明显的去中心化特点，因此区块链技术在跨境支付中具有天然的优势。在交易过程中区块链会把存储交易信息的区块广播后再连接到主链中，所有不同的交易信息都将永久保存。而在整个过程中不需要任何第三方进行干预和审查。因此在交易过程中不但具备高度透明、不可篡改、共享实时的特点，同时也节约了交易成本，避免了由于传统支付中介所带来的跨境支付时滞和汇率的波动所带来的风险损失。

## 3.4 独立站建站

2.4 节对独立站进行了基础介绍，那么，要完全自主地搭建一个基本的独立站需要哪些知识技能呢？

首先，我们打开一个网站的时候需要输入一个地址，这个地址称为 URL［统一资源定位系统，称为 URI（统一资源标识符）也是可以的］。以百度为例，访问百度时，一般都只是在浏览器的地址栏中输入"baidu.com"即可，但是成功访问之后我们再单击浏览器的地址栏就可以看到系统帮忙补足了一些内容，变为 https://www.baidu.com。一个完整的 URL 有四个部分：协议 + 主机 + 端口 + 路径。对于上面的百度地址，其中 https:// 就是协议部分，www.baidu.com 就是主机部分，缺少端口和路径，网站（也就是 Web 应用）的默认访问端口是 80 或 443（这里应该是 443），这里的路径也就是根目录，因为 Web 服务器有缺省页的设定，所以如果用户访问时没有指定页面名称，一般都会自动定位到诸如 index.html、index.htm、default.html 这样的页面。可以尝试在地址栏里输入：https://www.baidu.com:443/index.html，观察下访问到什么内容。

下面我们就从这个 URL 所涉及的一些内容，介绍下搭建独立站应该了解的一些最基本的知识，即 HTTP 和 HTTPS（Hyper Text Transfer Protocol over Secure Socket Layer，超文本传输安全协议，常称为 HTTP over TLS、HTTP over SSL 或 HTTP Secure）、端口、证书、域名、服务器、Web 服务器、数据库、支付网关。

**1. 协议：HTTP 和 HTTPS**

1）HTTP 简介

HTTP 是互联网上应用最为广泛的一种网络传输协议，所有的 www 文件都必须遵守这个标准。HTTP 是基于 TCP/IP（传输控制协议 / 互联协议）来传递数据［HTML（超文本标记语言）文件、图片文件等］的协议。HTTP 工作于客户端 – 服务端架构上。浏览器作为 HTTP 客户端通过 URL 向 HTTP 服务端即 Web 服务器发送所有请求。HTTP 默认端口号为 80，但是也可以改为可用的其他端口。

HTTP 有以下特点。

（1）HTTP 是无连接的：无连接的含义是限制每次连接只处理一个请求。服务器处理完客户的请求并收到客户的应答后，即断开连接。采用这种方式可以节省传输时间。

（2）HTTP 是媒体独立的：这意味着，只要客户端和服务器能够处理的数据内容，不管是什么类型，可以通过 HTTP 发送。客户端以及服务器指定使用适合的 MIME-type 内容类型。

（3）HTTP 是无状态的：HTTP 是无状态协议。无状态是指协议对于事务处理没有记忆能力。缺少状态意味着如果后续处理需要前面的信息，则必须重传，这样可能导致每次连接传送的数据量增大。另外，在服务器不需要先前信息时它的应答就较快。

2）HTTPS 简介

超文本传输安全协议是一种网络安全传输协议。它和前面所介绍的 HTTP 不同，HTTP 传输的数据都是未加密的，也就是明文，因此使用 HTTP 传输隐私信息非常不安全。HTTP 使用 80 端口通信，而 HTTPS 占用 443 端口通信。在计算机网络上，HTTPS 经由超文本传输协议进行通信，但利用 SSL/TLS（安全套接字层/传输层安全）来加密数据包。HTTPS 开发的主要目的是提供对网络服务器的身份认证，保护交换数据的隐私与完整性。这个协议由网景公司（Netscape）在 1994 年首次提出，随后扩展到互联网上。

HTTPS 在传输数据之前需要客户端（浏览器）与服务端（网站）之间进行一次握手，在握手过程中将确立双方加密传输数据的密码信息。TLS/SSL 协议不仅是一套加密传输的协议，更是一件经过艺术家精心设计的艺术品，TLS/SSL 中使用了非对称加密、对称加密以及 Hash（哈希）算法。握手过程的具体描述如下：浏览器将自己支持的一套加密规则发送给网站。网站从中选出一组加密算法与 Hash 算法，并将自己的身份信息以证书的形式发回给浏览器。证书里面包含网站地址、加密公钥以及证书的颁发机构等信息。

浏览器获得网站证书之后要做以下工作。验证证书的合法性（颁发证书的机构是否合法，证书中包含的网站地址是否与正在访问的地址一致等），如果证书受信任，则浏览器栏里面会显示一个小锁头，否则会给出证书不受信任的提示；如果证书受信任，或者是用户接受了不受信的证书，浏览器会生成一串随机数的密码，并用证书中提供的公钥加密；使用约定好的 Hash 算法计算握手消息，并使用生成的随机数对消息进行加密，最后将之前生成的所有信息发送给网站。

网站接收浏览器发来的数据之后要做以下的操作。使用自己的私钥将信息解密取出密码，使用密码解密浏览器发来的握手消息，并验证 Hash 是否与浏览器发来的一致；使用密码加密一段握手消息，发送给浏览器。

浏览器解密并计算握手消息的 Hash，如果与服务端发来的 Hash 一致，此时握手过程结束，之后所有的通信数据将由之前浏览器生成的随机密码并利用对称加密算法进行加密。

HTTP 和 HTTPS 的区别是：HTTP 的信息是明文传输，HTTPS 则是具有安全性的 SSL 加密传输协议，且 HTTPS 需要到 CA 机构（certificate authority，证书授权中心）申请证书，一般免费证书很少，需要交费；HTTP 和 HTTPS 使用的是完全不同的连接方式，其用的默认端口也不一样，前者是 80，后者是 443；HTTP 的连接很简单，是无状态的，HTTPS 是由 HTTP+SSL 协议构建的可进行加密传输、身份认证的网络协议，要比 HTTP 安全。

**2. 端口**

上面在分析 URL 时提到端口的名称，同时也提到 HTTP 的默认端口为 80，HTTPS 的默认端口是 443。那么什么是端口呢？

首先这里所指的端口不是指物理意义上的端口，而是特指 TCP/IP 中的端口，是逻辑意义上的端口。如果把 IP 地址比作一间房子，端口就是出入这间房子的门。一个 IP 地址的端口可以有 65 536 个之多。端口是通过端口号来标记的，端口号只有整数,范围是从 0 到 65 535。同时大家也可以理解端口开放得越多,服务器的安全性越没有保障,就像房子开了很多门和窗总是更容易遭贼,要花更多的设备和精力去保障其安全。

一台服务器之所以既可以是 Web 服务器,也可以是 FTP(文件传输协议)服务器,还可以是邮件服务器等,其中一个很重要的原因是各种服务采用不同的端口分别提供不同的服务,如通常 TCP/IP 规定 Web 采用 80 号端口,FTP 采用 21 号端口等,而邮件服务器是采用 25 号端口。这样,通过不同端口,计算机就可以与外界进行互不干扰的通信。就比方说从房子的正门进就是客厅服务,从后门进可能就是厨房服务,从侧门进就是卫生间服务。

这里提到网站访问的默认端口是 80 或 443 就好比是我们进入一间房子总是默认从正门进的。不关闭上锁一推就开的正门就相当于 80 端口,443 端口就相当于加了锁的正门。

**3. SSL 证书**

从前面我们可以了解到 HTTPS 核心的一个部分是数据传输之前的握手,在握手过程中确定了数据加密的密码。在握手过程中,网站会向浏览器发送 SSL 证书,SSL 证书和我们日常用的身份证类似,是一个支持 HTTPS 网站的身份证明,SSL 证书里面包含网站的域名、证书有效期、证书的颁发机构以及用于加密传输密码的公钥等信息,由于公钥加密的密码只能被在申请证书时生成的私钥解密,因此浏览器在生成密码之前需要先核对当前访问的域名与证书上绑定的域名是否一致,同时还要对证书的颁发机构进行验证,如果验证失败,浏览器会给出证书错误的提示。在这一部分将介绍 SSL 证书的验证过程以及个人用户在访问 HTTPS 网站时,对 SSL 证书的使用需要注意哪些安全方面的问题。

1)证书的类型

实际上,我们使用的证书分很多种类型,SSL 证书只是其中的一种。证书的格式是由 X.509 标准定义。SSL 证书负责传输公钥,是一种 PKI(public key infrastructure,公钥基础结构)证书。我们常见的证书根据用途不同大致有以下几种:SSL 证书、代码签名证书、客户端证书、双因素证书。SSL 证书用于加密 HTTP,也就是 HTTPS。代码签名证书用于签名二进制文件,如 Windows 内核驱动、Firefox 插件、Java 代码签名等。客户端证书用于加密邮件。双因素证书,网银专业版使用的 USB Key 里面用的就是这种类型的证书。这些证书都是由受认证的证书颁发机构——我们称之为 CA 来颁发,针对企业与个人的不同,可申请的证书的类型不同,价格也不同。CA 机构颁发的证书都是受信任的证书,对于 SSL 证书来说,如果访问的网站与证书绑定的网站一致,就可以通过浏览器的验证而不会提示错误。

2)SSL 证书申请与规则

SSL 证书可以向 CA 机构通过付费的方式申请,也可以自己制作。CA 机构颁发的证书价格昂贵,而且有效期一般只有 1 年到 3 年不等(年数不同,价格也不同),过期之后还要再次交钱申请,因此一般只有企业才会申请证书。但是随着个人网站的增多,目前也有针对个人的 SSL 证书服务,价格相对便宜一些,国内 400 多元就能申请到一个,国外更是有免费的 SSL 证书可以申请。在申请 SSL 证书时需要向 CA 机构提供网站域名、营业执照以及申请人的身份信息等。网站的域名非常重要，申请人必须证明自己对域名有所有权，支持 Hotmail.com，Gmail.com 的 SSL 证书都可以随便申请，黑客们就不用做假证书欺骗了。

此外，一个证书一般只绑定一个域名，如果 CA 机构审核宽松，会免费再绑一个。比如你申请证书时绑定的域名是 www.baidu.com，那么只有在浏览器地址是 https://www.baidu.com 的时候，这个证书才是受信任的，如果地址是 https://map.baidu.com 或者 https://news.baidu.com，那么这个证书由于访问的域名与证书绑定的域名不同，则被浏览器显示为不受信任的。

CA 机构也提供申请通配符域名（例如 *.baidu.com），通配符域名相当于绑定了主域名下的所有域名，因此使用起来非常方便，但是价格也比较昂贵，一般只有有一定规模的企业才可能申请。

下面就来看看 baidu 的证书信息，按照如图 3-8、图 3-9 所示步骤可以查看证书信息。

图 3-8　右击 URL 地址栏的锁标识符号

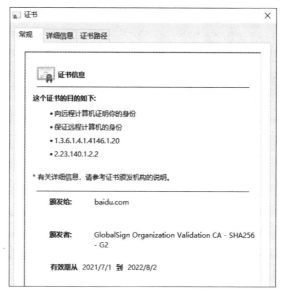

图 3-9　单击证书（有效）菜单项

3)证书的验证过程

证书以证书链的形式组织,在颁发证书的时候首先要有根 CA 机构颁发的根证书,再由根 CA 机构颁发一个中级 CA 机构的证书,最后由中级 CA 机构颁发具体的 SSL 证书。我们可以这样理解,根 CA 机构是一个公司,根证书就是它的身份凭证,每个公司由不同的部门来颁发不同用途的证书,这些不同的部门就是中级 CA 机构,这些中级 CA 机构使用中级证书作为自己的身份凭证,其中有一个部门是专门颁发 SSL 证书,当把根证书、中级证书以及最后申请的 SSL 证书连在一起就形成了证书链,也称为证书路径。在验证证书的时候,浏览器会调用系统的证书管理器接口对证书路径中的所有证书一级一级地进行验证,只有路径中所有的证书都是受信的,整个验证的结果才是受信的。我们还是以 www.baidu.com 这个证书举例,在查看证书的时候,单击"证书路径"标签就会有图 3-10 的显示。

图 3-10 查看证书路径

根证书是最关键的一个证书,如果根证书不受信任,它下面颁发的所有证书都不受信任。操作系统在安装过程中会默认安装一些受信任的 CA 机构的根证书,可以在"运行"里面运行"certmgr.msc"启动证书管理器,如图 3-11 所示。

图 3-11 启动证书管理器

根证书的有效期长、支持的用途多，以方便颁发不同用途类型的中级证书；中级证书用途单一，有效期相对短一些，但是比具体的 SSL 证书要长很多。

如果 SSL 证书验证失败，根据浏览器的不同会有如图 3-12 所示的错误提示。

图 3-12　SSL 证书验证失败效果

SSL 证书验证失败有以下三个原因。

（1）SSL 证书不是由受信任的 CA 机构颁发的。

（2）证书过期。

（3）访问的网站域名与证书绑定的域名不一致。

4）SSL 证书的安全问题

对 HTTPS 最常见的攻击手段就是 SSL 证书欺骗或者叫 SSL 劫持，这是一种典型的中间人攻击。不过 SSL 劫持并非只是用于攻击目的，在一些特殊情况下利用 SSL 劫持我们可以更顺畅地访问网络。

以攻击为目的的 SSL 劫持如果不注意浏览器安全提示，很容易中招。当网络中有中间人发起 SSL 劫持攻击时，攻击者需要伪造一个 SSL 证书发给浏览器，由于伪造的 SSL 证书不受信任，浏览器会给出提示。

这里有一个误区，当 SSL 证书不受信任的时候，并不一定就是有 SSL 劫持发生，有种例外情况是：一些个人网站买不起合法的 SSL 证书，因此会自己制作一个 SSL 证书来加密传输的数据。如果你经常访问某个个人网站，而且你知道这个网站是干什么的，那么这种情况可以不用担心。但是如果你访问的是网银、在线支付、12306 等网站，这类网站一定会申请合法的 SSL 证书，一旦 SSL 证书不受信任，应该果断地终止访问，这个时候网络中一定会存在异常行为，一些小区宽带用户一定要注意这点。

作为个人用户，你一定要知道你访问的是什么网站，如果你只是一个没有多少计算机知识的普通网民，应尽量避免访问那些自己制作 SSL 证书的个人网站，如果你没有办法判断网络是不是有异常，只要是证书有问题的，请尽快终止访问。

5）使用 SSL 证书要注意的问题

（1）除非必要，不要随意安装根证书。安装根证书的时候一定要明确证书的来源。

（2）对于网银、在线支付、重要邮箱等网站，一定要确保 SSL 证书是没有问题的，如果浏览器给出 SSL 证书错误的警告，一定要拒绝访问。一些小区宽带用户一定要注意这点。

（3）由于现在个人申请 SSL 证书比较便宜，一定要注意挂着合法 SSL 证书的钓鱼网站（国外比较常见）。对于钓鱼网站，一定要看清域名，另外别相信什么中奖的消息，同时要安装带有钓鱼防护功能的安全软件。

目前我们国内对于网络安全和数据安全的重视程度在不断提高，所以 SSL 证书的推行也在逐步普及，像高校目前就正在推行 HTTPS，估计不久之后所有的高校的官方 Web 应用都会进入 HTTPS 时代。像微信小程序很早就要求内部能访问的网络资源必须是采用 HTTPS 的网络资源。

**4. 主机部分：IP 和域名**

IP 地址是每台电脑在互联网上的唯一标识，有 IPv4 和 IPv6 两种模式，但是由于 IP 地址是一串无规律的数字，很难记忆，所以有了域名的产生。就如同我们基本上不会去记他人的身份证而只会去记名字一样，IP 地址就相当于身份证号码，域名就相当于姓名。只是姓名是允许重复的，但域名是唯一的。

域名是网站的唯一名称，如 baidu.com。域名是需要注册的。当域名被注册后，就会被添加到域名注册商那里，连同与网站有关的信息，包括保存在 DNS（domain name system）服务器的 IP 信息。

DNS 指的是域名系统，一般我们叫它域名解析系统。DNS 服务器负责向互联网上的其他计算机通知有关域名和 IP 地址的信息。可以通过域名注册公司来注册域名。域名注册公司都提供了查询可用域名的接口，并提供可同时注册的域名后缀。对于任何个人或组织来说，选择域名都是很重要的步骤。在域名被大量注册的同时，新的域名后缀和创造性的思路仍然可提供数千种很棒的选择。当选择一个域名时，考虑好域名的用途是很重要的，这会使人们更容易找到该网站。优秀的域名具有以下特征。

（1）简短：域名越短，录入的时候就越快捷，就越容易被访问，用户发生输入错误的可能性也就越小。

（2）有意义：没有意义的短域名不见得好。34i4nh69.com 仅有 8 个字符长，但是既不易输入也不易记忆。所以，还是选择与网站相关且容易理解的域名吧。

（3）清晰：在选择域名时，清晰也很重要。避免选择那些很难拼写或发音的域名。另外还要注意，所选的域名听起来应该很顺耳，通过电话能很快地交流。

（4）曝光率：就像高档的房地产项目可获得极高的曝光率一样，短而容易记的域名也是一种资产。除了访问者使用域名以外，我们还应该考虑到搜索引擎。搜索引擎是通过人们在线搜索项目的相关度来对网站进行索引和评级的。为了最大限度地使网站曝光，可以在域名中包含相关的搜索项。当然，前提仍然是：所选择的域名是简短、清晰且有意义的。

关于域名我们还要注意的是，一般情况下我们自主注册的域名都可以称为主域名，如 baidu.com。然后我们可以在注册域名的管理后台进行子域名的添加。例如我们平时使用频率最高的子域名就是 www。上面提到过访问 baidu.com 的时候浏览器地址栏会自动补充为 www.baidu.com 就是访问了 baidu.com 的 www 子域名，其他还有 map.baidu.com 或者 news.baidu.com 等，所以我们申请了一个主域名后可以自己分配任意多个子域名供自己分配。简单地理解就是自己设定一些自定义的子域名的名称，然后在注册域名的管理后台中进行一个名为"域名解析"的行为，将这些子域名指向不同的 IP 地址或者其他的一些页面地址。

还有一种类似的情况我们称为虚假域名，其本质上并不是域名，而是一个目录名（实际目录名或者虚拟目录名），类似于 www.baidu.com/[directory]/ 这种。如果 baidu.com 不是我们自己申请的，那么向 baidu.com 要个二级目录名 [directory] 也没有什么意义，因为对方随时都能停止给定的域名服务。

**5. 服务器（物理主机、虚拟主机、VPS、ECS）**

我们有了自己的域名之后就需要有对应的 IP 地址和存放数据的空间，还需要有个互联网上可见的服务器。这里可见的意思就是能让互联网上其他用户访问到。

服务器是用来存放网站的文件和数据，并提供 Web 应用服务来响应客户端请求。从存在的形式上，其可以分为物理存在的和虚拟存在的。一般情况下，独立站的架设很少采用物理主机的形式，因为这种模式的成本较高，而且需要专人维护，所以本书暂时就不讨论了。至于虚拟形式，主要分以下三种情况。

虚拟主机：由服务提供商在他们的一台物理服务器上划出部分文件存储空间和数据库空间供用户使用。它的缺点是：可管理性差，基本上是通过 FTP 方式供用户操作文件、Web 页面方式供用户操作数据库，无法自主配置环境；性能一般，多用户共享服务器硬件资源和带宽。它的优点是：无须自己配置环境，选择好合适的 Web 服务环境就可以了；价格低廉，投入成本较低。

VPS（virtual private server，虚拟专用服务器）：听名字有点类似上面的虚拟主机，但是它们的主要区别就在于，VPS 是由服务提供商在一台物理服务器安装并分发出的多个虚拟服务器，对于每个用户来说，其都是独立的一台服务器，可利用远程桌面管理来实现个性定制化的环境配置，自由度更高，当然价格也会更高。

ECS（elastic compute service，云服务器）：ECS 和 VPS 类似，都是虚拟的，都可以远程管理，都可以实现个性定制化的环境配置，但是 VPS 是依托于一台物理服务器来实现虚拟化分发，ECS 是利用虚拟技术在一组集群服务器上划分出来的多个类似独立主机的部分，它具有更为弹性的资源组合，也具有更为强大的容错和纠错能力。

目前的主流就是申请购买云服务器，同时在不同的发展阶段我们可以选择购买不同级别的硬件配置和带宽，等业务量上去之后再升级为更高的配置。

以上的一些知识是搭建独立站的基础，不管是否准备委托第三方做都需要了解。因为里面涉及的一些支出都是硬性支出，基本上也不需要太专业的支持，所以完全可以自已完成。主要的支出包括域名注册购买、服务器租用和 SSL 证书购买，其中 SSL 证书也不是必备的。

**6. Web 服务器及对应的开发技术**

当有了域名和服务器空间之后我们就需要考虑使用哪种 Web 服务器来提供网站应用，并确定相应的开发技术。该部分内容以及以下的几个知识点需要具备一定的专业基础，一般情况下要专人开发维护或者外包给第三方，当然这样成本还是会比较高，所以还有种情况就是基于第三方平台进行搭建，独立程度减半，但入门门槛相对较低。

Web 服务器是一台使用 HTTP 与客户机浏览器进行信息交流（因此又称为 HTTP 服务器）、为互联网客户提供服务（信息浏览、下载资源等）的主机。Web 服务器经历了从 HTML 到 XML（可扩展标识语言）、从有线到无线、从无声到有声的发展历程。Web 服务器的工作一般可分成如下四个步骤。

（1）连接过程：Web 服务器和其浏览器之间所建立起来的一种连接。查看连接过程是否实现，用户可以找到和打开 socket 这个虚拟文件，这个文件的建立意味着连接过程这一步骤已经成功建立。

（2）请求过程：Web 浏览器运用 socket 这个文件向其服务器提出各种请求。

（3）应答过程：运用 HTTP 把在请求过程中所提出来的请求传输到 Web 服务器，进而实施任务处理，然后运用 HTTP 把任务处理的结果传输到 Web 浏览器，同时在 Web 浏览器展示上述所请求之界面。

（4）关闭连接：当上一个步骤——应答过程完成以后，Web 服务器和其浏览器之间断开连接之过程。

Web 服务器的上述四个步骤环环相扣、紧密相连，逻辑性比较强，可以支持多个进程、多个线程以及多个进程与多个线程相混合的技术。

Web 服务器仅仅提供一个可以执行服务器端程序和返回（程序所产生的）响应的环境，而不会超出职能范围。服务器端程序功能通常有事务处理、数据库连接和消息等。虽然 Web 服务器不支持事务处理或数据库连接，但它可以配置各种策略来实现容错性、可扩展性（如负载平衡、缓冲）。集群特征经常被误认为仅仅是应用程序服务器专有的特征。

目前主流的 Web 服务器主要有以下几种。

Unix/Linux/Windows/MacOS 等操作系统下使用最广泛的免费 HTTP 服务器有 Apache、Nginx、Tomcat，Windows Server 系列操作系统使用 IIS（internet information service，Internet 信息服务），综合使用最多的 Web 服务器是 Apache。

Apache：它快速、可靠并且可通过简单的 API 扩充，将 Perl/Python 等解释器编译到服务器中。

Apache HTTP 服务器是一个模块化的服务器，源于 NCSAhttpd 服务器，经过多次修改，成为世界使用排名第一的 Web 服务器软件。它可以运行在几乎所有广泛使用的计算机平台上。它所对应的开发技术是 PHP（超文本预处理器）。

Nginx：它是一款自由的、开源的、高性能的 HTTP 服务器和反向代理服务器，同时也是一个 IMAP（因特网信息访问协议）、POP3（邮局协议版本 3）、SMTP（简单邮件传输协议）代理服务器，Nginx 可以作为一个 HTTP 服务器进行网站的发布处理，另外，Nginx 可以作为反向代理实现负载均衡。它是一个跨平台服务器，可以运行在 Linux、Windows、FreeBSD、Solaris、AIX、MacOS 等操作系统上。

Tomcat：它是一个中间件，在 B/S 架构中，浏览器发出的 HTTP 请求经过 Tomcat 中间件，转发到最终的目的服务器上，响应消息再通过 Tomcat 返回给浏览器。Tomcat 所做的事情主要有：开启监听端口监听用户的请求，解析用户发来的 HTTP 请求然后访问到指定的应用系统，然后返回的页面经过 Tomcat 返回给用户。Tomcat 服务器是一个免费的开放源代码的 Web 应用服务器，属于轻量级应用服务器，在中小型系统和并发访问用户不是很多的场合下被普遍使用，是开发和调试 JSP 程序的首选。

IIS：它的功能是提供信息服务，如架设 HTTP、FTP 服务器等，是 WindowsNT 内核系统自带的，不需要下载。它所对应的开发技术是 ASP（active server pages，动态服务器页面）或 ASP.NET。

在 Web 服务器的选择上并不存在特别差劲的服务器，只是应用场景不同，毕竟如果绝对性能相差太大早就被市场所淘汰了。目前对于中小型的 Web 网站，采用 Apache 或 Nginx 占多数，开发技术一般采用的是 PHP。

Apache 或 Nginx 的安装与配置对于非专业人士来说能通过查资料来完成，PHP 的技术开发过程相对比较复杂。所以到了这一步之后，独立站的创建需要有专业的程序员才能胜任。

目前还有种主流的独立站模式是借用第三方平台，如近几年比较流行的 Shopify 等，如果借用这个平台，独立站的拥有者（即卖家）只需要完成域名注册就可以（虽然 Shopify 会分配给注册人一个域名，但是那个域名是归属于 Shopify 名下的，不实用），后续的所有技术性操作对卖家而言都是不可见的，卖家只要在后台管理中心进行简单的常规操作即可搭建出具备所有基本电商功能的独立站应用。

**7. 数据库**

在独立站的开发和运行过程中必然会涉及数据的存储、分析、导出等应用，那么我们就需要安装数据库系统来实现这些功能。

网站常用的主流数据库有以下三种。

1) SQL Server

SQL Server 是 Microsoft 的产品，是微软公司从 Sybase 获得基本部件的使用许可后开发出的一种关系型数据库，仅能用于 Windows 环境下，是企业级数据库。

SQL Server 是创建大型商业应用的最佳核心引擎数据库之一，具备完整的 Web 支持的数据库产品，提供了对可扩展标识语言的核心支持，结合了分析、报表、集成和通知功能，以及具备在 Internet 上和防火墙外进行查询的能力。作为 Microsoft 一贯的产品，其采用了一致的开发策略，包括界面技术、面向对象技术、组件技术等，并与 Windows 操作系统紧密配合。

2) Oracle

Oracle 是甲骨文公司（Oracle）的产品，可以运行于很多操作系统之上（包括 Windows），是大型企业级数据库。Oracle 是以高级结构化查询语言为基础的大型关系型数据库，是目前最流行的客户/服务器体系机构的数据库之一，提供对Internet全面支持的管理平台和系统集成工具，完全支持所有的工业标准，占有相当大的市场份额。其因专业性较强，操作繁杂，不易上手，价格较高，一般作为UNIX下的应用较多，适合大型网站选用。

3）MySQL

MySQL是当今UNIX或Linux类服务器上广泛使用的Web数据库系统，也可以运行于Windows平台。它是一个多用户、多线程、跨平台的SQL数据库系统，同时是具有客户/服务器体系结构的分布式数据库管理系统，属自由数据库系统，开放源代码数据库产品。

MySQL于1996年诞生于瑞典的TcX公司。其设计思想为快捷、高效、实用。虽然它对ANSI SQL标准的支持并不完善，但支持所有常用的内容，完全可以胜任一般Web数据库的工作。由于它不支持事务处理，MySQL的速度比一些商业数据库块2～3倍，并且MySQL还针对很多操作平台做了优化，完全支持多CPU（中央处理器）系统的多线程方式。

在编程方面，MySQL也提供了C、C++、Java、Perl、Python和TCL等API，而且有MyODBC接口，任何可以使用ODBC（开放数据库互联）接口的语言都可以使用它。

MySQL是中小企业网站Linux平台的首选。MySQL在Linux下应用较多，Linux+MySQL+PHP是基于Linux的最佳组合。由于MySQL属开放源代码自由软件，性价比较高，是中小企业网站、个人网站不错的选择。

其他数据库还有DB2、SyBase和Access等，但是都不如上面的三种应用广泛。对于中小型网站来说，MySQL是性价比最高的一个选择，而且也比较匹配PHP的技术开发。

**8. 支付网关**

对于一般的内容性网站来说，有域名、服务器空间、Web服务器及对应的开发技术、数据库这些要素就已经足够了，但是对于电商类网站还涉及一个关键性的功能就是在线支付，国内的支付手段主要是银联、支付宝和微信，国外的支付手段更为丰富，除了国际信用卡、PayPal这两种基本手段之外还有很多地区性的支付方式，那么在独立站上整合这些支付手段就成为一个技术重点。

支付网关（payment gateway）是银行金融网络系统和Internet网络之间的接口，是由银行操作的将Internet上传输的数据转换为金融机构内部数据的一组服务器设备，或由指派的第三方处理商家支付信息和顾客的支付指令。支付网关可确保交易在Internet用户和交易处理商之间安全、无缝地传递，并且无须对原有主机系统进行修改。它可以处理所有Internet支付协议、Internet安全协议、交易交换、信息及协议的转换以及本地授权和结算。另外，它还可以通过设置来满足特定交易处理系统的要求。离开了支付网关，网络银行的电子支付功能也就无法实现。

在这里要注意的是，如果是依托第三方平台如Shopify来搭建独立站，那么卖家是不用考虑支付网关实现的技术问题，只要在管理后台配置好相关信息即可。但是如果是完全自主开发，那么可以选择以下两种模式。

一是自己去一一对接各种需要开启的支付方式的官方接口。该模式费时费力而且成本不低，优点是直接对接银行系统，资金安全和数据安全有保障。

二是对接一家第三方支付平台，签约为平台商户，然后由该平台提供所有需要开启的支付方式，支付一定比例的交易佣金。这种模式最大的问题就是要找到可靠安全的第三方平台。当然现在市场机制相对是比较完善的，所以还是能找到的。该模式还是比较推荐的。

### 9. Shopify 独立站建站流程

Shopify 是全球著名的电商类 SaaS 平台，赋能于来自约 175 个国家或地区的 60 多万家中小商户、大型零售贸易企业及全球知名品牌！

利用 Shopify 等第三方建站工具建设独立站，可解决卖家建站的技术难题，大大降低准入门槛，主要有以下七个步骤。

（1）注册，注册后有 14 天免费试用期。

（2）进行 Shopify 基本设置：独立站域名的选择与绑定、店铺基本信息设置、PayPal 收款设置、信用卡收款设置、Checkout 付款流程设置、Shopify 运费设置。

扩展阅读 3-1　利用 Shopify 建设独立站的步骤

（3）进行产品分类以及产品上传。

（4）页面制作。

（5）插件安装，如选品插件等。

（6）Google、Facebook、YouTube 运营准备。

（7）测试。

## 课后习题

1. 数字技术在哪些方面赋能跨境电商，举例说明其典型应用。

2. VLOOKUP（lookup_value,table_array,col_index_num,range_lookup）函数的含义及各参数的含义是什么？

3. IP 和域名的定义是什么？

## 即测即练

# 第 4 章

# 跨境电商店铺运营基础

【本章学习目标】
1. 了解跨境电商店铺运营的岗位职能；
2. 了解跨境电商店铺运营的模式；
3. 掌握跨境电商店铺运营的主要思维方式和如何建立正确的思维方式；
4. 了解跨境电商店铺运营流程和内容。

**导学案例：Wish 新店铺运营思维调整的案例**

小陈刚从学校毕业，进入一家以 Wish 店铺运营为主的公司实习。工作一段时间后，公司把一家新店铺交给小陈负责运营。对于一般的 Wish 店铺，小陈之前学习了铺货的方法，以为上传的产品越多，出单的机会就越多。小陈尝试性地第一天上架了 8 款新品，并且每天不断地上传新产品，但是一段时间过去了，一直没有什么流量，产品根本不出单。小陈思考再三，不得其解，开始梳理运营流程，他请教有经验的运营专员，查找原因和进行分析，运营专员认为对于新店铺运营，要调整运营思维。于是他决定在流量导入上精细化运营。首先他选择了一款公司其他店铺正在热销的产品，铺货上架到这家新店铺，虽然这款产品卖得也不太好，但有了少量出单，给店铺带来了流量。小陈继续抓住机会，选择一款新品作为重点打造产品，增加广告投入，结果产品销量不错，这一方法为店铺增加了不少流量。

自从这两款产品之后，店铺流量日益增多，之后的一些新品出单就慢慢变多了。这个案例说明任何经验和规则都不是一成不变的，遇到具体问题，要分析原因，对运营思维作出调整。本案例中，小陈善于及时调整运营思路，利用已有热销产品导入流量和投入广告优化运营，给新店铺带来流量，使新开发的店铺进入正常运营轨道。

跨境电商店铺运营不是简单的上传产品和发货，要经营好店铺，首先要建立正确的运营思维，同时了解运营流程，注重数据分析，才能做好运营决策规划。本章着重学习运营流程，要求掌握建立运营思维的方法。

## 4.1 跨境电商店铺运营概述

### 4.1.1 跨境电商店铺运营的岗位职能

在招聘网站上，跨境电商公司招聘最多的岗位就是跨境电商运营，从岗位职责上，我们可以看出，跨境电商运营的工作内容有：开通账号，新品开发和选品，产品图片拍摄、文案策划、上架、优化，广告活动，产品推广，客服，数据分析，品牌备案，供应链管理（supply chain management，SCM），物流与仓储，支付与结算等。对于一个规模不大的公司来说，运营岗位可能需要完成以上要求的全部职能或者大部分职能的全部细节性工作；对于规模较大的公司，重点在于负责以上职能的决策、设计和协调处理工作，或者负责少部分职能分工的细节内容。跨境电商运营是一个综合性较强的岗位，它不仅对语言、数据分析、产品发现等基本素质有一定要求，还要求有一定的创造力、执行力、总结力和意志力。

跨境电商店铺运营包括进口店铺运营和出口店铺运营。由于跨境电商进口店铺运营是面对境内用户的，相当于是境内电商，所以本章主要针对跨境电商出口店铺运营进行阐述。

### 4.1.2 跨境电商店铺运营的模式

**1. 跨境电商平台的运营理念**

店铺运营模式首先是由跨境电商平台的运营理念和特点所决定的，不同平台，其运营理念和特点是有差异的。下面以亚马逊和 Wish 为例，来了解平台运营理念。

1）亚马逊平台的运营理念

亚马逊平台的运营理念主要是四个方面：重推荐，轻广告；重展示，轻客服；重产品，轻店铺；重客户，轻卖家。

重推荐，轻广告。在整个亚马逊的 A9 搜索算法中，购物推荐是核心功能，亚马逊平台会根据客户的浏览习惯、搜索习惯、购物习惯、付款习惯等个性化数据，进行关联推荐和排行推荐。当客户搜索某一个产品时，亚马逊会推荐非常多的相同或相关产品供参考。同时，在客户浏览每一个产品页面的 Listing 排名旁边，都可以轻易地找到该类目的 Top 100 排行榜，在 Top 100 排行页面右边，又有一个新刊登热卖排行推荐。此外，客户每次登录亚马逊平台，曾经查阅或者购买过的产品及相关产品，还会进行推荐展示。比如客户曾浏览或购买过户外帐篷，诸如户外背包、防晒衣之类的户外用品就会频繁被推荐展示。对于广告来说，亚马逊平台上可做的站内推广形式极为有限，基本上除了广告［产品广告（Sponsored Products）和展示广告（Display Advertising）］就是促销活动（Promotions）、秒杀（Lighting Deals）。

重展示，轻客服。亚马逊没有即时在线客服，如果买家在购买产品前有疑问，只能通过邮件这种形式来咨询卖家，卖家也只能通过邮件形式进行回复。这就促使卖家必须在产品页将所有的信息表达得尽量丰富、全面和完整，同时不断地对 Listing 进行优化，标题、图片、五点描述、长描述等方面都要精心打磨，将买家想要了解的内容进行充分的展示。通过产品展示促成订单，通过后置客服联系方式降低买卖双方的沟通成本。亚马逊正是用这样的方式，减少了卖家的客服成本。

重产品，轻店铺。可以说运营思路是"七分选品，三分运营"。对于亚马逊平台来说，店铺的概念并不强，甚至可以说是被平台有意识地忽略了。相对于弱化店铺，亚马逊非常重视产品的优质 Listing（即一个产品页面）的展示，如果一条 Listing 图片精美、价格合适、订单转化率高，亚马逊会根据短时间内的订单数量，不停地更新 Listing 的排名，排名越靠前，订单越多；订单越多，排名越靠前。也正是这样的循环，使得很多卖家都非常重视爆款的打造。

重客户，轻卖家。亚马逊设计了两套评价体系，一个是"商品评论"（Review），另一个是"卖家反馈"（Feedback），前者针对的是卖家提供的产品，后者针对的是整个订单，这表明亚马逊非常鼓励客户表达真实的感受。这两套评价体系对卖家的影响都比较大，前者影响的是销量和转化率，后者影响卖家的排名和黄金购物车，如果评价星级非常低，不但没有什么曝光和流量，甚至会收到亚马逊的警告或者被移除销售权限。

2）Wish 平台的运营特点

Wish 有以下几个特点：纯移动端 B2C 跨境电商平台、买卖双方年轻化、流量由后台算法智能分配、极具竞争力的产品定价。

Wish 是全球发展最快的纯移动端 B2C 跨境电商平台，几乎 100% 的流量来自移动端。由于 Wish 是一个基于移动端 App 的应用，买家浏览环境屏幕小，操作困难，因此很注重消费者体验。用户随时随地浏览购物，从打开手机应用到完成付款时间很短。

买卖双方年轻化。Wish 买家与卖家年龄区间集中在 18～35 岁。Wish 卖家在中国大陆遍布华东、华北、华中乃至其他各地，特别是众多中小卖家和年轻人顺利实现了草根逆袭，成就了事业。

流量由后台算法智能分配。Wish 是一个率先将智能推荐算法技术完全应用到电商中的平台。以数据赋能平台发展，Wish 坚持以技术为核心驱动力，在现有的北美和中国数据中心的基础上，为用户提供高效的在线和离线数据服务。Wish 的五大基本系统为推荐系统、整体预警系统、智能物流系统、大数据系统和风控系统，Wish 利用数据技术改进并优化商品购买转化率、物流及时性及支付安全性。与其他电商购买模式不同，Wish 使用户根据推荐内容浏览自己感兴趣的商品，这是一种相对被动的浏览。

极具竞争力的产品定价。Wish 将其产品瞄准低收入购物者。前谷歌工程师 Szulczewski 表示，他计划将重点放在低收入购物者身上，认为低收入购物者构成了一个庞大且服务不足的市场。他计划通过建立更多的仓库和物流来加快配送，使 App 更加个性化。

**2. 跨境电商店铺的运营模式**

在不同平台开店，抑或自营独立站，运营模式也不能照搬照抄，不同运营模式适应性是不同的。从发货模式上，其可分为自发货模式和海外仓模式，详细阐述在第 7 章展开。从选品思路上，其可分为两种模式：铺货模式和精细化运营模式。

（1）"铺货"，顾名思义，就是通过平台大批量地上传产品，以量取胜，这样能让店铺快速地成长起来。

铺货模式优点：简单易操作；每天只需要上新，上传更多的产品；每天批量地上传新品，比其他非铺货模式产品上市要快；有利于建立稳定的销售网点，相当于"先入为主"，过早地了解市场的规则和动态，遇到不同的情况也能及时应对。

铺货模式缺点：工作量大，需要大量上新，即使有各种辅助软件也会有些吃力；对供应商的时效要求高，产品数量过多，无法一一去对应供应商，容易出现客户下单，却无法确定货源等问题；店铺定位风格混乱，无法有效分析店铺的规划方向和进行店铺定位；考验创业者心理，产品多了就意味着需要下架的产品也多，重复多次后，会影响创业者的心态,以至于无法坚持。

(2)精细化运营就是结合货源渠道、转化流程和用户行为数据,对流失率较高的用户环节展开针对性的运营活动,以提升整体的目标转化率。

精细化运营模式优点:注重单品的运营,容易将产品打造成爆款、热卖。可以着重研究数据,产品量少,工作量相对铺货模式会较少些,便于集中精力去分析数据,进行产品优化、数据优化、成本优化和价格优化。关注产品与市场的契合度,通过分析成本优势,产品卖点、优点,更好地了解产品在市场的定位,进行更好的推广,让产品更上一层楼。

精细化运营模式缺点:对经营人的数据分析能力要求比较高,如果没有基础,就谈不上精细化运营,上传的可能是垃圾产品,不可能把它打成爆款;对经营人的供应链要求比较高,必须要有较大的成本优势,有源头厂家,还要有较强的谈判能力;铺货的过程中不需要库存,精细化运营需要把某个产品快速打爆,数据分析精确,出货速度要快,需要提前备货,可能导致积压库存,对于资金要求比较高。

## 4.2 跨境电商店铺运营的思维

店铺运营思维指店铺运营工作中指导运营行为的方法和思想体系。

### 4.2.1 店铺运营的主要思维方式

**1. 流程化思维**

运营店铺要第一时间形成一套流程,先把整个店铺的全流程梳理出来,然后再从流程中寻找解决方案。这也是做资深运营的思维,与做普通运营截然不同。

设定目标和结果:界定清楚想要的目标和结果,梳理从起始到结束的全流程;优化每个环节,确定在每一个环节上,可以做一些什么事情,会产生怎样的效果,最终达成怎样的期望实现结果。

**2. 精细化思维**

精细化运营是把问题分解为无数个细小的可执行细节,并且能够对所有细节掌控和管理。其目的是让品牌优势、供应链优势、商品优势更高效地得到转化。

分析数据:运营工作要依靠数据说话,有针对性地做运营数据分析,更好地完成业务目标。

拆解目标:把较大的业务目标拆解为节点小目标,选择适合的运营技能,并针对节点小目标匹配相应的资源,完成业务目标。这样可以把看似不能完成的业务目标,转化为可以完成的阶段性的小目标。

**3. 复盘思维**

通过对以往的工作进行回顾和总结,发现其中的优点和不足,并持续保持优点、弥补不足,为接下来的运营工作做准备。

**4. 用户思维**

站在用户的角度思考问题,根据用户的需求设计产品,让产品更符合用户的预期。

### 4.2.2 如何建立运营思维

**1. 保持店铺运营模式创新**

价格竞争模式创新：从市场选货、拍照、上架、详情页、设置价格、售前、发货、售后等日常店铺运维工作创新入手，考虑价格成本因素，从每一个环节上确保产品的价格竞争优势。

引流模式创新：整合各种推广工具和活动资源，确定爆款产品，集中打造重点单品爆款计划，并以此占据搜索入口，获取免费流量。

形成整个店铺的核心竞争力：熟知平台规则，设计品牌，进行店铺长期定位和品牌规划。

**2. 树立合规化运营理念**

未来最核心的竞争力，是源于买家对于卖家的极致体验，从而形成买家对于卖家的持续性忠诚度，零售的本质就是不断满足用户的需求！店铺运营团队一定要树立起正确的精细化运营理念，建立合规经营、品牌化经营的工作意识和指导思想。

**3. 建立闭环式运营流程**

运营流程从消费者需求出发到消费者客户服务，是一个闭环线路，不能半途而废，舍弃任何一个环节。闭环式路径如下：消费者需求（市场、货品结构、品类布局）—引发兴趣（推广、营销广告、场景规划）—搜寻（入口、标题、点击率）—浏览（跳失率、访问深度、时长）—客服咨询（询单转化率、回复时长）—下单（下单、支付转化率、连带率）—物流配送［配送时长、卖家服务评级（DSR）］—收货（收货时效）—评价（好评率、DSR）—售后（退款、退货率）。

**4. 规划精细化运营路径**

（1）用户定位。用户定位主要包括自身店铺定位、国家市场分析、用户特征锁定、价格带锁定四个方面内容。

（2）新品开发。新品开发考虑的几个方面：货品初始竞争力、品类结构合理性、品类丰富度、货品丰富度、新品能力、供应链稳定性。

（3）用户获取。用户获取方法包括SEO搜索渠道、自主回访渠道、平台活动资源、站外社交流量、线下场景导入。

（4）用户维护。从购物路径建设着手，在产品卖点呈现、品牌记忆植入、店内访问循环动线、产品陈列场景化、产品内容化、营销设计等每一个环节，遵循用户至上原则。

（5）用户运营。树立精细化客户运营理念，在用户规模、用户分类管理、用户分类营销、用户分类维护、用户互动、粉丝文化建立和运营等方面，确保有方案、有计划地开展活动。遵循用户满意是目标、用户流量是根本的用户运营原则。

（6）客户服务。建立全链路用户体验保障系统，做好售前客服体验、售后体验、物流体验、购物惊喜体验。

**5. 把握好运营思路的关键**

（1）打破原有思路，优化产品结构。打造核心产品，不盲目铺货与上新。

（2）提高产品质量，精选高质量产品。在差异化、优质化、快时尚、品牌产品上下功夫。

（3）做好店铺优化。从店铺装修、标题、图片、详情页、价格、关联营销等方面全面优化。

（4）充分利用平台活动。充分利用各大平台的活动优势，如速卖通平台活动包括试用、金币、Flash Deals、俄团日常大促、品牌闪购等，将流量引入产品和店铺。

（5）重视好评率，重视客户体验。好评率越高，曝光量和流量越多。

（6）站内引流和站外营销相结合。例如速卖通的站内引流类型为联盟营销、直通车、粉丝营销、店铺活动、优惠券、橱窗等平台活动；站外营销主要平台为Facebook、Instagram、YouTube的短视频与广告营销。

## 4.3 跨境电商店铺运营的流程

跨境电商店铺运营围绕店铺的主要业务工作展开，其运营流程包括五个模块：开通账号、新品开发、产品上架、物流与供应链、运营与优化。开通账号包括准备开店资料、注册开店、品牌备案；新品开发包括选品、关键词分析、成本核算、包装；产品上架包括产品拍摄、文案策划；物流与供应链管理包括采购与供应链、价格谈判、备货、物流；运营与优化包括广告、视觉营销（visual merchandising，VMD）、数字营销、运维优化、客户服务。对于一款具体产品，模块之间的业务总体上是按照图4-1从左到右的顺序展开的，但是在时间上各项业务会存在并行和交叉重叠，如运营与优化就是一个持续往复的过程，品牌备案可以在任何时候进行，而且是对系列产品起到长期作用。本章对运营环节中一些基础性业务进行阐述，包括开通账号的准备工作，产品上架中的产品拍摄、文案策划，运营优化中的广告与客户服务，而新品开发中的选品、物流与供应链、开通账号的品牌备案等内容在后续章节进行详细展开。

图4-1 跨境电商店铺运营流程

### 4.3.1 开通店铺账号前的准备

开店前要做好前期准备，包括准备好开店资金和基本设备、注册账号。独立站的预算资金和硬件准备会相对比较复杂。对于不同平台来说，注册资金的要求不一样，需要到相应跨境电商平台查阅开店政策。此外需要准备一些工作设备。开店前的硬件准备及成本分析见表4-1。

表4-1 开店前的硬件准备及成本分析

| 类　　别 | 具 体 要 求 | 价格（每台） | 备　　注 |
|---|---|---|---|
| 台式电脑 | 目前主流市场上的电脑一般均可满足开设店铺的需要 | 3 000～6 000元 | |
| 笔记本电脑 | 方便移动办公，根据配置高低价格会不同 | 2 000～10 000元 | |

续表

| 类　　别 | 具 体 要 求 | 价格（每台） | 备　　注 |
|---|---|---|---|
| 手机 | 能支持上网功能 | 1 000～7 000元 | |
| 数码相机 | 300万像素足以满足产品拍摄需要，CCD感光器件，具有微距拍摄能力 | 1 000～10 000元 | |
| 打印一体机 | 针式打印机能打印包裹单所用的多层复写纸，喷墨打印机不是必需的选择，但能够满足店铺升级阶段的客户个性化服务要求 | 1 000～3 000元 | 可以分步添置 |
| 扫描仪 | 分辨率在150DPI以上，色彩位数为24位，扫描仪感光器为CCD模式 | 1 000元 | |
| 摄影辅助设备 | 根据需要选用摄影棚、摄影台、摄影灯、三脚架、灯架、反光伞、背景布、柔光板、反光板等 | 1 000～2 000元 | 可以分步添置 |

除了资金以外，一般需要在注册实体企业后，准备好身份证、法人资料等才能注册跨境电商店铺，注册流程在相应的跨境电商平台上可以查询到，也可以联系招商经理，以对接具体的注册和咨询相关疑问。

### 4.3.2　产品上架

**1. 产品拍摄**

1）拍摄器材的准备

想要拍摄一组好的照片离不开拍摄器材的选择和准备，拍摄器材没有最好的，只有最适合的。拍摄所需要准备的器材用具包括相机（或者高像素手机）、支架、灯具、摄影棚等。

相机的选用。商品拍摄所需要的拍摄器材和普通摄影所需要的器材基本一样，主要使用相机拍摄。相机是商品拍摄的必备工具，数码相机的性能直接影响到商品的拍摄质量，高性能的数码相机拍摄出来的商品照片质量要明显优于低性能数码相机拍摄的照片。根据数码相机性能的差异，市面的数码相机大致分为全自动数码相机、带有自动模式的数码相机和数码单反相机。全自动数码相机也就是我们常说的"傻瓜相机"，其特点是机身轻巧、外形时尚且操作简单，即便不懂摄影技术的人也可以用它来拍摄照片。但这种相机没有拍摄模式的选择，不具备手动功能，缺乏在复杂环境下拍摄的功能。在选择此类数码相机时，要选择具有白平衡功能、曝光补偿功能、微距功能以及手动M档功能的相机。带有自动模式的数码相机是在全自动数码相机的基础上增加了手动调节功能，可以调节光圈大小、快门速度，适用于较为复杂的拍摄环境。这类相机有较好的微距功能，有自定义白平衡功能，因此拍摄商品的色彩更准确。

相机支架多选择三脚架或者独脚架，三脚架固定相机可防止相机抖动，以确保拍摄的连贯性（三脚架也是目前使用率最高的拍摄产品支架）。独脚架在拍摄过程中可以较为灵活地选择不同角度，从不同角度拍摄出更好的图片效果。

灯具是室内拍摄的主要工具，如果有条件，应具备两只以上的照明灯。建议使用30瓦以上三基色白光节能灯，这种节能灯价格相对便宜，色温也好，很适合家庭拍摄使用。灯光效果对于成像的质量有极大的影响。如果使用自然光，需将产品放置在可以获得均匀、间接光照的窗户旁。如果使用灯具，则需将光源、柔光箱或遮光伞放置在与产品呈 45 度角的位置，使整个产品笼罩在柔和的灯光下。相机放于产品前方。注意，如果产品与背景距离太近，会产生阴影。只需把产品移离背景，就可以消除阴影了。光源的功率设置一半就够用了。

摄影棚的使用对图片拍摄非常重要，摄影棚适用于任何商品的拍摄，商品的类型包括服装服饰类、家居类、3C 数码类、美妆类等；也有部分商户用摄影箱代替摄影棚进行拍摄。摄影箱相较摄影棚而言，携带更加方便，性价比较更高，但由于摄影箱固定的规格，一般只能用于拍摄小规格类商品，适用的商品类型包括箱包类、饰品类、美妆类、鞋类等。

2）产品拍摄

一般来说大多数产品都是静止的，这就有了摆放产品的技巧，从而从不同角度体现产品，给顾客最好的视觉体验。摆布拍摄不需要匆忙地现场拍摄。可以根据拍摄者的意图进行摆布，慢慢地去完成。所以要有耐心，才会拍出更好的产品图片。

服装拍摄时要注意对模特或模型身上的服装进行整理。把服装交由模特展示，或穿在人体模型上，最能展示出其效果，也有助于客户进行视觉想象。模特能赋予服装生命，但是聘请专业模特花费昂贵。人体模型更经济实惠，且易于使用。花些时间调整人体模型上的服装，使其看起来更合体和美观。如果衣服太大，可以通过折叠固定的方式使其看上去更合身。

商品拍摄的总体要求是将商品的形、质、色充分表现出来，而不夸张。形，指的是商品的形态、造型特征以及画面的构图形式。质，指的是商品的质地、质量、质感。商品拍摄对质的要求非常严格。体现质的影纹层次必须清晰、细腻、逼真。尤其是细微处以及高光和阴影部分，对质的表现要求更为严格。用恰到好处的布光角度，恰如其分的光比反差，以求更好地完成对质的表现。色，指商品拍摄要注意色彩的统一。色与色之间应该是互相烘托，而不是对抗，是统一的整体。"室雅何须大，花香不在多"，在色彩的处理上应力求简、精、纯，避免繁、杂、乱。

**2. 文案策划**

文案策划指的是产品文案策划。对亚马逊店铺，文案指 Listing 的编写。Listing 指刊登物品也就是 item，包含物品的标题、价格、运输方式、运费、物品描述、物品图片、物品状态、支付方式，以及是否接受退换货政策。对于 Wish 店铺，文案指的是产品编辑，下面以亚马逊产品 Listing 编写和 Wish 店铺产品编辑为例进行介绍。

1）亚马逊产品 Listing 编写

编写 Listing 前，首先要对产品有一个充分的了解，分析产品自身的优缺点，做到扬长避短。

先从产品的标题开始分析，需要结合自身产品的特点，加上产品的品牌和产品关键词，将其连贯地表达出来，这就完成了一个比较标准的产品标题编写。

对于 Listing 五点描述方面，需要结合整个市场的风向需求和排名前列的 best seller（同类产品销量第一的卖家）的 Listing 进行整合。分析出各个商品中能够吸引客户的共同特点，结合所售产品的本身来完美地表达出来。但是仅仅分析产品的优点是远远不够的，同时还要对与产品的目标定位对比的竞品进行分析，从产品设计的不同特点和细节方面进行对比，对顾客在竞品下发表的星级较低的 Review 集中整理、分析痛点。由此才能将所售产品的特点与优势完整得体地表达在五点描述中。在五点描述中，不仅要把产品的简介表达出来，也要将产品的关键词有效地加入其中，关键词一般分为四种：品牌词、型号词、类目词和属性词。品牌词一般是注册品牌的店铺会使用的，同时将品牌关键词埋入 Listing 中也会给其他同品牌的产品带来额外的曝光效果。型号词一般以数码产品为主，以各种型号作为关键词，会较为精准地吸引到顾客。类目词一般偏向于没有具体型号的产品，消费者也比较倾向于感性购买。属性词一般是对于型号词和类目词的补充，以商品的品类特点为主，也会吸引有特殊需求的顾客。

在商品的 Description 页面中，一般会添加商品的基本信息，如尺寸、颜色等。现在的商品都趋向于精品化，也会做 A+ 页面（图文版商品详情页面，通过它可以使用额外的图片和文本进一步完善商品描述部分）来吸引更多的顾客。A+ 页面一般是以图片加文字的形式体现，是对于上面五点描述和图片的补充，对于吸引顾客会起到一个比较好的效果，商品详情页的观感也会好很多。

关于图片的选择也有很多分类，基本一组图片可以分为产品主图 + 产品细节图 + 场景图 + 信息图。产品主图也就是整体图，一般都是以白底图片为主，图片中需要包含产品的整个外观，并且将卖点尽可能多地展示出来。细节图就是将产品本身的卖点特点以特写的形式展现出来，让消费者更加了解产品的内容。场景图就是将产品放在各种日常生活的场景中，一般情况下也会加入模特，这种图片能够有效地唤起顾客情绪，让顾客产生较强的代入感。信息图也是很关键的一点，有些不太喜欢阅读 Listing 的五点描述的消费者，会被以产品信息为主要部分的图片吸引，信息图能够有效地提高产品的转化率。

产品的 Q&A（问与答）环节，浏览商品详情页的顾客可以在这里发起提问，卖家在邮箱中会收到关于这个问题的回答请求，所以运营者也需要时常检查邮箱中的 Q&A 请求，及时且准确地回答也会带来一些订单。同时已经购买过商品的顾客也可以回答这些问题，给咨询的顾客更加客观的评价。

关于产品的 Review 方面，因为商品刚上架时并不会有很多的流量，在销售一段时间后，才会有产品 Review。通过顾客对产品的反馈，也可以客观分析产品的优点和缺点。通过产品 Review 的发表时间统计，也可以大致估计出产品的淡季和旺季。因为虽然具体产品的市场也会有淡旺季，但具体到特定产品还是会有一定的偏差，所以根据产品自身的数据得出的结论也会相对更准确。

2）Wish 店铺产品编辑

根据 Wish 平台产品上架时需要填写的信息，卖家有了产品之后需要准备标题、描述（description）、标签（tags）、商品 SKU（unique ID）编号四部分内容，这就是产品文案。

标题简称为 Product Name，直译为"产品名称"，Wish 官方希望商户能够相对清晰、简洁地填写产品名称。举例说明：可接受：Men Leather Jacket Men Stand Collar Slim Coat

Locomotive Coat。不可接受：Best Price!!! **CHEAP**freeshipping! Baby Stroller!!!

一般我们在编辑标题时，可以将词类大致分为核心关键词、属性词和流量词。在日常的运营过程当中，建议收集和整理一些使用率比较高的词，放在同一个表格中，这样可以很有效地测试出词语对于商品的转化率。

标签在 Wish 平台运营中起到了举足轻重的地位，在其他电商平台又称为"关键词"，标签的作用是让买家能够更精准地搜索到商品，并且每个卖家在编辑产品时，最多能够填写的标签数量只有 10 个，Wish 平台的"瀑布流"推送方式，会根据搜索条件来增加标签，确保买家能够更精准地通过标签来选择商品。日常中标签使用基本包括：大词（流量词+类目词）；精准词（产品类型+产品属性+修饰词+长尾词+节日词+季节词+场景词+小语种）。一般在填写标签时，可以用到"二八法则"，两个大词（主要选择类目词，单个单词），八个小词（主要选择精准词，建议单个或者两个以上）。在前期推送新品时，尽量多地使用一些精准词，让所选的标签提高转化率，同时更好地被平台推送。填写标签时，平台会自动筛选出一些相关的词，这是平台通过长时间的统计所推荐的关键词。每个产品都有"生命周期"。一个商品销量的变化周期少则几个星期，多则 1~2 年，产品竞争、市场趋势、季节变化等原因，都会导致流量下降、订单减少，直至产品不出单。对于产品的"生命周期"，根据产品销售的不同阶段在选词方面有所不同。例如，新品：精准词；出单商品：继续使用精准词；订单提升：精准词+流量词；爆款：流量词。在使用关键词的时候，特别是在使用小词的过程中，我们可以将关键词输入到 App 的首页进行搜索，尽可能地了解自己商品所选择的关键词能够出现在平台的第几页，从而来了解关键词的精准度。

Wish 平台要求填写的产品描述，就是对产品详情精准地展现，能够让客户进一步了解产品的信息。产品描述要求如下。

（1）默认用英文填写，限 1 000 个字符，500 行以内，且只有 250 个字符显示在初始的移动端页面上。

（2）不能包含任何 HTML 代码，不能出现有关店铺政策的详细信息，不能出现其他店铺特定的语言或多行信息。

（3）"换行"字符（如 enter 或者 return）将导致文件出现问题。

（4）在描述数字时，用阿拉伯数字代替英文单词，如用 5 代替 five。

（5）有关大小、合身度以及尺寸的信息对服装类产品的销售都有很大的帮助。

（6）不要用特定的字符，如 @、* 等。

（7）描述中明确所包含的内容，不要有拼写错误。

（8）不可在描述中添加其他平台的链接。

（9）编写详情文案时的内容，如图 4-2 所示。以服装产品为例，可以从尺码、颜色、产品材质、功能、注意事项等多维度来填写。

注意事项：

（1）如果是服装类产品，亚洲尺码和欧美尺码都有需求，可以在详情页中将亚洲尺码和欧美尺码的换算添加进去。

```
产品标题: Large Size Leather Suit Loose Lapels Leather Jacket Men's Large Size Leather Casual Jacket Leather Suit
产品描述: Wish you a happy shopping in our store. Chinese size (Tags size) is usually 1-2 size Smaller than US/EU size.
Chinese Size M = EU/US Size XS
Chinese Size L = EU/US Size S
Chinese Size XL = EU/US Size M
Chinese Size XXL= EU/US Size L
Chinese Size XXXL= EU/US Size XL
Chinese Size 4XL= EU/US Size 2XL
Chinese Size 5XL= EU/US Size 3XL
Chinese Size 6XL= EU/US Size 4XL
Chinese Size 7XL= EU/US Size 5XL
 Note: the size standard is asian size (instead of US size or EU size)The image has been reported code number, refer to picture the election code
Note: Please compare above detailed size with your measurement before purchase. Please allow 1-2cm differs due to manual measurement.
Due to the difference between different monitors, the picture may not reflect the actual color of the item. We guarantee the style is the same as shown in the pictures, but not the same performance on different bodies as on the model.
Color: Black Blue
Product category: leather / leather jacket
Threshold: single-breasted
Size: M-7XL
Edition type: Loose
Applicable gender: male
Applicable age: adult
style: Casual
Cortex type: PU leather
```

图 4-2 服装产品详情

（2）如果产品不是以单个销售的，如袜子类产品是以一双进行销售，那么在详情中可以添加。

（3）描述多以简洁、明了为主，国外的客户在阅读习惯上和国内有较大的差别，复杂的描述容易引起客户反感。

（4）在内容排版上，尽可能排得美观一些，多分段以提高美感。

### 4.3.3 跨境电商店铺管理

**1. 商品管理**

1）商品编码规则

跨境电商店铺产品较多，产品的命名和编码都需要有一套规则，这样才方便管理。商品编码总体规则中一般应考虑商品的年份、分类、顺序号、颜色、尺码、店铺名和国家等信息，可以采用表 4-2 所示格式。

表 4-2 跨境电商企业商品编码规则

| 代码 | 一位数字 | 二位数字 | 三位数字 | 两位数字 | 一位字母 | 二位字母 | 二位字母 |
|---|---|---|---|---|---|---|---|
| 含义 | 一级分类 | 上市年份 | 顺序号 | 颜色 | 尺码 | 店铺名称 | 国家 |
| 举例 | A | 22 | 001 | 03 | A | SJ | CN |
| 完整编码 | A2200103ASJCN ||||||||
| 四级关系 | 平台 SKU ||||||||
| | 公司 SKU ||||||||
| | SPC ||||||||
| | SPU ||||||||

表 4-2 中的第二行，每一个字段都对应一个表格，具体填写进来的信息，是根据表格查询过来的信息形成的。比如，一级分类按照平台的分类方法，如户外运动代码为 A，

各大类用一个字母代表形成一个一级分类对应代码表格。上市年份如2022年用22表示。颜色可以列一个颜色表格,每一个颜色用两位数字对应编码就可以了。尺码都是对照产品的尺码,分别对应A、B等字母。

跨境电商商品有以下四级关系。

第四级:平台SKU。某款中的某个颜色的某个码的产品在某个店铺的某个站点售卖,这是最小核算单位。

第三级:公司SKU。某款某色某码的产品,站在公司角度,这是最小的核算单位,经常需要统计某个产品的销售额,就需要公司SKU编码,当然在积加之类的ERP系统中,基础资料模块需要做公司SKU和平台SKU的映射。

第二级:SPC(Summary of product characteristics,产品特性摘要)。某款某色的产品。当一个产品有多个颜色卖得不温不火时,就需要统计各个颜色的销售毛利情况,考虑停止销售某个颜色,这个时候就需要SPC编码。

第一级:SPU(standard product unit,标准化产品单元)。首先都是以款为单位去统计的,有了这个编码就可以快速统计商品款数。

2)商品名称的规范

SKU商品名称:产品名称+型号+颜色+尺码。

举例:摄像头××01白色小号。

SPC名称:产品名称+型号+颜色。

举例:摄像头××01白色。

SPU名称:产品名称+型号。

举例:摄像头××01。

## 2. 订单管理

订单管理是后台系统中较为重要的一部分,它记录了所有的交易数据,可以对订单进行监控和操作,与用户、运营、财务等都有着密切的关系。订单管理包括自动发送订单确认和进度电子邮件、管理库存、允许客户追踪物流信息和随时取消不必要的订单。客户满意度越高,复购率就高。一般订单管理有以下工作。

自动确认:通过邮件、SMS(短消息服务)、社交平台账户等渠道通知客户订单生成、付款状态及物流等环节的核心信息,时间轴的前瞻性和准确度是永远需要优化的。

取消订单:无论是支付前还是收到货物后均允许客户取消订单。

库存管理:及时更新商品的存量状态以便更好地满足订单需求。

订单处理:可以单独或批量处理订单,包括打印发票和采购清单。

退货管理:服务质量在不断提升,非特殊商品的无条件固定周期内退换货势在必行。

发货跟踪:尽量让客户能够跟踪物流信息,如美国邮政,联邦快递,UPS或其他物流公司。

一般可以采用ERP软件进行自动管理,可以多店铺多订单协同管理,提高工作效率。首先,系统通过自动校验库存和拦截异常订单功能,可以自动识别并筛选掉刷单订单等无效订单,规避无效订单可能带来的成本核算、利润核算等影响;同时,订单自动同步,结合手动核单功能,大大降低订单出错风险。其次,系统可以根据平台、店铺、买家账号、

扩展阅读 4-1　亚马逊断货后，Listing 权重变化及逻辑分析

收件信息等智能合并订单，实现多平台订单的集中处理。全自动配货，进而通过自动配货和多种定时方式的搭配，商家可以按照实际需求灵活定制自动循环审单或单次审核订单。针对海量 SKU 的客户和经常需要 SKU 上新的卖家来说，在订单库存分配环节，系统通过自动识别"最晚发货时间"和"下单时间"来判断订单紧急程度，基于紧急程度制定发货策略。

### 4.3.4　广告

广告是跨境电商平台站内引流的主要方式，不同的平台广告方式不同。如速卖通的联盟营销、速卖通直通车，亚马逊的手动广告和自动广告，Wish 的 Product Boost 等。

**1. 速卖通站内广告**

速卖通站内广告的主要方式是通过直通车形式进行推广，也就是关键词排名。速卖通直通车是卖家自主设置多维度，免费展示产品信息，通过大量曝光产品来吸引潜在买家，并按照点击收费的全新网络推广方式和快速提升流量的营销工具。

**2. 亚马逊站内广告**

亚马逊站内广告是亚马逊平台推出的用于卖家推广产品极其重要的一款付费引流工具。在亚马逊搜索框输入关键词并显示结果后，排在前列的搜索结果有一部分是赞助商链接——这些链接就属于广告范畴，一般此类内容上会有 Sponsored 或 ad 字样。卖家若想要让产品在亚马逊上获得更多曝光，可进行关键词竞标，使产品在亚马逊的搜索结果页被更多人看到。每当有消费者点击广告查看时，卖家就会被收取一定费用。亚马逊站内广告有两种投放方式：自动广告和手动广告。

（1）自动广告是由系统推荐的，默认的匹配类型是广泛匹配。其位置为亚马逊主搜索页面以及 Listing 详情页、Today's Deals 页面、Browse 浏览界面。

（2）手动广告俗称 CPC（cost per click，每点击成本），是用户通过搜索关键词，在亚马逊上精准定向展示商品的广告形式，按实际点击次数收取费用。其位置是在亚马逊搜索框之内搜索相关关键词之后，亚马逊展示的结果中带 sponsored 标志的广告位。

（3）亚马逊自动广告和手动广告的区别。

① 自动广告是优先于展示在别的详情页内的广告推荐的；手动设置关键词的广告是优先通过顾客搜索关键词展示出来。

② 自动广告设置简单、曝光量大，广告成本也偏高；手动广告在设置时需要添加广告关键词，且一定带来预期流量和销量。

③ 自动广告的广告位优先展示在相关 Listing 的详情页面中间位置，其流量往往经由其他相关 Listing 页面导入；手动广告因为在投放中设置了关键词，曝光和流量会优先由这些关键词直接导入。

**3. Wish 站内广告**

众所周知，Wish 平台的站内引流工具只有 Product Boost。Product Boost，简称 PB，是 Wish 平台结合商户端数据与 Wish 后台算法，为指定产品增加额外流量的付费推广营销工具。PB 工具目前对所有类型店铺开放。目前参加 PB 活动会产生费用，它是 Wish 平台唯一的付

费流量工具，费用在下一个支付日从商户的账户当期余额上进行扣除。

使用 Product Boost 可以增加产品的曝光率，以此增加店铺流量和销售量。卖家可以根据店铺的运营状况选择使用 Product Boost 功能。例如，卖家可从店铺中的热销产品着手，设置产品的关键词与竞价。需要注意的是，一旦促销活动开始，卖家将无法编辑产品信息，如果产品下架，卖家将面临罚款措施。因此在促销活动开始之前，卖家需谨慎考虑产品数据，尤其是产品数量。

扩展阅读4-2　Wish PB广告

### 4.3.5　跨境电商客服

**1. 跨境电商客服工作职责**

跨境电商客服的工作职责范围是：负责店铺的维护工作，了解平台政策，维护账号 TRS（top rated sellers，顶级卖家）评级，保障账号安全；负责店铺售前、售中、售后的邮件处理，以及交易纠纷、退换货、中差评的解决；了解公司产品和交易流程，引导客户购买和下单，以及负责客户线下批量交易的成交与跟进；负责产品和物流纠纷信息的收集、整理，及时反馈到相关部门；负责处理客户的退款，最大限度降低公司损失，同时做好退款数据的记录、分析和汇报工作；负责客户订单地址的变更、订单取消、换货以及物流确认等问题。

**2. 跨境电商客服工作技巧**

客服直接面对客人，在电商运营中很重要，跨境电商的境外客户对电商售前售后服务质量要求很高，处理不好会增加差评数量。

（1）邮件回复要及时且有礼貌。迅速回邮件会给客户一种重视感，这样会得到客人的认可，使事情交流处理相对容易。

（2）建立同理心，站在客户的角度想问题。

（3）回答 within 1–2 working days（在 1～2 个工作日内）比 as soon as possible（尽快）更让客户信服。具体的时间范围或区间能给客户更直观的反馈。

（4）处理问题的时候，无论是售前咨询还是售后问题处理，要善于给客户提供选择，即"第一……第二……"。不要总是让客户去思考答案，主动给客户答案，引导给出我们想要的信息。

（5）重视客户的投诉，真正有参考性的往往是客户的中差评，看看客户在抱怨什么，这里面有客户最迫切的需求。（当然，投诉往往带有强烈的主观性，要学会判断其合理性和可参考性。）

（6）在亚马逊上，多去看评分高的竞争对手的 Review 和 Feedback，还有他们回复的 Q&A。竞争对手就是最好的老师，学习他们的长处，甚至是具体到学习回复客户问题的英语句型与思路。

（7）学会总结处理差评和 cases（claims）。成功的可以用作典范。失败的用来反省工作细节做得不好的地方，有针对性地改过来。

（8）如果客户针对产品某些细节提问，要善于利用图片给客户讲解。图片可以给客户更直观的感受，并配合适当的文字讲解。同时，客户投诉的时候，我们也可以要求客户提供相对应的照片，根据照片去判断问题所在并采取对策改进。但对于一些很浅显的问题，无须向客户要求提供照片，因为过多的要求会引起客户的反感。

**3. 一些跨境电商客服邮件回复中常用的英语单词**

refund 退款，return 退货，replacement 换货，discount 折扣；

positive feedback 好评，netural feedback 中评，negative feedback 差评；

cancel the transaction 取消交易，cancel the order 取消订单；

inquiry 询盘，wholesaler 批发商，original supplier 源头供应商；

specifications 规格，description 说明书，tolerance 公差，article No. 货号，grade 等级；

standard 标准，sample 样品；quality 品质，pattern sample 款式样品，color sample 色彩样品，counter sample 对等样品，reference sample 参考样品，original sample 原样，duplicate sample 复样，sealed sample 封样，representative sample 代表性样品；

catalogue 商品目录，pamphlet 宣传小册，assortment 花色（搭配），5% plus or minus 增减，fair average quality 大路货（良好平均品质）；number 个数，net weight 净重，gross weight 毛重，tare 皮重，area 面积，volume 体积，capacity 容积，length 长度，weight 重量，shipping weight 装运重量。

**4. 跨境电商客服必备的售前邮件模板**

1）买家询问物品细节的问题

（1）关于尺寸。

示例：一位美国买家告诉你，她通常穿美式8号裙。她想问你她该买哪种尺码的。你回答说M码比较合适。

问题：

Hi, seller, I usually wear an American size 8 dress. What size should I buy?

回答：

Dear customer, our suggestion is that size M suits you well. If you have any questions, please contact us. Thanks!

（2）关于合并运费。

示例：

当买家一次购买超过一件商品时，他们可能会要求你整合运输成本，你可以通过修改并发送电子发票（invoice）的形式，对买家购买的多件商品只收取一次运费。在电子发票发送成功后，及时告知买家运费已合并，让买家直接通过电子发票进行支付。

问题：

Hi, I'm going to buy some goods from you. May I pay the freight in advance? Please send me just in one package, thanks!

回答：

Hello, dear customer, sincerely thanks for choosing us!

We have combined the shipping already and only charge you the shipping fee once. You can check the invoice. I've just sent to you and please make the payment through the invoice directly. Please feel free to contact us if you have any other questions. Thanks!

2）关税问题

问题：

hi, seller, I want to buy this and ship it to Louisiana in the United States. What are the import duties or customs charges?

回答：

Thank you for your inquiry. I understand that you are worrying about any possible extra expense for this item. According to past experience, it did not involve any extra expense at buyer's side for similar small or low cost items. Please do not worry about it too much.

However, in some individual cases, buyer might need to take some import taxes or customs charges in import countries. As to specific rates, please consult your local custom office. Appreciate for your understanding.

3）关于大量订单询价

问题：

Hello, I want to order ××× pieces for this item, how about the price?

回答：

Dear buyer,

Thanks for your inquiry. We cherish this chance to do business with you very much. The order for a single sample product costs $ ××× with shipping fees included. If you order ××× pieces in one order, we can offer you the bulk price of ××× USO/piece with free shipping. I look forward to your reply. Regards!

4）支付方式

问题：

Do you accept check or bank transfer? I do not have a PayPal account.

回答：

We shall be glad to answer your inquiry as to the price of the goods.

For the sake of simplifying the process, I suggest that you pay through PayPal. As you know, it always takes at least 2-3 months to clear international check so that the dealing and shipping time will cost too much time.

PayPal is a faster, easier and safer payment method. It is widely used in international online business. Even if you do not want to register a PayPal account, you can still use your credit card to go through checkout process without any extra steps.

I hope my answer was helpful to you.

5）还价

问题：

Hello, I can give 100 dollars. Is it OK?

回答：

We are glad that you are interested in my goods.

We are sorry for that we can't offer you that low price you bargained. In fact the price listed is very reasonable and has been carefully calculated and our profit margin is already very limited.

However, we'd like to offer you some discount if you purchase more than 5 pieces in one order, ×% discount will be given to you.

Please let me know if you have any further questions. Thanks!

Yours Sincerely.

Seller Name or ID

## 课后习题

1. 跨境电商店铺运营的岗位职能是什么?
2. 店铺运营的主要思维方式是什么?

## 即测即练

# 第 5 章

# 跨境电商选品管理及实践

【本章学习目标】
1. 掌握跨境电商选品的概念、原则；
2. 掌握数据化选品的技能；
3. 理解跨境电商产品质量的管控措施。

**导学案例：关于跨境电商选品——水晶选品的案例**

一个名为"金鱼队"的创业团队查询了 TiChoo 统计数据，发现在 2021 年 10 月英国小店榜单中，一家水晶店铺一跃成为周榜第一；排名前二的店铺都与水晶相关，30 天内销售额达到 38 746.25 美元；在 2022 年 1 月的英国小店周榜中，销售额榜单第一名是一家来自英国的名为 soulovestone 的水晶店，日销量达到 28 200 美元。由此可见，英国人对于水晶石的喜爱非同一般。

进一步通过谷歌趋势、国内外唯一一家能够查阅 TikTok Shop 相关榜单的数据分析平台 TiChoo 等浏览引擎挖掘，可发现外国人对于水晶具有非常深厚的文化情感。而水晶作为一种兴趣爱好，成为未被满足的小众市场需求。这些外国人相信：色彩、形态各异的水晶具有不同的能量，不同的水晶对应着人体的不同部位。比如蓝海宝、玉髓、玛瑙对应的是眼睛；琥珀、绿碧玺对应的是脑部；黑曜石、粉晶对应的是耳朵。水晶常常也与 7 脉轮、生辰石、星相学等相关联。

此外，在经历了两年疫情后，很多人都开始接受具备"魔法疗愈"属性的水晶。人们相信水晶石可以带来一些积极的预兆，水晶也常常用来帮助冥想，缓解焦虑和压力。"金鱼队"团队成员通过选品分析，发现许多寻购水晶的消费者，时常带着希望通过水晶获得好运的心态来购买。

"金鱼队"创业团队将水晶赋予一定的文化内涵和能量价值，撰写文案进行销售，果然获得了成功，这种选品方式是基于市场和数据分析而得出结论的。

那么，有哪些选品原则和选品方法呢？针对某一款选品，从哪些角度进行分析才能判断选品的正确性？本章针对这些问题，对选品概念、原则以及实践几方面的基础知识进行介绍，目的是学习选品的工具和方法，为后面章节知识的学习奠定基础。

## 5.1 跨境电商选品的概念及原则

### 5.1.1 跨境电商选品概念

跨境电商选品是指从供应市场中，通过市场调研、大数据分析等方法，选择符合目标市场需求的产品,在店铺中进行销售。

众所周知,选品不仅是挑选产品本身,更是通过挑选产品来发现目标消费群体、产品利润点、选品自身优势、产品对应的行业特征及产品的价格等。对于传统转型企业、个人创业者、境内/境外经销商而言,选品尤为重要,对于一些刚刚起步的独立站平台,选品更加是攸关平台存亡的事情。

### 5.1.2　跨境电商选品基本原则

不同企业,其产品定位是不同的,其选品思路亦是千差万别,但是都需要遵循跨境电商选品的五大基本原则。

**1. 目标市场最适合原则**

跨境电商市场非常广阔,全球性的跨境电商平台用户几乎覆盖了全世界各个国家的所有地区。卖家之间经常谈起红海市场和蓝海市场,例如,北美市场、欧洲市场、日本市场等跨境卖家选择的主流市场属于红海市场;澳洲市场、中东市场、东南亚市场等近几年热度开始攀升,蕴含着巨大的市场潜力,属于蓝海市场。

首先要考虑企业自身的特点和所处的产业、物流环境,才能明确选择合适的目标市场。对于跨境电商企业来说,没有最好的市场,只有最适合的市场。红海市场竞争激烈,但也存在流量和利润优势,对应的销售市场一般都是发达国家和地区;反之,蓝海市场相对一些新手会更加友好一些,入驻跨境平台的门槛相对较低,对应的市场一般都是发展中国家和地区居多。最终选择哪个目标市场,是分析产业链优势、物流的便利性、企业自身运营团队的专业特性和资金成本等综合因素确定的,切不可跟风与盲目上阵。

**2. 目标消费群体的关联挖掘原则**

确定目标市场后,需要了解产品销售的目标客户究竟是谁。如果目标群体是小孩或者老年人,这类人群消费能力有限,网络购买行为也不是很普遍,显然不能直接成为目标客户。但是,当把这类群体背后的关联群体找到,如他们的父母或者是他们的子女,那么这类消费群体就能带来意想不到的销售量。

因此,选品时,首先要了解并分析出这个产品究竟要卖给谁,这类消费者一般都是在什么场景下选择消费,这类消费者自身是否有消费能力,又或者其有什么关联消费者在协助消费。同样,对于同一类目标客户,也要细分客户群体的类别,如同样是男性消费者,卖给十七八岁的男孩和卖给已经步入职场的男性所推广的产品是不一样的,同时在不同群体和目标客户中的销售难度也不一样。

**3. 消费者心理需求原则**

目标消费群体在购买产品时,对目标产品的需求是明确的。根据消费者需要理论,有四种消费心理类型:急切需求型、一般需求型、引导消费型、可有可无型。

急切需求型:是指消费者自身对产品的需求十分急切。正因为消费者有这样的急切需求,所以只要产品适合消费者,订单的转化就会变得相对容易。例如,一位买家电脑键盘坏了需要更换。因为工作或者娱乐都需要使用电脑键盘,采购目标非常明确,即选择一款适合自己的电脑键盘。消费者上网检索时只要目标明确,一旦检索到合适的产品,就会快速转化为订单。所以针对急切需求型客户,首要选品思路就是产品要符合客户需求目标，并能满足客户对产品的外观、功能、性能等方面的需求。这一类产品在市场上推广时就相对较为容易，所需要付出的市场推广成本也相对低一些。

一般需求型：与急切需求型客户有明显的不同，一般需求型客户本身对于产品有一定的需求但是并没有那么强烈。例如，一般需求型的消费者正在使用的键盘能够正常使用，对无线或者炫酷带光类电脑键盘有购置需求计划，采购的可能性和采购时间都不明确，这一类需求属于一般需求。

引导消费型：这类消费者对于产品的需求并不明确，消费需求是在外部引导和刺激下产生的。如近几年非常火的网红直播带货，通过网红的个人直播引导其粉丝进行转化并获取高额盈利。一场直播可能带动几个亿甚至几十亿的销售额。观看直播的很多客户原本并没有确定要购买的产品，但是通过网红的直播引导后，很大程度上促成了消费。

可有可无型：可有可无型客户偏理性，对于产品所提供的优势点一般抱着无所谓的态度，有也行无也行。这类消费群体对产品更新换代和优势创新需求度不高，其采购产品多为市场滞销产品。

### 4. 产品所在行业发展阶段变化原则

产品所在行业发展分为几个阶段：初创阶段、成长阶段、成熟阶段、混战阶段、衰退阶段。选品时要结合产品所处的发展阶段的动态变化情况而定。

初创阶段，即行业对应市场处于开始阶段。这一阶段，市场、行业、产品较为粗放，卖家与卖家之间的竞争意识相对不强，在产品的选择、定价、物流、包装、广告投放、知识产权等方面都处于起始阶段。市场上未出现较强的竞争对手，产品利润空间非常高。

成长阶段，行业经过初创阶段逐步慢慢发展，在巨大的市场空间面前，大量的卖家涌入，竞争激烈。此时多店铺运作、海量铺货、产品价格战等竞争手段层出不穷。成长阶段是所有阶段中行业发展最快的时候，在互相较量中也会涌现出大量的优秀企业和爆款产品。

成熟阶段，行业竞争升级，不少卖家为寻求新的突破，开始注重品牌建设和整合品牌供应链，并迅速与其他卖家拉开距离，得到新的发展，谋求更大的发展空间。

混战阶段，当越来越多卖家意识到品牌所带来的价值后，出现了两类品牌的竞争，一类是依托跨境电商迅速发展起来的跨境电商新品牌，另一类是传统境内外知名的传统品牌，因此品牌竞争风险随之而来。亚马逊平台要求卖家在开店后必须注册品牌，并做好品牌备案，这也是平台方为了降低因为跟卖所带来的品牌恶性竞争风险而制定的平台政策。

衰退阶段，经过混战阶段后，大批没有实力或者运营能力不足的卖家被淘汰出局，留下少数行业头部企业占领市场，此时行业门槛相对较高。

### 5. 产品无价格对比优先原则

日常消费类产品在消费者心中的价格定位往往比较固定，对于价格波动，消费者都比较敏感，如我们经常购买的矿泉水、面包等。客户主观认知价格比较稳定，多一点和少一点都会影响其购买。而有的产品在消费者心中没有固定的参照产品价格，价格高或低就不会过多影响消费者的购买决策。

无价格参考对比的产品会比一个有价格参考对比的产品更加容易推广，并且无论是在境内电商平台还是在境外电商平台，价格已经成为很多消费者购买决策首先要考虑的条件之一。例如，很多卖家经营了一段时间的店铺，有流量，有点击量，有收藏及加购物车，唯独没有转化，究其原因是价格不合理（一般是价格过高）影响了最终转化。

### 5.1.3 选品方法及工具

**1. 选品方法**

根据跨境电商选品基本原则，在选品时运用互联网思维和大数据选品工具，有以下几种选品方法。

（1）看产品趋势。看产品趋势可以直观地判断这个产品是否季节性产品、是否曾经销售过、是否有稳定的增长等。常用的工具有 Google Trends、TrendHunter.com 等。

（2）关键词分析。通过关键词分析，可以了解到行业内热词的点击情况、销售情况、市场竞争度等。常用的工具有 Google Ads、Ahrefs、MerchantWords、KWFinder 等。

（3）电商平台交叉对比。在通过各种热销榜单、评论等找到目标产品后，可以在 Amazon、AliExpress、Shopee、eBay、Wish 等平台上进行交叉对比，来验证产品是否能够热销。

（4）社交媒体热门内容选品。可以通过 Facebook、Twitter、Pinterest 等社交媒体中近期用户关注的热门内容来进行选品，常用工具有 BuzzSumo、Ecomhunt 等。

（5）亚马逊头部店铺监测。可以跟踪亚马逊头部卖家的店铺来查看某一产品品类的销售和评论，常用工具有 Keepa、Jungle Scout 等。

（6）分析创意产品网站。一些创意（idea）网站可以成为选品的来源，达人们会在 ThisIsWhyImBroke、COOL HUNTING 等网站上对有创意的产品进行对比、分析，他们通常也会引领时尚产品趋势。

（7）关注产品测评。关注产品测评也是选品的好方法，这里给大家推荐几个荐品博客：2wired2tired.com、acquiremag.com、blessthisstuff.com、werd.com。

（8）大数据选品法。使用编程语言编写程序或者大数据选品工具选品，如第三方数据平台海鹰数据、易选品、卖家网、牛魔王等。

**2. 选品时注意事项**

在选品的过程中，要特别注意以下几点。

（1）不要只凭个人主观偏好做判断，一定要参考数据分析软件。

（2）不要用本土习惯和偏好判断、揣测境外用户。

（3）不要违反平台和目的国家和地区法律法规、知识产权，不要销售盗版或违禁品。

（4）关注市场体量，如果市场体量太小，再好的产品也难以大卖。

（5）季节性产品可以做辅助搭配，但不应该成为主力产品。

（6）选品时尽量避开敏感产品，如带电、带磁、带粉末、有异味、液体状的产品。

## 5.2 跨境电商选品实践

### 5.2.1 选品的角度

随着跨境电商的迅速发展,"跨境电商"一词已经成为关注的热点,国家对于跨境电商发展提供了较多的利好政策。中国作为世界生产型大国,拥有丰富的产品线和绝对的产品价格优势,从传统的线下采购转变成线上采购,产品的种类丰富。但是面对如此多的产品,如何选择符合国外消费者需求的产品,成为我们在选品中所要考虑的一大核心问题,首先,选品应该是多角度的。

从市场角度出发,选品的最终目的是让消费为产品买单,从而达成销售转化。要选择出合适目标市场的产品,就必须要掌握目标市场的用户需求,并且要在众多供应链市场中选出质量、款式及价格最符合市场需求的产品。

从消费者角度考虑,选品要满足消费者对于产品的某种需求,这种需求一定是符合消费者心理或生理上某些方面或多方面的需求。因此从消费者角度考虑,才能选出消费者首选的产品。

从产品角度考虑,产品本身只是实物,要想让产品能够满足消费者的需求并在海量产品中脱颖而出,不光要注重产品的外观,更要对产品展示的图片下功夫。

### 5.2.2 数据化选品

选品途径一般分为经验化选品和数据化选品两种。其中,经验化选品较适用于有一定运营经验的卖家。对于新手卖家来说,推荐有规律可循的数据化选品。

数据化选品已经形成了一套比较成熟的可操作方法。因此,只要进行一段时间训练,新手基本上也可以掌握和运用。那么,什么是数据化选品?

所谓数据化选品,就是以数据为导向,通过判断产品的生命周期而完成的一个选品工作。

在进行数据化选品之前,我们首先要注重的就是对产品排名变化的抓取,这个数据的统计时间至少为一周。其次,便是通过排名趋势的变化,从中挖掘出具有潜力市场的产品。

如何有效地进行数据抓取?

对于排名数据的抓取,存在这样一个误区,采用传统的"榜单选品法",关注"Best seller 畅销榜""Hot New Release 新品榜""Movers & Shakers 飙升榜"这三个榜单。但是,这些榜单只会显示销售排名前 100 名的 Listing,看不到整个类目的竞争情况。并且前 100 的这些 Listing 产品关注度太高,竞争压力过高。正确的数据抓取方式是找到销量排行在 Top100 以外,并且大类目在 5 000 名以内的产品,通过利用第三方软件对有意向的产品所处的小类目进行数据抓取,进而分析判断这个产品是否值得开发。

以亚马逊平台为例,常用的数据抓取方式是:用第三方亚马逊数据分析工具 Jungle Scout 等抓取数据;用第三方数据采集器/爬虫软件如八爪鱼数据采集器等抓取数据。如何分析判断出产品是否具备潜力市场?在分析竞争对手的 Lisiting 排名数据时,需要重点关注 Listing 成长期和 Listing 衰退期。图 5-1 是一款处于 Listing 成长期的产品,如果是随着时间的变化排名逐渐进入靠前位置,说明该产品具备冲击热卖品的可能性。

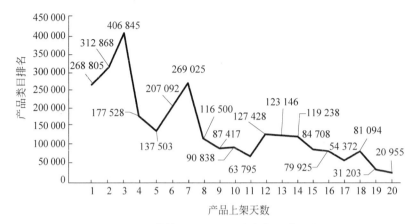

图 5-1 某款处于 Listing 成长期的产品

扩展阅读 5-1 亚马逊选品背后的逻辑

从 Listing 的衰退期同样可以挖掘潜力市场。因为产品衰退期的存在，往往是因为产品本身存有一定的缺陷或者是运营方面出现了失误。如果找准产品问题，完善产品，市场的主导地位便会逐步恢复。

### 5.2.3 数据化选品实务

扩展阅读 5-2 芒果选品

跨境电商选品工具很多，从经验选品到使用编程语言编写爬虫类程序或者第三方软件选品，从单平台选品工具到多平台选品工具，各种选品工具层出不穷。对于非计算机专业的运营专员，依靠第三方软件可以提高工作效率。本章以教材合作支持方提供的第三方工具软件——芒果店长大数据选品工具（以下简称"芒果店长"①）为例，以东南亚及拉美市场第一主流平台 Shopee 平台作为选品对象，分析东南亚及拉美市场的 Shopee 平台选品方法。

**1. 芒果店长软件的功能**

芒果选品的网址是：https://xuanpin.mangoerp.com/。软件模块分为首页、选品、监控三大功能，选品分为产品分析、店铺分析、标签词分析、行业分析四大功能，其功能结构如图 5-2 所示。登录进入界面以后，单击右上角账号的用户名，进入会员中心可以查看已经开通的软件功能。

**2. 平台概览**

（1）页面左边的栏目分为芒果店长店标 Logo、站点选择、平台概览、产品分析、店铺分析、标签词分析、关键词分析、行业分析等。

---

① 芒果店长是一个商业软件，大部分功能使用要付费。使用本书作为教材的高校教师可联系出版社客服（010-83470297），向相关公司申请免费教学账号。

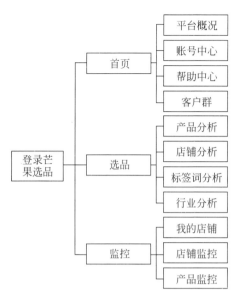

图 5-2　芒果选品功能结构

（2）通过柱状图和饼状图深度分析八个站点（印度尼西亚、中国台湾、泰国、菲律宾、马来西亚、越南、巴西、新加坡）的销售金额、销售量、店铺增长量、产品增长量数据。登录进入首页，可以查看最近 14 日内全平台的历史数据和每日最新数据。

平台近 14 日销售额：柱状图形式展示当日往前 14 日每天的全平台销售金额；饼状图形式展示前一日每个站点的销售金额及占比。

平台近 14 日销量：柱状图形式展示当日往前 14 日每天的全平台销售量；饼状图形式展示前一日每个站点的销售量及占比。

平台近 14 日店铺增量：柱状图形式展示当日往前 14 日每天的全平台新增店铺数量；饼状图形式展示前一日每个站点的新增店铺数量及占比。

平台近 14 日有销量的产品增量：柱状图形式展示当日往前 14 日每天的全平台新增有销量的产品增量；饼状图形式展示前一日每个站点的有销量的产品增量。

（3）站点选择。在页面的左上角切换站点，当站点切换后平台的数据展示为该站点的数据。

（4）注册和登录。首页上用户可以注册账号进行登录。

（5）帮助手册。芒果选品帮助中心，查看芒果选品使用文档。

**3. 产品分析**

在产品分析板块，用户可以查看当前站点下热销、飙升、上新三个维度的 Top500 的产品数据；用户可以根据自己的需求查看不同的数据，可通过指标选项，选择需要查看的数据指标并进行排序。产品列表支持单击查看产品详情和添加监控。列表页搭配筛选功能，可以根据不同的需求，筛选不同的数据。

1）热销产品

热销产品展示该站点下日销量 Top500 的产品数据，热销产品的排序方式为当前站点下所有产品按日销量进行降序排列。

在当前页面，用户可以单击上方筛选词条（图 5-3 中箭头指向的位置），根据类目、价格、月销量、月销售额、累计销量和评分（价格和月销售额跟随当前站点的币种）进行热销产品数据的筛选。

图 5-3　筛选词条的位置

单击右上角指标选项（图 5-4 箭头指向位置）可以按需选择展示热销产品的数据参数；指标选项支持拖动排序，排序按照从左到右、从上到下进行。当勾选后单击确认，则该页面会展示选择后的热销产品数据。

在热销产品页面可以单击界面右边的"操作"列（图 5-5 上面箭头），对产品进行监控、加入对比、一键铺货到芒果店长，找货源（图 5-5 下面箭头）；可以单击产品的指标参数进行排序，也可以单击产品名称跳转到产品详情页。

图 5-4　指标选项位置　　　　　　图 5-5　操作列位置

2）飙升产品

飙升产品展示该站点下近 7 日销量环比 Top500 的产品数据，飙升产品排序方式为近 7 日销量环比降序排列。

单击左侧飙升产品栏目，进入飙升产品页面，用户可以单击最上方的筛选项（图 5-3 标记位置），按需对飙升产品进行类目、价格、月销量、月销售额、累计销量和评分（价格和月销售额跟随当前站点的币种）的筛选；可以在右上角指标选项（图 5-4 标记位置），对飙升产品展示的数据维度进行筛选，勾选的指标参数将会在列表显示，单击指标参数旁的三角符号可以进行排序；当单击产品名称后，会跳转到产品详情页；单击产品右侧监控图标可将产品加入监控，再次单击取消监控；单击产品条目最右侧的对比图标，可将产品加入页面右上角的"对比篮"对比篮；单击一键铺货按钮可将产品快速铺货到芒果店长；单击找货源图标可查找该产品的货源信息。

3）上新产品

上新产品展示该站点下近一个月内上架产品内近 7 日销量 Top500 的数据，按照近 7 日销量降序排列。

在当前页面，用户可以单击上方的筛选项（图 5-3 标记位置）按需对上新产品进行类目、价格、月销量、月销售额、累计销量和评分（价格和月销售额跟随当前站点的币种）的筛选；单击右侧指标选项（图 5-4 标记位置）对上新产品展示的数据维度进行筛选，勾选的指标参数将会在列表显示，该页面的其他图标操作方式与前面所述相同。

4）产品搜索

单击页面左侧的产品搜索栏目，用户可以通过搜索框（图 5-6 箭头所指的位置）输入产品 ID，进行精确查找或关键词模糊查找当前站点所有符合条件的产品。单击右侧指标选项对产品搜索结果展示的数据维度进行筛选，操作方式同前面的热销产品栏目所述一致。

图 5-6　产品搜索框的位置

5）产品对比

在产品对比页面，输入产品 ID 进行数据对比，或在对比篮中选择产品加入对比，最多支持对 3 个产品进行对比。对比篮最多可存放 10 个产品，当加入的产品超过 10 个后将自动移除最早加入的产品。左侧选择指标后下方折线图将展示勾选后的数据对比（目前仅支持单个维度勾选）；在页面中将对产品的所有维度数据进行对比展示。

6）产品详情

从产品列表页单击产品名称可进入产品详情页（图 5-7），查看某个产品的详细信息。在产品详情页单击产品名称，可跳转至商品所在的 Shopee 官方页面。

图 5-7　产品详情页

在产品详情页面可以查看该产品所使用的关键词，还可以通过曲线图形式查看产品的销量数据分析以及产品的SKU数据。

**4. 店铺分析**

在左侧列表中单击店铺分析板块，用户可以查看当前站点下热销、飙升、上新三个维度的Top500的店铺数据；用户可以根据自己的需求查看不同的数据，可通过指标勾选项，选择需要查看的数据指标并进行排序。店铺列表支持单击查看详情和监控，长期查看该店铺的情况。列表页搭配筛选功能，可以根据不同的需求，筛选不同的数据。

1）热销店铺

热销店铺为该站点下店铺日销量Top500的店铺数据，热销店铺的排序方式为店铺的日销量进行降序排列。

在当前页面，用户单击上方筛选词条可以根据类目、开店时间、月销量、月销售额、累计销量、有销量产品均价和评分（币种跟随当前站点的币种）进行热销店铺数据的筛选。

单击指标选项可以按需选择展示热销店铺的数据参数；指标选项支持拖动排序，排序按照从左到右、从上到下进行。当勾选后单击确认则该页面会展示选择后的热销店铺数据。

在热销店铺页面可以对店铺进行监控，也可将店铺加入店铺对比篮进行对比；单击店铺的指标参数进行排序，也可以单击店铺名称跳转到店铺详情页。

2）飙升店铺

飙升店铺为该站点下店铺近7日销量环比Top500的店铺数据，飙升店铺排序方式为店铺近7日销量环比降序排列。

在当前页面，用户可以单击最上方的筛选项按需对飙升产品进行类目、开店时间、月销量、月销售额、累计销量、有销量产品均价和评分（月销售额和有销量产品均价的币种跟随当前站点的币种）的筛选；可以在右上角指标选项对飙升店铺展示的数据维度进行筛选，可以勾选指标参数列表显示，选中指标参数旁的三角符号进行排序；当单击店铺名称后会从当前页面跳转到店铺详情页；单击店铺列表右侧心形图标可将产品加入监控，再次单击取消监控；单击加入对比图标可将店铺加入对比篮进行对比。

3）热销新店

热销新店为该站点下近一个月内新注册店铺近7日销量Top500的数据，按照近7日销量降序排列。

进入热销新店页面后，用户可以单击上方的筛选项按需对热销新店进行类目、开店时间、月销量、月销售额、累计销量、有销量产品均价和评分（月销售额和有销量产品均价跟随当前站点的币种）的筛选；单击右侧指标选项对热销新店展示的数据维度进行筛选，勾选中的指标参数将会在列表显示，可以单击指标参数旁的三角符号进行排序；当单击店铺名称后会从当前页面跳转到店铺详情页；单击店铺列表右侧监控图标可将店铺加入监控，再次单击取消监控；单击加入对比图标可将店铺加入对比篮进行对比。

4）店铺搜索

在店铺搜索页，用户可以通过搜索框输入店铺ID，进行精确查找或关键词模糊查找当前站点下所有符合条件的店铺。单击右侧指标选项对店铺搜索结果展示的数据维度进行筛选，勾选中的指标参数将会在列表显示，可以单击指标参数旁的三角符号进行排序；当单击店铺名称后会从当前页面跳转到店铺详情页；单击店铺列表右侧心形图标可将店铺加入监控，再次单击取消监控；单击加入对比图标可将店铺加入对比篮进行对比。

5）店铺对比

在店铺对比页面，输入店铺 ID（可以在热销店铺或者最新店铺栏目中查找复制）进行数据对比，最多支持对 3 家店铺进行对比，还可以在对比篮将店铺加入对比和移出，对比篮中最多存储 10 家店铺（当超过 10 家后再添加店铺到对比篮，将自动从对比篮移出最早加入的店铺）；选择指标后，页面中的折线图将展示勾选后的数据对比（目前仅支持单个维度勾选）；在页面中间的最下方将对店铺的所有维度数据进行对比展示。

6）店铺详情

在店铺列表页单击店铺名称可跳转到店铺详情页面，查看店铺详细数据；在店铺详情页单击店铺名称将跳转到官方商城店铺页面；还可在详情页添加监控、加入对比和导出总览数据。

在店铺详情页的店铺数据分析板块，用户可以通过指标选项选择曲线图展示的店铺数据；选择销售数据明细展示店铺近 14 天内的详细数据，还可将数据导出。热销的产品数据展示，按照日销量进行倒序排序；在当前页面可以进行数据的导出、产品的批量一键铺货和单个产品的一键铺货，以及将产品加入监控列表。上新产品数据展示是按照近 30 天内上架的产品筛选后，再对这些上新产品近 7 天销量降序排列。类目分析是通过对类目的产品数量、产品销量和销售额的维度来进行数据统计分析的。

### 5.2.4 标签词分析

在标签词分析板块，用户可以查看当前站点下热销、飙升两个维度的 Top500 的标签词数据；可通过标签词关键字进行搜索，也可通过标签词进行对比；列表页搭配筛选功能，可以根据不同的需求，筛选不同的数据。

**1. 热销标签词**

热销标签词为该站点下标签词所包含的所有产品的日销量 Top500 数据，排序方式为按照日销量倒序排列。

在热销标签词页面，单击右上角指标选项可以按需选择展示热销标签词的数据参数；指标选项支持拖动排序，排序按照从左到右、从上到下进行。当勾选后单击确认，则该页面会展示选择后的热销标签词数据。单击标签词名称将跳转至标签词详情页。

**2. 飙升标签词**

飙升标签词为该站点下标签词所包含的所有产品的近 7 日销量环比 Top500 数据，排序方式为按照近 7 日销量环比倒序排列。

在飙升标签词页面，通过类目、价格、月销量、月销售额和累计销量筛选要查询的标签词数据；单击右上角指标选项对标签词将展示的数据维度进行勾选；当单击标签词名称时将会跳转至标签词详情页。

### 3. 标签词搜索

在标签词搜索页面，通过关键词进行模糊搜索，包含关键词的标签词将进行展示；对于搜索结果，可勾选指标选项选择性展示标签词数据维度；单击标签词名称将会跳转至标签词详情页。

### 4. 标签词对比

在标签词对比页，输入标签词进行对比，最多支持 3 个标签词的对比，对比数据将通过折线图和详细列表展示。

### 5. 标签词详情页

单击标签词名称将跳转到标签词详情页面。标签词详情页展示该标签词下产品的销售数据、热销产品数据和价格分布。

#### 5.2.5 行业分析

在行业分析板块，用户可以查看当前站点下热销、飙升两个维度的 Top500 的行业数据；可对不同行业进行对比；列表页搭配筛选功能，可以根据不同的需求，筛选不同的数据。

### 1. 热销行业

热销行业为产品所在行业的日销量 Top500 数据，排序方式为行业包含的所有产品日销量倒序排列。

在热销行业页面，单击右上角指标选项可以按需选择展示热销行业的数据参数；指标选项支持拖动排序，按照从左到右、从上到下进行排序。

### 2. 飙升行业

飙升行业为产品所在行业的近 7 日销量环比的 Top500 数据，排序方式为行业包含的所有产品近 7 日销量环比倒序排列。

在飙升行业页面，单击右上角指标选项可以按需选择展示飙升行业的数据参数；指标选项支持拖动排序，按照从左到右、从上到下进行。

### 3. 行业对比

在行业对比页面，支持选择行业进行对比，支持最多 3 个行业的对比。

#### 5.2.6 监控中心

在监控中心板块，用户可以查看我的店铺、店铺监控和产品监控的数据。

### 1. 我的店铺

在我的店铺中可以查询当前登录账号授权的 Shopee 店铺情况，也可以通过输入店铺 ID 进行搜索查询。

当登录账号未在芒果店长 ERP 授权过 Shopee 店铺，打开我的店铺将提示用户跳转到芒果 ERP 进行 Shopee 店铺授权。

### 2. 店铺监控

在店铺监控页，用户可以通过店铺 ID 搜索监控列表的店铺，查看监控店铺的销量、销售额等数据；当单击店铺名称将会跳转到店铺详情页；单击监控按钮移除监控列表；

单击加入对比按钮将店铺加入对比篮进行对比。

**3. 产品监控**

在产品监控页，用户可以通过店铺 ID 搜索监控列表的产品，查看监控产品的销量、销售额等数据；当单击产品名称将会跳转到产品详情页；单击监控按钮移除监控列表；单击加入将产品加入对比篮进行对比；单击一键铺货将该产品铺货到芒果店长；单击找货源查找该产品的货源信息。

## 5.3 跨境电商产品质量及管控

### 5.3.1 跨境电商售假情况分析

跨境电商平台出现假货，最主要的原因是平台监管力度不够。在境内的一些主流平台，如阿里巴巴、京东以及苏宁等都有自营模式和第三方经营模式。自营模式顾名思义属于平台管理，这种模式下很少出现假货问题。但第三方经营不同，它指的是通过官方授权给代理商管理，对于这些代理商，平台负责加强监管。可现实情况操作起来难度很大，一旦出现问题，平台和第三方责任不清，如果让用户和第三方自行协商，那结果就更难控制。众所周知，在跨境电商平台上，价格低廉就有优势，所以就算是高级奢侈品，也会比在实体店购买时价格优惠，结果就导致会损害到一些线下代理商的利益，因此，很多大品牌都不愿与跨境电商挂钩。在暴利的诱惑下，再加上资源短缺，一些拿到授权的商家就可能会冒险违法操作，如真假货随机发放等问题。

### 5.3.2 跨境电商产品质量监管措施

**1. 监管部门和品牌商建立合作关系**

品牌商和监管部门达成合作关系。假货问题更多地出现在互联网交易中，不管是自营还是代理商，一旦出现假货的污点，对品牌而言都是一次损伤，尤其在跨境电商商品来源复杂的情况下，监管部门和品牌商更应该通力合作。品牌商负责检验，要将假冒伪劣产品彻底扼杀在摇篮里。监管部门负责完善监管原则，加强惩戒，如要求代理商进行品牌备案，这样监管部门便能实时掌握代理商授权信息，或者对售卖假货的商家进行拉黑、冻结账号等处理，让那些假冒伪劣者不再有机可乘。

**2. 建立消费者投诉平台**

搭建消费者维权通道，维护消费者利益。跨境商品相对于境内电商商品而言要更加复杂，跨境买家在购买产品时并不可能完全了解商品以及商家信息。当顾客买到假货或者疑似买到假货时，他们就需要一个可以帮助识别检测的工具、可以投诉维权的渠道。对于消费者而言，有些商品很难辨别真假，如保健品、婴幼儿奶粉类等。检验监管部门可以开设投诉热线、网上服务窗口，当收到消费者投诉后，第一时间取证处理，并将处理结果公开。

**3. 对跨境电商平台和企业实施分类管理，及时公布售假平台、企业及产品名单**

根据平台和企业情况分类管理，公开售假名单。跨境电商产品多样、价格低廉、运费低，受到很多消费者青睐，与此同时也吸引了很多卖家加入跨境电商的队伍，这些卖家中不仅有一些境内电商名企，还有很多小卖家，所以这些卖家的经营能力和经营信用是不在一个起跑线上的。因此，监管部门可以针对不同平台和不同企业采取措施，鼓励诚信经营，惩戒非法经营，严格把控输出产品质量，对于列入黑名单的卖家可根据实际情况进行处罚。对于平台的监管也应是如此，所有处理和结果都要公平公开。

## 课后习题

1. 跨境电商选品基本原则是什么？
2. 选品方法及工具有哪些？

## 即测即练

# 第 6 章

# 跨境电商采购与供应链管理

【本章学习目标】

1. 了解跨境电商采购的定义、流程；
2. 了解跨境电商采购的问题；
3. 掌握电子商务供应链定义、跨境电商供应链管理定义和原理；
4. 了解中国跨境电商供应链发展趋势。

## 导学案例：SHEIN 供应链之谜

2021 年 5 月有消息称，跨境女装品牌 SHEIN 估值超 3 000 亿元人民币。2021 年 5 月 10 日，在 Google 和 WPP 发布的 2021 年《BrandZ™ 中国全球化品牌 50 强》名单中，中国出海品牌 SHEIN 排名第 11 位，竟然高于腾讯、中兴、比亚迪。

我们可以认为是中国高度发达的供应链帮助该公司笼络了全球的 Z 世代（20 世纪 90 年代中期到 2000 年后出生的一代人）。而这背后，其实是得益于该公司极强的供应链管理能力。

界面新闻曾在一篇关于 SHEIN 供应链之谜的报道中提道：

"SHEIN 与供应商的协作像是一种螺旋上升的闭环：供应商尽可能配合 SHEIN 提出的高质量服务要求，在 SHEIN 发展壮大后，SHEIN 再反过来扶持厂商发展壮大。"

关于该闭环的细节，云海先生（原名刘明光，25 年从业经历，从 2016 年初开始做 SHEIN 供应链顾问）也有提及：当时 SHEIN 请了三四位小老板，并向他们承诺，只要能够很好地满足品牌的销售供给，两三年以后工厂就送给他们。当然到了 2018 年，工厂也的确送给那几位老板了，有的工厂规模也从当时的四五十人变成了六七百人。

显然，这是一个企业与厂商互相成就的过程。通过这种相互扶持的方式，截至 2020 年，SHEIN 已经拥有超过 300 家成衣供应商，这有效地提高了 SHEIN 的产能。

SHEIN 的模式说到底，就是拥有一套趋于完美的供应链管理人才方案。我们想要做好供应链管理，肯定需要有一个人或是一个团队进行统筹规划，且在整合完成后，还需下设多个部门进行协作。据了解，早在 2019 年，SHEIN 的后端供应链生态已经基本建构完成，下设商品中心、供应链中心和系统研发中心三大主要部门。管理咨询分析师齐溪向界面时尚记者提供的一份 SHEIN 供应链后端架构图谱显示，除了为供应链各个部门提供数据系统支持和管理的系统研发中心之外，SHEIN 的商品中心主要负责商品企划、服装自主研发和设计、定价和商品推广物料准备等，而供应链中心负责面辅料采购、成衣生产和仓储物流。SHEIN 供应链中心团队规模最大，从 2015 年的 800 人，壮大至 2019 年的逾 5 000 名员工。SHEIN 现有供应链后端部门框架设置和分工明确，辅助以自主研发的数据系统,实现了一套先进、高效和柔性的供应链体系。

资料来源:SHEIN崛起的秘密:供应链管理的决胜之机 [EB/OL].(2022-01-10). https://maimai.cn/article/detail?fid=1699999712&efid=3vbBC3BIWUqGw_EpYZomLQ.

采购与供应链对于跨境电商卖家来说都是非常看重的环节,跟不上会影响备货到发货的每个环节。跨境电商的节点很长,配合和协调的环节很多,而供应链的建设,必须考虑组织架构的整体思维。本章介绍一些跨境电商采购和供应链的概念、流程等基础知识,为后面章节知识的学习奠定基础。

## 6.1 跨境电商采购

### 6.1.1 跨境电商采购概述

**1. 跨境电商采购的定义**

跨境电商采购是全球物流供应链中的关键环节,对整个供应链各个环节都具有重要的意义。

跨境电商采购是指跨境电商企业借助电子商务资源交易平台,发布采购信息,或主动在网上寻找供应商、寻找产品,然后通过网上洽谈、比价、网上竞价,实现网上订货、网上支付货款的一种获取资源或服务的过程。

**2. 跨境电商采购相关概念**

采购计划:跨境电商企业采购人员在了解市场供求情况、掌握电商经营特点和产品销售规律的基础上,对计划期内的物质资源采购活动所做的预见性安排和部署。

采购订单:跨境电商采购企业采购人员根据采购计划,向供应商提出的关于采购业务的正式、最终的确认单据。

采购追单:跨境电商企业采购人员根据采购订单,对采购的材料及产品进行追踪,处理从下单到收到所购材料及产品过程中遇到的各种问题,如质量、数量、期限等。

采购到货处理:跨境电商企业采购人员对收到的采购材料产品进行各种处置,包括到货准备、到货清点、到货检验、到货上架等。

**3. 跨境电商采购岗位职责**

(1)按公司下达的采购计划,核对仓库库存,拟订采购方案,负责供应商资源的开发与跟进,引进符合要求的供应商及产品,及时采购所需物资。

(2)根据市场行情波动,通过线上与线下结合的方式,与供应商进行洽谈,做好购价、比价、议价工作,完成产品招商采购工作。

(3)负责采购合同签订、供应商信息库及产品库的管理维护。

(4)维护与供应商良好的合作关系,负责与供应商往来账户核对及日常事项沟通,挖掘供应商好产品,持续开发新供应商。

(5)供应商动态评估、跟进采购订单的交期进度,确保订单准交和新产品持续引进入库。

(6)负责采购订单生产、物流跟踪、提货、清点验货、检验、入仓的环节跟进;负责货品退残的监控及审核。

**4. 跨境电商采购特点及模式**

1）跨境电商采购特点

库存周转速度快，多批次、少批量、快速响应，采购具有广泛性、互动性和透明性，采购效率高，采购流程标准化，采购管理向供应链管理转变。

2）跨境电商采购模式

当前跨境电商主要存在两种采购模式。第一，集中采购模式，也就是跨境电商整合各个生产经营单位所需要的零散采购计划，并且通过合同类物资，提高采购的数量，并以此为筹码与供应商进行洽谈，实现采购成本控制的目的。第二，分散采购模式，即跨境电商的各个生产经营单位都具有独立的采购权，能够根据内部需要来进行采购管理。

3）跨境电商采购模式的特征

分散采购模式的特征在于，具有较强的灵活性，各个部门可以根据临时情况或紧急需要来自行购买材料，并且能够节约成本，管理上也较为方便，采购部门能够及时与其他部门进行交流，提高效率。而集中采购模式最大的优势在于能够降低价格，减少采购发生的成本，并且与供应商之间能够进行信息的对称交流，对供应商能够进一步了解，能够准确获得产品的信息，有利于选择更加合适的供应商建立长期合作关系。这样既可以提高企业的效益，而且能够降低自身的采购风险。

在跨境电商采购过程中，如果物资价格随采购数量变化而变化，采用集中采购能够降低采购成本，特别是一些产品受到政治或经济因素的影响较大，集中采购对跨境电商来说能够带来更大的收益。

### 6.1.2 跨境电商采购流程

**1. 跨境电商进口采购流程**

跨境电商进口采购流程是：采购人员对接国际一线品牌供应商，将货物清单报进口国（地区）海关，经海关审批同意后，通知供应商发货至综合保税区，发货到进口国（地区）口岸，进行报关报检，检查通过后入报税区仓库，等待上架销售，如图6-1所示。

图6-1 跨境进口采购流程

**2. 跨境电商出口采购流程**

出口采购流程如图6-2所示。本节针对备货计划、筛选供应商进行重点阐述。

图6-2 跨境电商出口采购流程

1）备货计划

对于跨境电商出口来说，销量是很难确定的，它是一个波动的状态，这就需要我们时刻准备好我们的商品，做好备货计划。备货计划依据销量、库存、时效进行一系列运算，预测出未来市场趋势和备货需求，由采购负责下单，仓储进行收货、物流执行发运，这一套完善的供应链服务，支撑客户的需求，提高库存周转率，达到降低缺货率、减少库存资金压力的目标。

获取最原始的订单销量时，首先要做一步数据的清洗，数据清洗的规则是配置项可随时调整，有以下场景：去掉某个时间段内的销量：一般是活动或者节假日；去掉某些平台某些店铺的销量：由于某种原因，公司决定不在这个平台店铺继续售卖该SKU了，会选择下架。经过数据清洗之后，得到的销量相对合理。将经过数据清洗以后的近30天的销量可视化为图形，进行销售模拟分析，能够观察出销量一般集中在某个区间内，得到销量的平均值或中位数，将极值替换成合理数据。经过以上处理后的数据根据规则计算3日均、7日均、15日均、30日均销量，从而计算出日均销量。详细资料请参见扩展阅读6-1。

扩展阅读6-1　备货计划

2）筛选供应商

中国是制造业大国，跨境电商采购金额超过1亿元/年的源头产地近30个（表6-1）。

表6-1　全国优质特色货源地及特产品类举例

| 省　　份 | 产　　地 | 特　产　品　类 |
| --- | --- | --- |
| 广东 | 广州 | 女装、箱包、配饰、美妆、汽配 |
|  | 佛山 | 童装 |
|  | 顺德 | 小家电 |
|  | 中山 | 照明 |
| 广东 | 深圳 | 数码和女装 |
|  | 汕头 | 内衣、玩具 |
| 福建 | 泉州 | 男装、童鞋 |
| 浙江 | 义乌 | 配饰、运动、美妆 |
|  | 永康 | 五金 |
|  | 织里 | 童装 |
| 江苏 | 南通 | 家纺 |
| 河北 | 白沟 | 箱包 |
| 辽宁 | 葫芦岛 | 泳装 |

以下是一些常用的线上采购资源平台。

（1）阿里巴巴（采购批发）：https://www.1688.com/.

（2）织里童装网（童装批发）：http://www.zhilitongzhuang.com/.

（3）搜款网（女装批发）：http://www.vvic.com.

（4）爱搜鞋（鞋子批发）：https://sooxie.com/.

（5）义乌购（各类小商品）：http://www.yiwugo.com/.
（6）货捕头（女装、男装、童装、鞋批发）：www.hznzcn.com.
（7）生意网（童装批发）：http://www.3e3e.cn/.
（8）个秀名妆（化妆品批发）：https://www.geshow.com/.
（9）四季星座网（男装、女装）：https://www.571xz.com/.
（10）批发户（珠宝饰品）：https://www.pfhoo.com/.
（11）包牛牛（箱包批发）：http://www.bao66.cn/web/.
（12）网商园（男装批发）：https://www.wsy.com/.
（13）挚爱母婴（母婴产品批发）：http://www.babyzhiai.net/.
（14）优分销（化妆品批发）：http://www.alifenxiao.com/.
（15）工品优选（工业用品批发）：https://www.vipmro.com/.
（16）美美淘（女鞋批发）：http://www.mmgg.com/.
（17）新款网（男鞋批发）：http://www.xingfujie.cn/.
（18）53货源网（服饰鞋包等批发）：https://www.53shop.com/.
（19）中国制造网（全国各大供应商一手货源）：https://cn.made-in-china.com/.
（20）马可波罗网（机械、五金批发）：china.makepolo.com.

## 6.2 跨境电商供应链管理

### 6.2.1 跨境电商供应链概述

供应链管理指利用计算机网络技术全面规划供应链中的商流、物流、信息流、资金流等，并进行计划、组织、领导与控制。

供应链管理将企业管理者的视野从传统的关注企业内部管理扩大到关注整条产业链的管理。

电子商务供应链是指利用网络及电子信息技术在企业及其供应商、客户等贸易伙伴之间进行商务活动，以降低成本、提升服务质量、实现产品或服务增值的新渠道。电子商务供应链管理包括从原料供应、生产制造、产品分销、运输配送、仓储库存到产品销售的全过程，涉及众多公司和客户，如制造商、供应商、运输商和零售商等。电子商务供应链使企业间的交易发生了革命性变化，大大降低了交易成本，提高了反应速度，节约了交易时间。

跨境电商供应链是指围绕商品采购、运输、销售、消费等环节提供服务，构成连接上游品牌方、下游消费者并承载"信息流、货物流、资金流"的功能网链服务结构。相比境内电商，跨境电商供应链链条更长、涉及环节更多，物流流程长，资金周转慢，信息流复杂。

跨境电商供应链服务是指为零售商提供各供应链环节解决方案的相关服务，包括商品采购、物流仓储、报关清关、融资信贷、平台提供、支付服务、运营协助等。经过多年的发展，作为跨境电商供应链核心的采购平台服务链条不断延伸，呈现出整合打包提供供应链各环节服务的趋势。

跨境电商供应链管理内容包括生产计划与控制、库存控制、采购、销售、物流通关管理、需求预测、客户管理及伙伴管理，其实质是信息流、货物流和资金流（简称"三流"）的管理。

"三流"的运动说明了跨境电商供应链管理的基本原理（图6-3）。

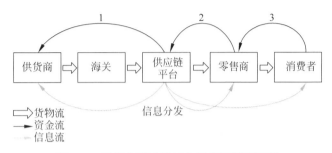

图6-3　跨境电商（进口）供应链管理原理

注：资金流按序号先后流动。

货物流：对跨境进口来说，货物流从供应商到产品制造商，经由海关到供应链平台到零售商，再到消费者。对跨境出口来说，货物流从供应商到产品制造商，经由零售商到海关，到供应链平台再到消费者。

资金流：对进口来说，资金流从消费者到零售商，到供应链平台，再到供应商。对出口来说，资金流不同的是，因为是跨境支付，资金流从消费者到零售商，中间通过跨境支付服务商进行跨境支付。

信息流：由于是在线下单，供应商、产品制造商几乎同时得到需求信息。信息高度共享，通过零售商和供应链平台，沟通效率得到很大提高。

### 6.2.2　跨境电商供应链与跨境电商物流的区别

早期跨境电商的卖家（公司）基本上都是通过境内直邮的方式在亚马逊或者eBay上进行交易；随着竞争的加剧和成本压力的增大，更多的跨境电商则是通过空运或者海运批量将货物送至境外的仓储中心，再依据平台订单进行配送。虽然跨境电商中物流活动占比很大，尤其是在整个供应链链条上，一半以上的时间是在和物流打交道，但跨境电商的供应链不等于跨境电商物流。跨境电商物流或物流服务仅仅是供应链管理中的一环。不管企业或者行业通过什么渠道进行销售，有多少区别于其他行业的特性，在供应链底层逻辑上要解决的问题是永远不会改变的，跨境电商企业的供应链也不例外，那就是库存（成本）+ 供应。

### 6.2.3　供应链管理痛点

（1）物流仓储运营成本高。为了加强管理，大多数跨境电商选择自建仓储物流，但海外仓的运营成本较高。除去沉重的建仓成本，无论是海外仓还是保税仓对相关管理人员的要求都较高。

（2）复杂的清关报批程序。跨境物流在面临关税国别差异的同时，还需应对各个国家和地区不同的清关手续带来的麻烦，而且海关审核严格程度的地域差异也增加了清关报批程序的复杂性。

（3）配送时间长，具有不确定性。跨境物流由于涉及环节多、路程长，造成配送时间长并且收货时间具有不确定性。这给部分具有较高时效性的商品带来品控难题。提前采购统一发货虽能提升物流效率却易产生商品积压的风险。

（4）库存管理困难。市场对交货期要求越来越严格，对货物种类丰富度要求越来越高，尤其是中小零售商面临订单量小且不稳定的缺点，带来了小批量采购与稳定供货之间的矛盾。

### 6.2.4 中国跨境电商供应链发展趋势

**1. 政策市场双轮驱动，跨境电商供应链市场快速增长**

疫情虽然给跨境贸易带来一定冲击，却加速推动品牌方与消费者转型线上，跨境电商市场教育进程加快。在政策和市场的双重推动下，跨境电商市场加速发展，供应链服务需求也将迎来高增长。

**2. 电商平台流量争夺日趋激烈，跨境电商供应链服务价值越发凸显**

随着跨境电商市场规模的持续扩大，电商平台会将更多的资源与精力聚焦在后端的用户体验改善方面，导致难以兼顾前端的供应链把控。在此过程中，供应链服务价值越发凸显，优质的跨境电商供应链平台将实现爆发性增长，商业价值随之提升。

**3. 跨境电商供应链服务成熟化发展，跨境零售商家准入门槛逐步降低**

随着跨境电商供应链服务的成熟发展，相应的采购、物流、资金、技术支持也将更加完善，这将极大地降低跨境零售商家的进入门槛。

**4. 新型基础设施建设不断完善，跨境电商供应链数字化特征日益显现**

以大数据、云计算、5G、人工智能为代表的新型基础设施建设不断完善，为跨境电商供应链服务赋能奠定了深厚的技术基础。借助新兴技术手段，跨境电商供应链将加速数字化变革，在提升产品供应、营销、流通效率，  扩展阅读6-2 艾媒咨询2020年中国跨境电商供应链专题研究报告

解决供应链痛点的同时，不断拓展服务链条，增加服务附加值，扩大利润空间。

---

课后习题

---

1. 跨境电商采购的定义是什么？
2. 什么是供应链管理？什么是跨境电商供应链管理？

---

即测即练

---

# 第 7 章

# 跨境电商物流及仓储管理

【本章学习目标】
1. 了解跨境电商物流及其模式、流程；
2. 了解跨境电商邮政包裹特征及快递特征；
3. 掌握海外仓及物流运作流程；
4. 掌握跨境电商仓储管理；
5. 学会对跨境电商物流风险进行分析。

## 导学案例：新冠肺炎疫情反复，跨境物流成为卖家心头的痛点

疫情刚开始的时候，各国封境闭户，致使货物滞留海关，导致一批小微卖家损失严重乃至倒闭。2021年以来，中国疫情管控有方，复工复产措施得当。更得益于中国强大的制造业和生产能力，中国已然成为国际上众多国家争先订购跨境电商产品和防疫物资的重要来源地，中国跨境电商飞速发展。此时，跨境物流的发展所面临的考验更加严峻，曾经出现"一柜难求"的局面。

一方面是全球货柜轮运价飙涨；另一方面是海运、空运、中欧班列运价一路高涨，卖家利润压缩，物流费用高居不下。以"出口大户"——玩具品类来看，由于当前法国2/3的玩具来自亚洲，法国玩具设计和制造业协会主席阿兰·英贝里表示："集装箱海运单价为3 000美元时，每台家用电子弹球机的运费是4美元；当集装箱价格涨到了2万美元，每台机器的运费就涨到了50美元。"这对于跨境电商卖家和玩具企业来说，成本都大幅增加。

跨境物流的高企以及不确定，让更多卖家的目光转向海外仓以降低物流成本。大势之下，海外仓规模不断扩大。从国内数据来看，中国海外仓的数量已经超过2 000个，总面积超1 600万平方米，业务范围辐射全球，其中欧洲自建海外仓数量占比居于前列。商务部对外贸易司司长李兴乾在国务院政策例行吹风会上表示，欧洲也将增加数千个仓库和配送中心，以此来满足不断增长的电子商务仓储配送的需求，未来5年仓储空间预计增加至2 768万平方米。

资料来源：博朗威展览. 翻5倍|跨境运输——选择运输时机比会卖货还重要！！[EB/OL].（2022-02-09）.https://mp.weixin.qq.com/s/Prxd-vx1dGYBRrH_RDbQ8A.

跨境电商物流在跨境电商全链路中起到至关重要的作用，物流效率和物流成本对跨境电商运营影响很大。本章介绍跨境电商物流的基本常识，以运费计算实例为依托进行分析，使学习者形成跨境电商物流的知识框架和关键知识要领。

## 7.1 跨境电商物流概述

### 7.1.1 跨境电商物流的概念

跨境电商物流是指网上平台销售的物品从供应地到不同国家地域范围接收地的实体流动过程，包括国际运输、包装配送和信息处理等环节。

在跨境电商的发展过程中，跨境电商物流是跨境电商的基础设施。跨境电商物流成本直接关系到跨境电商的销售成本，跨境电商物流送达范围的广度决定跨境电商的销售区域，跨境电商物流的通畅度和时效性反映了跨境贸易的便利度与客户的体验。跨境电商物流包含境内配送、跨境运输、境内外仓储、境外本地配送、退换货、退运等多元化的服务，成为跨境电商链条上的重要环节。

### 7.1.2 跨境电商物流的现状、特征及发展趋势

**1. 跨境电商物流的现状**

1）物流成本相对较高

在中国跨境电商物流的发展过程中，基础设施不完善及体系不完整，物流的成本较高。根据相关资料得出结论：从成本来看，中国跨境电商物流成本远远高于其他国家运费及国际标准。跨境电商物流需要考虑的问题多而复杂，涉及境内物流、海关、国际运输、境外物流等众多环节，在实际操作中风险很大，因此在一定程度上大大增加了中国跨境电商的物流成本。如果跨境电商物流能够稳定运行，不仅需要建立一个完整的跨境物流体系，还有必要将跨境货物的关税、商品检验、快递等成本列入考虑范围内。目前，中国跨境物流的运输过程比较麻烦，导致中国跨境物流耗费成本是运输总成本的30%到40%。在境内外物流、海关检查等众多交通环节中，海关和商检也存在很大的操作难度和一定的风险。因此，为了解决中国跨境物流成本高的问题，有必要进一步完善相关政策措施。

2）跨境物流周期长

跨境物流的产业链和环节包括境内外物流和海关运输。中间环节太多，物流周期太长，导致客户不能及时收货，因而消费者对跨境电商物流存在消极的主观印象，这影响了消费行为的发生。然而，物流周期长是不可避免的，跨境电商固有的特点也对物流的中心环节起着决定性的作用。不仅如此，海关和商检的时间较长，导致中国跨境电商物流周期长。

3）退货和换货物流实现困难

在中国跨境电商的发展过程中，由于其涉及的环节较多，在每个环节都会产生相对应的退换货情况，而跨境物流周期长导致隐藏和存在多种风险，货品的丢失、海关和商检的风险、错误的配送地址等问题制约了退货与换货。再者，在中国跨境物流中缺乏完善的退货通道，难以实现退换货。

4）物流信息难以实现全程追踪

在中国境内物品的物流运输中，对包裹从下单到收货的全程追踪已常态化，且已成为对商家最基本的要求。但由于跨境电商物流地区广，不能做到对每个跨境物品的全程

追踪，在境内，信息追踪可以实现，而当包裹出境后，由于信息水平的限制，很难对其再进行继续追踪。虽然目前在一些发达国家和地区可以实现全程追踪，但在信息化程度不高的国家和地区难以实现，大大制约了跨境交易及跨境物流的发展。这是由于跨境电商物流企业无法与其他国家和地区的物流企业构建起物流信息共享网络，所以对出境的货物进行全程追踪服务很难实现。

5）中国跨境电商物流政策支持力度不够

最近几年，中国政府部门颁布了《关于实施支持跨境电子商务零售出口有关政策的意见》《国务院办公厅关于促进跨境电子商务健康快速发展的指导意见》《关于跨境贸易电子商务进出境货物、物品有关监管事宜的公告》等促进跨境电商物流发展的相关政策。由于跨境电商出口在交易方式、货物运输、支付结算等方面与传统贸易方式差异较大，现行管理体制、政策、法规及现有环境条件已无法满足其发展要求，主要问题集中在海关、检验检疫、税务和收付汇等方面。虽然中国对跨境电商的发展出台了一些政策，但这些政策主要针对规范跨境电商市场的发展，对从事跨境电商物流的企业并没有针对性的政策扶持，与发达国家的政策扶持还有较大的差距。

扩展阅读 7-1　2021年中国跨境电商出口物流服务商行业研究报告

**2. 跨境电商物流的特征**

随着跨境电商的高速发展，适应跨境电商需求的各种类型的物流服务也衍生出来。根据物流功能的不同，我们可以把跨境电商物流划分为几种类型。其中商业快递、邮政快递、国际物流专线、海外仓物流等是跨境电商企业选择较多的物流类型。区别于传统物流，跨境电商物流强调以下特征：

1）物流反应的快速化

跨境电商要求物流供应链上下游对物流配送需求的反应非常迅速，因此整个跨境电商物流前置时间和配送时间间隔越来越短，商品周转和物流配送也越来越快。

2）物流功能的集成化

跨境电商将物流与供应链的其他环节进行集成，包括物流渠道与产品渠道的集成、各种类型的物流渠道之间的集成、物流环节与物流功能的集成等。

3）物流作业的规范化

跨境电商物流强调作业流程的标准化，包括物流订单处理模板选择、物流渠道的管理标准制定等操作，使复杂的物流作业流程变成简单、可量化、可考核的物流操作方式。

4）物流信息的电子化

跨境电商国际物流强调订单处理、信息处理的系统化和电子化，用企业资源计划信息系统功能完成标准化的物流订单处理和物流仓储管理模式。通过 ERP 管理系统对物流渠道的成本、时效、安全性进行有效的关键业绩指标考核，以及对物流仓储管理过程中的库存积压、产品延迟到货、物流配送不及时等进行有效的风险控制。

**3. 跨境电商物流的发展趋势**

随着中国跨境电商的不断发展，跨境电商物流呈现以下发展趋势。

1）跨境物流和跨境电商协同发展

跨境电商要想实现快速发展，就需要推动跨境物流和跨境电商协同发展。通常情况下，推动跨境物流和跨境电商的协同发展需要从以下几方面进行。

首先，相关部门需要加强跨境电商内部的供应链整合工作，对货物的储存方式、包装合规、运输便利等方面内容进行优化，保证货物可以在最短的时间内运输到消费者手中，减少不必要的成本浪费，推动中国经济实力快速提升。

其次，相关部门需要在跨境电商中加强对移动技术的使用，加大对网络信息技术的投入力度，让跨境物流和跨境电商之间形成完美配合，从而促进中国跨境电商的快速发展。

最后，跨境物流在发展过程中需要以配合跨境电商发展为目标，并对相关配套服务进行整合，购入相关硬性资源，与境外物流公司展开合作，从而促进中国跨境电商的快速发展。

2）跨境物流网络之间的协同发展

随着中国社会经济的快速发展，相关部门要想实现跨境电子贸易的快速发展，就需要促进跨境物流网络之间的协同发展，具体可以从以下两个方面展开。

首先，相关部门需要对跨境物流单号、配送、仓储等方面内容进行整合，然后对相关货物进行有效的编码工作，再对编码信息进行整理。

其次，相关部门需要完善货物退货流程，跨境货物在运输过程中经常会受到不同国家物流系统、政策的影响，并且牵扯到众多国家，在此种情况下，相关部门就需要加强各个国家物流企业之间的配合工作，针对不同的货物制定不同的货物退货流程，从而保证消费者的合法权益。

3）多种物流模式之间协调发展，实现聚合效应

跨境物流包含国内物流和国际物流，所以相关部门要想保证跨境物流的运输质量，就需要加强多种物流模式之间的协调发展，实现聚合效应，具体可以从以下两个方面展开。一方面，由于国际物流面向的是全世界，而不同国家的物流发展情况也存在严重的差异，在此种情况下，就需要对物流模式进行完善，对相关物流配送要求进行完善，从而提升中国国际物流运输效率。另一方面，由于中国国际物流在运输过程中所花费的时间长、流程也更加复杂，消费者在选择物流模式过程中经常会选择一些运输速度更快的物流模式，所以就需要加强多种物流模式之间的协调发展，将资源进行共享，从而提升国际物流运输效率。

4）物流外包模式的不断发展

随着跨境电商的快速发展，中国一些跨境电商企业已经建立了属于企业自己的物流体系来进行物流配送工作，但是这些物流体系程序复杂，在使用过程中经常会出现一些问题，从而造成物流传输速度缓慢，无法将货物及时送到消费者手中。面对此种情况，相关单位就需要促进物流外包模式的不断发展，开发第四方物流模式，利用第四方物流模式对跨境物流链进行整合，将跨境物流运输路线进行优化，从而保证跨境物流链条的快速发展。

5）与本土物流公司之间的合作

跨境电商的快速发展对人们的生产生活产生了巨大的影响，人们也更加喜欢购买一

些境外的商品。在此种情况下，相关单位就需要加强与本土物流公司之间的合作，完善跨境物流运输路线，从而减少国际物流的配送时间，提高国际物流的配送速度，促进跨境电商快速发展。同时也要实时关注各个国家和地区的海关政策，尽可能在符合海关管理条例的同时还能提升服务质量。也可以在海外仓构建时，跟供应商洽谈货物积压问题，提出有效的解决对策。在物流所能触达的全球范围内进行调整才是长久的，只有问题得到有效的解决，跨境物流和跨境电商才能获得更大的发展空间。

## 7.2 跨境电商物流模式

### 7.2.1 按照备货模式分类

按照备货模式，跨境电商物流出口主要分为直邮和海外仓两种类型，如图 7-1 所示。

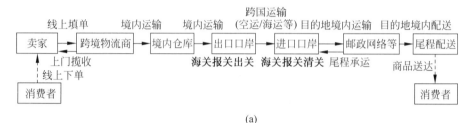

图 7-1　跨境电商物流直邮和海外仓模式流程
（a）跨境出口直邮物流流程分解；（b）跨境出口海外仓物流流程分解

直邮业务是跨境物流服务商完成跨境电商件门到门/门到仓全流程跨境物流环节；消费者从网上下单，卖家线上填写物流运单，快递上门揽收，交接到第三方跨境物流商（货代），经过境内运输，将跨境电商件运输到出口口岸，通过海关清关后出关，包裹到达进口口岸，经过目的地海关报关清关后，进入目的地境内运输阶段。进入尾程承运阶段，通过邮政网络等进行尾程配送，将商品送达消费者手中。

海外仓模式以备货模式为主，跨境物流服务商将跨境电商件运至目的地境内的仓库后，如果目的地境内产生商品订单，再通过目的地境内物流服务商由海外仓直发海外消费者。

跨境电商出口物流业务模式各有不同，但其核心出发点是帮助跨境电商平台实现对货物运输环节的管控以及改善优化海外消费者消费体验。海外仓模式经历的环节大部分与直邮出口是一致的，对比之后发觉，出口海外仓模式会将货物在下单之前存放到海外仓中。

## 7.2.2 按照商品流通方向分类

跨境物流属于物流服务的一部分，按照商品流通方向，跨境物流分为跨境进口物流和跨境出口物流，其关系如图 7-2 所示。跨境出口物流与进口物流相比，流程比较长，环节比较多。

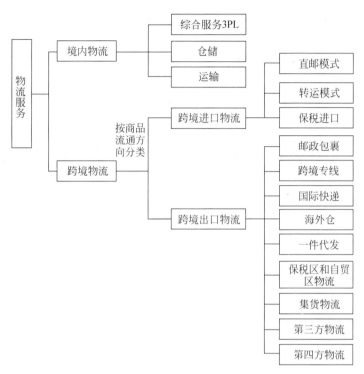

图 7-2 跨境电商物流概念关系

**1. 跨境出口物流**

跨境电商出口物流具有小批量、多频次的特点，所以物流渠道和模式非常多，主要有邮政包裹、跨境专线、国际快递、海外仓、一件代发、保税区与自贸区物流、集货物流、第三方物流与第四方物流等。

随着跨境电商规模的扩大，物流的制约因素越来越多。跨境电商面向全球市场，交易双方涉及很多国家和地区，各个国家和地区的物流水平参差不齐、差异较大，加上交易商品种类众多，对物流的要求差异较大。与境内电子商务不同，跨境电商很难以单一物流模式实现跨境物流配送。伴随跨境电商的发展，多种物流模式结合的跨境物流解决方案应用面更广。多种物流模式共用，多采用以上九种物流模式中的两种或两种以上，如跨境专线+海外仓，集货物流+保税区与自贸区物流，邮政包裹+国际快递+跨境专线+海外仓等。针对不同国家和地区、不同商品等，采用适合的多种物流模式配合实现跨境物流，能够有效凸显各种物流模式的聚合效应。

1）快递包裹模式

（1）邮政包裹。跨境电商包裹能够从中国境内寄送到其他国家或地区，离不开一个国际组织——万国邮政联盟（Universal Postal Union，UPU），简称"万国邮联"或"邮联"。它是商定国际邮政事务的政府间国际组织，其前身是1874年10月9日成立的"邮政总联盟"，1878年改为现名。万国邮政联盟自1978年7月1日起成为联合国（United Nations，UN）一个关于国际邮政事务的专门机构，总部设在瑞士首都伯尔尼，宗旨是促进、组织和改善国际邮政业务，并向成员提供可能的邮政技术援助。万国邮政联盟规定了国际邮件转运自由的原则，统一了国际邮件处理手续和资费标准，简化了国际邮政结算办法，确立了各国（地区）部门争讼的仲裁程序。联合国的任何成员国都可能会成为万国邮政联盟的成员。要求至少有2/3的万国邮政联盟成员国批准才能成为万国邮政联盟的成员。截至2019年10月，万国邮政联盟有192个成员国。

在万国邮政联盟中，跨境电商使用较多的有中国邮政、新加坡邮政、中国香港邮政、英皇邮政、比利时邮政、俄罗斯邮政、德国邮政、瑞士邮政等。

快递包裹主要是邮政包裹，又称为邮政小包，这是目前跨境卖家使用最多的物流模式。在万国邮政联盟的作用下，邮政包裹价格便宜、覆盖范围广，目前已经覆盖了全球230个国家和地区，即使发到加拿大某个偏远地区，也是可以送达的。但是其缺点是配送时间慢、丢包率高，选择邮政包裹的一般是中小型卖家。

线上发货中国邮政挂号小包（China Post Registered Air Mail）是中国邮政针对2 kg以下小件物品推出的空邮产品。其特点是服务便捷。中国邮政挂号小包线上发货旨在为线上卖家提供更便捷的国际小包服务，卖家在线下单、打印面单后直接由邮政上门揽收或将邮件交付中国邮政的揽收仓库，即可享受快捷、便利的国际小包服务。中国邮政挂号小包提供全程跟踪查询服务，具体介绍如下。

运费根据包裹重量按克计费，1克起重。

正常情况预计发货日起16~35天到达目的地；特殊情况预计35~60天到达目的地，特殊情况包括节假日、政策调整、偏远地区等。

优点：计费简单，快件在境内运输的时间短，通关能力强；货物不计体积，适合发体积大、重量小的货物；可到达全球200多个目的地；无燃油附加费及偏远附加费；时效有保障，无法正常妥投时，有免费退回服务；寄往南美洲各国及俄罗斯等地具有绝对优势。

缺点：相对其他商业快递慢一点；网站跟踪信息相对滞后；出现问题只能做书面查询，查询时间较长；不能一票多件，大货价格偏高。

（2）跨境专线。跨境专线一般是指通过航空包机的方式将商品运送到指定的国家和地区，再由合作的公司进行目的国（地区）的配合。以美国专线为例，这是以中国到美国货物运输为主的国际物流通道，属于专线式的一对一物流运输模式。

优点：跨境专线是经济型的物流渠道，在配送方式和收费标准上有显著优势。在运费上，专线的价格低于商业快递；在时效上，专线物流稍慢于商业快递，但比邮政包裹快很多。市场上最常见的专线物流渠道主要是美国专线、欧洲专线、澳洲专线、俄罗斯专线等。

缺点：跨境专线配送国家单一；清关能力有限。

（3）国际快递。DHL（敦豪航空货运公司）、UPS（United Parcel Service，美商联合包裹运输有限公司）、FedEx（Federal Express，联邦快递）、TNT（Thomas National

Transport）为四大知名国际快递，覆盖全球各个主要国家和地区，时效快、运输安全有保障，客户体验极佳，但是费用昂贵。由于运输成本过高，绝大部分卖家不选择这一种方式。

① DHL。DHL于1996年9月由戴尔斯（Adrian Dalsey）、希朗（Larry Hillblom）和林达（Robert Lynn）在加州合资成立。DHL这个名称来自公司三位创始人姓氏的首字母。敦豪航空货运公司拥有世界上最完善的速递网络之一，截至2005年，可以到达220个国家和地区的12万个目的地，如表7-1所示。2007年1月26日，敦豪宣布正式启动在中国内地的货物空运业务。

表7-1　DHL快运网络

| 区　　域 | 国家和地区数 | 网点数 | 雇员数 | 车辆 | 飞机数 | 中心 |
| --- | --- | --- | --- | --- | --- | --- |
| 欧/非 | 119 | 1 491 | 29 037 | 9 556 | 107 | 14 |
| 亚太 | 40 | 810 | 15 985 | 3 421 | 12 | 4 |
| 中东 | 11 | 97 | 1 568 | 596 | 7 | 2 |
| 美洲 | 58 | 604 | 16 962 | 5 003 | 126 | 15 |
| 总计 | 228 | 3 002 | 63 552 | 18 576 | 252 | 35 |

资料来源：百度百科，https://baike.baidu.com/item/DHL/193664.

优点：DHL快递走小件在价格和时效上都占据优势。去欧洲一般为3个工作日，到东南亚一般为2个工作日，派送网络遍布世界各地，查询网站货物状态更新及时，遇到问题解决速度快。21 kg以上的物品享有单独大货价格，很多地区大货价格比国际EMS便宜。寄DHL时，在意大利拥有超远派送费，某些地方DHL网络是不能覆盖的，它的特点是在日本、韩国、东南亚及西欧国家服务相当好，东欧也还不错，但在美国及东南亚则明显不如UPS、FedEx。

缺点：体积重量大于实际重量则按照体积重量计算费用，对所托运的物品限制比较大，拒收许多特殊商品。

② UPS。UPS于1907年8月28日作为一家信使公司创立于美国华盛顿州西雅图市。UPS每天都在世界上200多个国家和地区管理着货物流、资金流与信息流。结合货物流、信息流和资金流，UPS不断开发供应链管理、物流和电子商务的新领域，如今UPS已发展成为300亿美元资产的大公司。

优点：速度快，特别是在美国，48个小时就能到达，全世界200多个国家和地区都有网络，查询网站信息更新快，遇到问题解决及时，21 kg以上物品更有单独的大货价格，很多地区大货价格比国际EMS便宜。

缺点：折扣高，体积重量大于实际重量则按体积重量计算，对受理物品也有许多的限制。小件商品价格没有优势；对托运货品的限制比较严格；秘鲁等8个国家不提供UPS服务，会收取相关服务费。

③ TNT。TNT是欧洲最大的快递公司，母公司是荷兰邮政集团（TPG），总部设在阿姆斯特丹。TNT在欧洲和亚洲可提供高效的递送网络，且通过在全球范围内扩大运营分布来优化网络域名注册查询效能。

优点：对于那些恐怖活动频发、军事战乱比较多的国家和地区，TNT快递有很大优势，如果需要发一些比较重要的货物，又要时间快、通关力强，但是又不怕贵，建议选择TNT。其预付价格最便宜,在西欧其服务质量相对其他国家及地区较好（但西班牙、意大利清关很差劲,到付更令人头痛,需事先确认）,3个工作日可到达,网络覆盖比较全,查询网站信息更新快,遇到问题响应及时。

缺点:在四大国际快递巨头中相对实力比较弱,对所运货物限制也比较多。价格相对较高,综合时效相对较差。

④ FedEx。FedEx于1971年6月18日成立于美国德拉瓦市,但直到1972年初才正式挂牌营业,1972年年底基于各方面因素将总部迁往孟菲斯市。

联邦快递高度关注安全问题,恪守品行道德和职业操守的最高标准,并最大限度满足客户和社会的需求,屡次被评选为全球最受尊敬和最可信赖的雇主。

优点:在东南亚一带可以说是四大公司之首,不管是价格还是速度都占据优势。对于21 kg以上的大货,FedEx的价格等于DHL、UPS的一半,但运输速度却是一样的。到中南美洲的价格和欧洲的价格一致,而其他公司则报价比较高,公布的价格相差30%~40%,网络信息更新快,网络覆盖全,查询响应快。递送时间快,可达2~5个工作日,清关能力强,可为全球200多个国家及地区提供服务。

缺点:西欧、美加、南美、非洲、中东国家没有价格和速度上的优势,折扣比同类快递公司高15%左右,体积重超过实际重则按体积重量计算,对所运物品限制较多。

（4）海外仓。海外仓是跨境电商出口卖家为提升订单交付能力而在境外接近买家的地区设立的仓储物流节点,通常具有境外货物储存、流通加工、本地配送以及售后服务等功能。

海外仓模式是跨境卖家备货到某一海外仓,再通过海外仓的物流关系进行尾程派送。这种方式有利于平台的流量倾斜,可提升买家购物体验,但海外仓的费用高,一般是有实力的卖家选择这一种模式。

FBA即Fulfilment By Amazon,是亚马逊的海外仓。卖家需要提前备货至亚马逊仓库,买家下单后亚马逊负责把卖家预先存在亚马逊仓库的货物派送至买家。由于FBA货物到仓之前的运输和处理都不由亚马逊处理,于是就有很多国际物流公司去做关于FBA头程运输,通过国际物流公司的供应链,帮卖家把货送到亚马逊仓库储备。

FBA头程为境内到亚马逊仓库服务的代名词,是指货物从工厂到目的地亚马逊仓库的一个运输流程,中间包括清关预付关税等服务。可以使用快递、空运服务,直接发货到亚马逊仓库;也可以先通过海运、空运发货到海外仓进行分拨,将货物发往不同的亚马逊仓库。

有种特殊的海外仓模式叫虚拟海外仓,跨境卖家将货物在平台标记为本土发货,实际上是卖家联系拥有本土海外仓的货代公司,通过系统操作绕过平台和消费者,从境内发货。

海外仓的构建,其最终目标是解决消费者本地化购物体验问题,提升跨境电商企业的竞争力。因此,对于跨境卖家,其优势主要表现在:能够从商品价格上实现更高利益,如eBay在海外仓中的商品价格要高于直邮商品的30%,其利润率是显而易见的;通过海外仓来优化电商供应链体系,如对于同类商品,海外仓发货销量要高于本土销量的3~4倍;通过海外仓本土发货,可以缩短发货响应时间,在世界多国等都设有海外仓,能够提升物流配送时效；利用海外仓的批量化仓储空间，可以集中海运方式来降低单件物流运费，大大降低仓储配送成本；利用海外仓集中运输模式，能够实现对不同商品重量、体积、价格的统一化管理，特别是在退换货服务中更具竞争力，海外仓还会提供卖家退换货、换标处理、重新打包、FBA代发货服务，让产品再次获得价值，最大限度地避免货物损失。对于消费者而言其优势为：一方面能够为消费者提供更多海外商品，打破传统单件、小包快递对体积、重量的限制；另一方面能够为消费者提供快捷、便利的购物体验，收货时间更短，退换货及售后服务更便捷。

当然，跨境电商企业构建海外仓模式，也存在诸多难题和不足，主要表现在：易受国际进口贸易保护者的抵制。随着跨境电商海外仓的建设，大批量商品的进口对本国传统商业带来影响，使得利益相关者产生抵制倾向，面临的贸易纠纷更加频繁。海外仓构建下企业需要负责外贸、货物清关等诸多事项，由于传统目的地国的进口贸易由海外进口商完成，但对于海外仓物流配送模式，这些手续由跨境电商企业自行办理。同时，在清关方式上，传统小包由邮政来完成，而对于海外仓批量发货，走大宗货物清关方式，要求更严格，认证体系更烦琐；对跨境电商的管理、服务能力要求更高。从海外仓经营管理过程来看，货物交由海外仓运营主体来进行管理，并负责仓储、物流、配送业务，由此需要对货物进行快捷、准确、实时化管理，所需的信息技术水平更高。

（5）一件代发。跨境电商一件代发，是无货源模式衍生的一种运营模式，通过采集软件采集第三方平台的商品。有消费者下单，立马联系供应商发货。收到货物之后，再进行包装、贴单，交给物流服务商发给消费者。一件代发在运营模式上，属于一种低风险、轻运营的跨境电商运营模式，能让卖家以较低的投资、较低的风险进军跨境电商市场。这种模式虽然好，但是也有一些难点亟待解决，如物流环节的问题。一般跨境电商卖家会备好货，有订单可以直接进行打包发货，或者物流服务商上门揽件，基本不会耽误发货，物流考核被扣分的情况也很少。但是一件代发是无货销售，导致接到订单后卖家需要等待较长的时间才能收到货物，不仅延长物流配送时间，而且绩效考核也很难达标。物流配送时间延长，容易导致退货、退款、差评的产生。物流绩效考核不达标，账号会被限制，甚至关闭。

一件代发模式有以下几点优势。卖家不需要库存积压，即可将店铺开起来，省下了备货的费用，也减少了库存积压的风险；网上的价格透明，不需实地访问就可以直接货比三家，选取价格质量最为合适的进货渠道，并且进货直接通过网络运输即可；避开批发模式，不用为了降低零售价拼命增加进货数量；操作便捷，开店注册账号、复制厂家的供货信息就可以开始卖货了；用厂家的图片和介绍，卖家就可以直接开始卖货，不需要自己前期去摆拍产品，挖空心思想着如何介绍商品的优势、吸引买家的注意。

一件代发模式同样也具有一些劣势：无法知道商家的货是否会热销；价格和品质优势不明显，无法真正考察发货时产品的质量；货源不稳定，无法确保自己利益；竞争激烈，同一供货商将商品供应给多名卖家，同质化严重，产品优势不明显。

（6）保税区与自贸区物流。保税区又称保税仓库区，是一国海关设置的或经海关批准注册、受海关监督和管理的可以较长时间存储商品的区域。中国最早是没有保税区的，货物过关入境都需要缴税，直至1990年，上海外高桥有了中国的第一个保税区。

运入保税区的货物可以进行储存、改装、分类、混合、展览以及加工制造。货物可以在保税区与境外之间自由进出，但如果要进入关境就需要交纳关税。

自贸区全称为自由贸易区，传统的自贸区叫 free trade area（FTA），指两个以上的国家根据 WTO 相关规则签署自由贸易协定所形成的区域，不仅包括货物贸易自由化，还涉及服务贸易、投资、政府采购、知识产权保护、标准化等更多领域的相互承诺，是一个国家实施多双边合作战略的手段。自贸区的生产、贸易和投资活动适用的关税、审批和管理政策灵活。像中国–东盟自由贸易区、非洲大陆自由贸易区就是 FTA 类型。另一种自贸区叫 free trade zone（FTZ），指某一国或地区在己方境内划出一个特定区域，单方自主给予特殊优惠税收和监管政策。

中国自由贸易区是指在中国境内关外设立的，以优惠税收和海关特殊监管政策为主要手段，以贸易自由化、便利化为主要目的的多功能经济性特区。中国自由贸易区是政府全力打造中国经济升级版的重要举动，其核心是营造一个符合国际惯例的、对内对外投资都具有国际竞争力的国际商业环境。2013 年 9 月 27 日，国务院批复成立中国（上海）自由贸易试验区。中国（上海）自由贸易试验区是中国首个自由贸易园区，同时也是中国第一批设在境内关外的自贸区。2013 年 9 月至 2019 年 8 月，中国已经分多批次批准成立了 18 个自贸试验区，已经初步形成了"1+3+7+1+6"的基本格局，形成了东西南北中协调、陆海统筹的开放态势，推动形成了中国新一轮全面开放格局。2020 年 9 月 21 日，国务院出台《国务院关于印发北京、湖南、安徽自由贸易试验区总体方案及浙江自由贸易试验区扩展区域方案的通知》。

在自贸区出现之前，保税区就是境内最开放的地方。就地理位置而言，自贸区是现有保税区的合并；从政策上来讲，自贸区就是现有保税区的全方位升级，自贸区实行"境内关外"政策，保税区实行"境内关内"政策。

保税物流中心是指封闭的海关监管区域并且具备口岸功能，分 A 型和 B 型两种。保税物流中心 A 型和保税物流中心 B 型的区别有以下几个方面。

构成不同：保税物流中心 A 型是指由一家法人企业设立并经营的保税物流服务的海关监管场所；保税物流中心 B 型是指由多家保税物流企业在空间上集中布局保税物流的海关监管场所。

审批和验收程序不同：保税物流中心 A 型应由企业申请经海关审批并由直属海关会同省级国税、外汇管部门验收；保税物流中心 B 型由直属海关受理审核后报海关总署审批，并由海关总署、国家税务总局和国家外汇管理局等部门组成联合验收小组进行验收。

企业资格条件不同：保税物流中心 A 型主要针对大型生产型的跨国公司和大型物流企业，因而对申请设立的资格要求较高，要求企业注册资本最低为 3 000 万元人民币；保税物流中心 B 型经批准设立后，对企业的入驻资格要求较低，以注册资本为例，只需达到 5 万元人民币即可。

功能：保税仓储、国际物流配送、简单加工、增值服务、检验检疫、进出口贸易、转口贸易、商品展示、物流信息处理、口岸、入物流中心出口退税。

保税区或自由贸易区物流，指先将商品运送到保税区或自贸区仓库，通过互联网获得顾客订单后，通过保税区或自贸区仓库进行分拣、打包等，集中运输，并进行物流配送。这种方式具有集货物流和规模化物流的特点，有利于缩短物流时间和降低物流成本。

优势：跨境电商企业可以先把商品放在自贸区，当顾客下单后，将商品从自贸区发出，有效缩短配送时间。通过自贸区或保税区仓储，可以有效利用自贸区与保税区的各类政策、综合优势与优惠措施，简化跨境电商的业务操作。

劣势：可能会造成货物积压，增加成本。

（7）集货物流。集货物流指先将商品运输到当地的仓储中心，达到一定数量或形成一定规模后，通过与国际物流公司合作，将商品运到境外买家手中，或者将各地发来的商品先进行聚集，然后再批量配送，又或者一些做同类型商品的跨境电商企业组建战略联盟，成立共同的跨境物流运营中心，利用规模优势或优势互补的理念，达到降低跨境物流费用的目的。

（8）第三方物流。第三方物流指由买方、卖方以外的第三方专业物流企业，以合同委托的模式承担企业的物流服务。

优势：在跨境电商中，由于其复杂性，且对物流投入要求很高，基于跨境物流的复杂性和各种物流障碍，大多数跨境电商选择第三方物流模式。第三方物流通过发挥专业化分工与规模经营优势，可降低物流企业的经营成本；劣势：降低了客户企业对物流的控制能力，客户企业的公司战略信息可能外泄，第三方物流企业可能不能提供一些满足客户企业个性化需求的物流服务。

（9）第四方物流。第四方物流指专为交易双方、第三方提供物流规划、咨询、物流信息系统、供应链管理等服务，通过调配与管理自身及具有互补性的服务提供商的资源、能力和技术，提供综合、全面的供应链解决方案。

优势：有效降低企业物流成本，企业同样可以享受第三方物流的服务，通过第三方平台的时效性有保证；劣势：第四方物流无成本运作，因此难以取得客户信任且物流环节增多，运输风险增大。

2）跨境出口物流模式的对比

各种物流模式在服务效率、成本支出、适用性和使用率等方面，各有所长、各有所短，如表7-2所示。跨境电商面向全球市场，交易双方涉及不同国家（地区），各国（地区）的物流水平参差不齐、差异较大，加上交易商品种类众多，对物流的要求差异较大。针对不同国家（地区）、不同商品，不同时效的要求等因素，一般采用两种或两种以上的组合物流模式。

表 7-2 物流模式对比

| 模 式 | 服务效率 | 成本 | 适用性 | 使用率 |
| --- | --- | --- | --- | --- |
| 邮政包裹 | 低 | 低 | 广泛 | 高 |
| 跨境专线 | 高 | 高 | 广泛 | 低 |
| 国际快递 | 较高 | 较低 | 广泛 | 高 |
| 海外仓 | 较高 | 较低 | 广泛 | 较高 |
| 一件代发 | 较高 | 较低 | 有局限 | 一般 |
| 保税区与自贸区物流 | 较高 | 较低 | 有局限 | 较高 |
| 集货物流 | 一般 | 较低 | 有局限 | 低 |

续表

| 模式 | 服务效率 | 成本 | 适用性 | 使用率 |
|------|----------|------|--------|--------|
| 第三方物流 | 不定 | 不定 | 有局限 | 较高 |
| 第四方物流 | 不定 | 不定 | 有局限 | 较高 |

**2. 跨境进口物流**

跨境进口物流是随着海淘的发展而产生。根据海淘流程参与主体的不同，当前海淘的物流模式主要有三种：直邮、转运、保税进口。

1）直邮模式

直邮模式是境内消费者下单后，货物直接空运至中国境内，由四大商业快递、邮政公司或国外快递公司等进行清关，然后直接配送到消费者手中。

特征：满足纯正海淘客户群的需求，原汁原味；货量小但货品价值高；到货周期较长，为 10 天左右；串货矛盾小。婴儿食品、护肤品、保健品、奢侈品等是直邮的主要商品。

优势：相对于转运模式，直邮操作简单，且货品丢失、破损甚至被偷换的风险都相对较低，更不必担心转运公司跑路。

劣势：其一，目前直邮大多由国际快递公司承运，虽寄送时间快，但运费很高；其二，支持跨境直邮服务的境外购物网站仍较少。

（1）商业快递直邮。承运人是 FedEx、UPS、DHL 和 TNT 四大商业快递公司，其流程如图 7-3 所示。

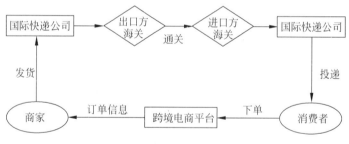

图 7-3　商业快递直邮流程

优势：

① 安全性。全球网络下的时效性和配送环节的安全性是四大快递公司的核心竞争力。从境外到境内全程由四大商业快递公司自行配送，保证服务质量。

② 清关速度快。报关时，四大快递公司往往自行报关，并与海关实现数据对接，在海关的三个报关系统中，四大快递公司属于清关速度最快的快件系统。

劣势：四大商业快递公司主营业务是商业快递，在包裹的跨境运输上，并没有明显的价格优势。

（2）两国（地区）合作直邮。该模式根据承运人性质的不同，又细分为通过万国邮政联盟渠道和两国快递公司合作运输渠道：通过万国邮政联盟渠道（UPU 框架），境内外的承运人都必须是万国邮政联盟的成员，境外承运人包括美国邮政、英国皇家邮政等，境内承运人为中国邮政 EMS。其物流流程如图 7-4 所示。

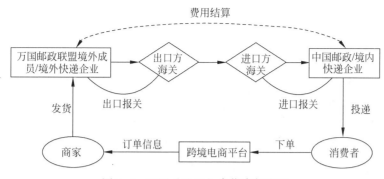

图 7-4 两国（地区）合作直邮流程

优势：
① 万国邮政联盟走邮政清关途径，批量报关，缩短了清关时间。
② 包裹的抽检率要低于其他方式。
③ 两国（地区）快递公司合作类似于 UPU 框架，但区别在于两国（地区）的快递企业不受万国邮政联盟公约的约束，重视价格和时效性，往往是邮政或信誉良好的快递企业。

劣势：物流时效性不高。

2）转运模式

转运是境内消费者在消费前要先登记注册境外一家转运公司，下单时先将货物送到转运公司，然后由转运公司集中将货物空运至中国境内进行清关，最后由境内的快递配送公司负责配送。

特点：转运是目前主流的海淘物流方式，但由于消费者需在网上搜索转运公司，且转运公司灰色通关导致消费者的税负不确定，对希望便捷且合法的主流消费者而言，转运模式过于复杂且存在法律风险。

转运主要分为转运公司参与寄递、报关企业参与寄递、灰色转运。

（1）转运公司参与寄递。转运公司参与的原因主要有两个：境外不提供直邮服务；直邮费用过高。转运公司作为中介，为消费者在境外签收货物，再将货物发回境内。其流程如图 7-5 所示。

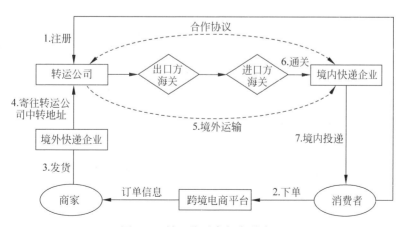

图 7-5 转运公司参与寄递流程

转运公司的主要运作模式如下：选取合适的地点租用房间做仓库；建立网站，搭建IT系统，为每个注册用户分配一个唯一的名字，用来收取和管理货物；签约合适的货运公司发货回境内。

转运公司的收益主要来源于两方面：①通过揽收再寄递货物赚取中间差价；②提供货物的增值管理。转运公司一般按照重量收费，有若干线路，如天津口岸、重庆口岸、上海口岸、广州口岸，还有港澳线。

（2）报关企业参与寄递。报关并不是寄递企业的核心业务，但是却是跨境网购寄递服务中最复杂的环节之一，其流程如图7-6所示。报关环节对整个寄递服务的时效性、可达性和费用等都有影响。报关企业参与寄递，本质上是两国（地区）合作直邮中两国（地区）快递合作寄递和转运公司参与寄递的延伸，这两种模式下的报关环节一般为专业报关企业承担。报关企业参与寄递，在寄递服务方面并没有独特之处。

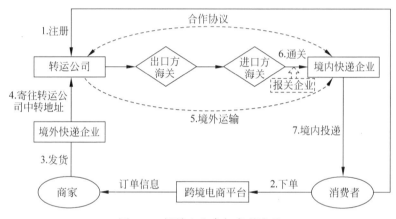

图7-6　报关企业参与寄递流程

3）保税进口模式

保税进口模式允许跨境电商先将货物运到境内的保税仓库，提前建立仓储，等有了订单之后直接从保税仓出货。以保税进口模式进行海淘，货物从境内出发，基本3天内就能到达。在税收方面，保税进口模式收取行邮税，而非进口税+增值税，且50元以下税额免税。

2013年起，跨境电商试点在上海、杭州、宁波等各大城市迅速展开，这其中，保税进口模式被认为是未来海淘最具潜力的商业模式。目前很多跨境电商都是将进口货品先囤在进口口岸的保税区中，等消费者下单后，再直接从保税区发给消费者。

特征："大宗货品"海淘的主要渠道，也是海淘进口量最大的渠道；周期短、响应速度快，约5天以内；若与自贸区政策结合，成长空间和想象空间巨大。目前，中国的主要电商网站和物流公司均已进入该领域，开展跨境"直购进口"和"保税进口"业务。

优势：与传统进口贸易相比，保税进口模式胜在两点。

（1）与传统物流全程串联的形式不同，保税进口实现了跨境运输补货与境内货物发送的并联，大大缩短了客户的等待时间。

（2）明确了电商企业"清单核放、汇总申报"的报关模式。电商企业先按照清单通关，海关通关系统会定期汇总清单形成报关单进行申报，避免了传统通关中每批货物通关都要走一遍完整流程的窘境。

总的说来，随着跨境电商的发展，转运模式将会大幅度减少，直邮模式和保税进口模式因各有特色，满足不同类型的消费者，将会在较长的时间内共存。

4）跨境电商进口物流模式对比

以跨境进口平台为例，表7-3对其采用的物流模式进行了对比。

表7-3 主流跨境电商进口企业的物流模式（截至2021年1月）

| 公　司 | 通关物流模式 | 保税仓储布局 |
|---|---|---|
| 天猫国际 | 以保税进口为主，海外直邮为辅 | 上海、广州、郑州、杭州、宁波5个试点城市保税区和天猫国际达成合作，菜鸟物流打通直邮、集货、保税三种模式，开通了中美、中德、中澳、中日和中韩5条进口专线 |
| 苏宁国际 | 以保税进口为主，海外直邮为辅 | 苏宁物流已获得国际快递牌照，杭州、广州保税仓已投入运作，后续将完成共8个保税仓的建设 |
| 京东国际 | 保税进口+海外直邮 | 跨国干线物流与DHL合作，并在杭州、广州、宁波建立保税仓，京东自建物流专注"最后一公里" |
| 聚美优品 | 保税进口 | 已在郑州布局4万平方米保税仓 |
| 唯品国际 | 以海外直邮为主，保税进口起步 | 在郑州设有保税仓，初步开展保税进口业务 |
| 蜜芽 | 保税进口+海外直邮 | 入驻重庆保税区、郑州保税区 |
| 洋码头 | 保税进口+海外直邮，自建跨境物流体系 | 在美国拥有3个集货站，在境内6个试点城市建立保税仓，境内与EMS合作完成"最后一公里" |

### 7.2.3 运费计算实例

**1. E邮宝运费计算**

（1）查询E邮宝美国运费表，（基础资费+运输附加费）×商品克重+商品挂号费，起重50克，（30元/千克+70元/千克）×商品重量+25元/件。

（2）产品重量0.45千克，计算E邮宝资费：（30+70）×0.45+25=70元。

**2. 中国邮政国际航空小包官方公布价如下。**

第一区：首重100克14元，续重100克9元。

第二区：首重100克16元，续重100克12元。

第三区：首重100克18元，续重100克15元。

第四区：首重100克20元，续重100克18元。

计价方式：按不同区域首重和续重100克计费，然后再乘以相应折扣收费（假设中国邮政小包折扣是7折），挂号费外加8元/件。则三区重量为400 g，邮寄费用多少？

邮寄费用=（18+300/100×15）×0.7+8=52.1（元）

**3. DHL运费计算**

经查询，DHL体积重量计算公式=长（cm）×宽（cm）×高（cm）÷5 000（应根据实际情况来计算）。货物实重1.14 kg，长×宽×高=15 cm×15 cm×10 cm。计算该货物的 DHL 运费。

1）比较体积重量和实重

体积重量：15×15×10/5 000=0.45 kg，比实重 1.14 kg 小，所以按照实重计算。

2）根据 DHL 运费表，计算 DHL 运费

包裹 21 kg 以下，首重 0.5 kg，续重按 0.5 kg 起算，不足 0.5 kg 按 0.5 kg 算。首重运费 +（总重量 – 首重）× 续重运费，其中（总重量 – 首重），采取进位取整的原则。

经查询，到美国，首重 0.5 kg 运费为 131.7 元，续重每 0.5 kg 的费用为 19.3 元。1.14–0.5=0.64 kg，超过 1 个续重（0.5 kg），不足 2 个续重，按 2 个续重计算。

所以运费计算公式为：131.7+19.3×2=170.3 元。

## 7.3 跨境电商物流运输及通关方式

### 7.3.1 跨境电商物流运输

**1. 跨境电商物流运输一般流程**

跨境电商物流比境内电商物流复杂很多，因为所成交的商品需要通过海关进出口，货品进出境的方式决定了跨境物流的运作方式和复杂程度。对于出口跨境电商而言，不论什么模式，其运作流程关键环节是类似的。出口商发布产品，境外买家网上购买并支付，通过邮政或快递企业申报出境，货物装车，通过机场快件监管中心（分拣）或邮政快件监管中心（分拣）或邮政国际邮件处理中心（分拣），经过空运或陆运口岸出境，电商企业集中报检报关，最后进行结汇、退税，如图 7-7 所示。

图 7-7 出口跨境电商物流运输一般流程

1）品检

品检是物流发运的第一步。在产品生产过程中，要控制好质量，就得不断地检查，品检是对产品的一个或各个特性进行诸如测量、检查、试验和度量，并将结果与规定的要求相比较，以及确定每项特性合格情况等所进行的活动。根据技术标准、产品图样、作业（工艺）规程或订货合同、技术协议的规定，采用相应的检测、检查方法观察、试

验、测量产品的质量特性，判定产品质量是否符合规定的要求，这是质量检验的鉴别功能。鉴别是"把关"的前提，通过鉴别才能判断产品质量是否合格。不进行鉴别就不能确定产品的质量状况，也就难以实现质量"把关"。因此鉴别功能是质量检验各项功能的基础。跨境电商卖家销售的产品如果是自己的工厂生产的，品检和生产环节往往衔接比较紧密，生产的质量检测环节和跨境电商品检合二为一。跨境电商卖家大部分没有自己的工厂，需要向厂家采购商品，二次品检就非常重要了，如果缺失了这一环节，倘若发了残次品，很可能导致卖家财货损失、客户流失。

2）包装材料的准备

跨境电商产品运输路程远，要经过长时间中转和运输，才能到买家手里。因此，产品包装就成为很重要的一个环节，一些易碎、易变形的货物格外需要包装好，才能避免货物在运输途中出现问题，引起损失和纠纷。

为了保护被包装的产品，会经常用到一些包装缓冲材料。跨境商品的包装缓冲材料有泡沫板、泡沫颗粒、泡沫、皱纹纸、气泡膜等，常用的货物包装材料有纸箱、泡沫箱、牛皮纸、文件袋、编织袋、无纺布等。常见的包装辅材有封箱胶带、警示不干胶、气泡膜、珍珠棉等。

**2. 常见的包装材料**

封箱胶带，又称为BOPP（双向拉伸聚丙烯薄膜）胶带、包装胶带等，是轻工业类企业、公司、个人生活中不可缺少的用品，如图7-8所示。国家对胶带行业还没有一个完善的标准，只有一个行业标准QB/T 2422—98《封箱用BOPP压敏胶粘带》。把BOPP原膜经过高压电晕处理后，使一面表层粗糙，再将胶水涂在上面，形成母卷，最后通过分条机分切成规格不等的小卷，就是我们日常使用的胶带了。

气泡信封是跨境电商发货使用最广的包装材料之一，如图7-9所示，气泡信封有多个尺寸型号，对于包装小件的首饰、工艺品、小件3C产品、电子产品、小件玩具都是非常好的包装选择。

图7-8　封箱胶带

图7-9　气泡信封

珍珠棉广泛应用于汽车坐垫、抱枕、电子电器、仪器仪表、电脑、音响、医疗器械、工控机箱、五金灯饰、工艺品、玻璃、陶瓷、家电、喷涂、家具家私、酒类及树脂等高档易碎礼品包装，五金制品、玩具、瓜果、皮鞋的内包装，以及快递包装，如图7-10所示。

气泡膜，是以高压聚乙烯为主要原料，再添加增白剂、开口剂等辅料，经230℃左右高温挤出吸塑成气泡的产品（图7-11）。是一种质地轻、透明性好、无毒、无味的新型塑料包装材料,也叫气泡垫,又称气垫膜、气珠膜、气泡布、气泡纸、泡泡膜、气泡薄膜、气垫薄膜。这是一种用于包装填充的防压防潮防震的化工产品,具有良好的减震性、抗冲击性、热合性、无毒、无味、防潮、耐腐蚀、透明度好等优点。

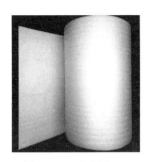

图 7-10 珍珠棉

图 7-11 气泡膜

气柱袋又称缓冲气柱袋、充气袋、气泡柱袋、柱状充气袋,是 21 世纪使用自然空气填充的新式包装材料,如图 7-12 所示。气柱袋具有抗拉伸及均衡特性,表面印刷性佳,属于医疗级基材,透过连续性压合,形成不透气的充气柱,用机器将防护膜制成气柱袋。运用物理原则,一次充气,全排充满,自动锁气,并且每一个气柱都是独立单元,形成潜水舱,遇到破损,只有破损的单根气柱部分失效,其余气柱完全不受影响,仍然具有保护功能。气柱袋提供长时间储运不漏气的抗震保护,将损坏率降至最低。

泡沫箱就是以泡沫塑料(多孔塑料)为材料制成的箱式包装容器,如图 7-13 所示,塑料泡沫是内部具有很多微小气孔的塑料。泡沫箱常被用于水果的运输。可发性聚苯乙烯泡沫塑料是一种新型的防震包装材料、保温材料。它具有比重轻、耐冲击、易成型、造型美观、色泽鲜艳、高效节能、价格低廉、用途广泛等优点。

图 7-12 气柱袋

图 7-13 泡沫箱

纸箱通常用作商品的包裹物或物品保护外层使用物,如图 7-14 所示。纸箱的体积因商品的大小而改变,纸箱通常有"小心轻放""怕湿""向上""堆码极限""怕晒""防潮""质量安全""禁止翻滚""不可践踏""注意防火""易碎物品""绿化环境""怕热""食品""防异味"等多种图案或文字提示,提醒使用者注意,以保护内装物品不受伤害。

图 7-14 纸箱

如果需要用到包装纸箱,要根据货物的尺寸和性质的不同选择合适的纸盒。按照纸箱中纸板(瓦楞板)的多少可将纸箱分为三、五、七层纸箱,纸箱的强度以三层最弱，七层最高。服装等不易碎耐受压力的产品用三层纸箱就够了；玻璃、数码产品、电路板等贵重物品，建议最好用五层纸箱再配以气泡膜，以确保产品在运输中的安全性。

按照形状可将纸箱分为普箱（或双翼箱）、全盖箱、天地盒、火柴盒、异型箱（啤盒）等。

**3. 物流相关设备的准备**

跨境电商中相关的物料主要有胶带切割器、美工刀、记号笔、剪刀、卷尺、电子秤、打印机、扫描枪和相机等，下面主要介绍经常使用的几个设备。

1）打印机

目前市场上打印机种类较多，每一种打印机耗材不一样，用途不一样。激光打印机是办公室常见的打印机，一般用于打印普通文档材料，利用激光加热将墨粉固定在纸上，从而实现打印功能。平常的耗材是墨粉，使用的纸张是普通纸，一般打印黑白色。另外也有一个耗材是硒鼓，更换不频繁。喷墨打印机一般用于打印彩色材料，将墨水喷射在纸上，从而实现打印功能。平常的耗材是墨水，使用的纸张是普通纸，一般可以打印彩色。（另外也有一个耗材是墨盒，有些机型不必频繁更换。）针式打印机一般用于打印票据，或者需要按压打印的纸张，将色带上的墨水压在纸上，从而实现打印功能。平常的耗材是色带，使用的纸张是多联纸，一般可以打印黑白色。热敏打印机常见于收银台，一般用于打印收据，通过加热纸张，从而实现打印功能。平常的耗材是热敏纸，使用的纸张是热敏纸，一般可以打印黑白色。一般打印需要与电脑连接，才能正常使用。有些打印机提供一些扩展功能，如网络共享打印、手机连接打印（Wi-Fi或者蓝牙）等。

2）扫描枪

扫描枪作为光学、机械、电子、软件应用等技术紧密结合的高科技产品，是继键盘和鼠标之后的第三代主要的电脑输入设备。扫描枪自20世纪80年代诞生之后，得到了迅猛的发展和广泛的应用，从最直接的图片、照片、胶片到各类图纸图形以及文稿资料都可以用扫描枪输入计算机中，进而实现对这些图像信息的处理、管理、使用、存储或输出。在跨境电商中，扫描枪用于扫描货品或包裹上的条形码，可以方便地输入产品的SKU条码、包裹跟踪号码等信息。使用时注意不要对着人眼，因为激光会轻微伤害眼睛。

3）电子秤

电子秤是使用称重传感器测量载荷重量、经过电子装置数字显示重量值的电子秤。根据国际法制计量组织（OIML）国际建议R76，数字指示秤属于自行指示（无人操作就可以自行指示）的非自动秤（在称量过程中需要人员操作的秤）。按使用功能，其可以分为计重秤、计价秤、计数秤、条码打印秤等。数字指示秤的特点是准确度高、显示直观（避免视觉误差）、使用方便、扩展功能丰富。

按产品结构/特点可将电子秤分为以下几种。

电子案秤（ACS）：放在桌子上的电子秤，称量范围在40 kg以内，小重量高分度。称量单位：公斤（kg）。

电子台秤（TCS）：放在地面上使用，称量范围在30～500 kg，中等称量和分度。

称量单位：公斤（kg）。

电子吊秤（OCS）：利用起重设备用秤体的吊钩对物体进行称重，称量范围在 0.5～20 t 左右。称量单位：吨（t）。

电子地上衡（SCS）：安装在地面上或地中的大中型电子秤（室内/室外），称量范围在 0.5～200 t。

其他电子秤：皮带秤、检重秤、罐装秤、防爆秤，以及适应特环使用环境的电子秤。

**4. 包装技巧**

包装备货稍不注意就会增加成本，给客户带来不好的体验感受，带来差评，影响店铺评分，有以下情况需要引起重视。

第一，包装箱尺寸很重要。过大的箱子会造成较高运费以及填充物的浪费。大小合适的箱子可以减少商品与箱子之间的碰撞。挑选适合的箱子，试着用不同的方式将商品装箱。使用坚固的纸皮箱装箱，确认装箱后是否超出重量的限制，并用废纸、聚苯乙烯的填充物或是硬纸板将空隙填满，以固定商品避免在运输过程中因为移动造成箱内商品的碰撞。封箱前在箱内上方放入一片厚纸板，并留下足够的空间来封箱。

第二，选用品质好的包装材质。聚苯乙烯只能承受一次的冲撞力，聚乙烯和聚氨基甲酸酯的材质相对有较高的受力度。后者材质薄、力度强，相对而言可以消耗较少的量来达到包装的效果，所以可以选择较小的箱子来装箱并节省运费。易碎的商品一定要使用聚苯乙烯填充粒子或是气泡纸来包装。必要时可以使用双层包装。如果两个商品同时装在一个箱子里，务必在包装后使商品的中间有足够的空间加入填充泡沫，避免移动中碰撞。最后在箱子的外面一定要有"易碎"的标识。

第三，迎合节日营销包装。对每个人来说，因包装不当而收到一个损毁的商品是件非常懊恼的事，尤其是节日或是生日礼物在运输中损坏，让买家更是难以接受。在特殊节日，商家除了要更加重视商品能够按时送达以外，更要保证买家收到商品时商品一定是完好的。所以最好多花点心思将商品包装好，包装得漂亮点。有时对于小细节的重视会让顾客对你的服务更加满意。

第四，适应各种环境的包装。包裹很有可能会被运输人员用鲁莽的方式丢入运输车或是货柜中。所以你必须要自行设计一个实验，以保证在任何可能的恶劣环境下，你的包装都能经受环境的考验。不论你寄送什么样的商品，一定要确保它包装得良好并能够防水。包裹上的地址被雨水污染，淋湿的包裹因为重增加使买家收到货时必须额外加付超重费用，这些都是可能导致你收到差评的因素。

第五，再次确认地址。包装纸条可以从店铺的管理订单页面列印出来。地址的标签是贴在于纸箱外层的，而第二张包装纸条是要内箱里跟商品放在一起的。确认正确的运送地址是最基本的，但也是最容易出错的。最好在外箱上加上清楚的退货地址。地址应该要能够依附在外箱或是直接写在外箱上面。最好是使用油性笔来书写，如果写错可以比较容易察觉并进行修正。这也能够避免因为雨水模糊地址的问题或是标签皱褶看不清楚。千万别在盒子外用纸来包装，因为纸很容易在运输过程中撕破而掉落，造成商品的遗失。最好再加上邮政编码让商品更快送到顾客的手中。

### 7.3.2 跨境电商通关方式

不同的跨境电商业务有不同的监管方式。

**1. 跨境电商出口通关**

与跨境电商进出口直接相关的通关模式主要有七种，分别是9610、1210、1239、0110、1039和9710、9810，如图7-15所示。

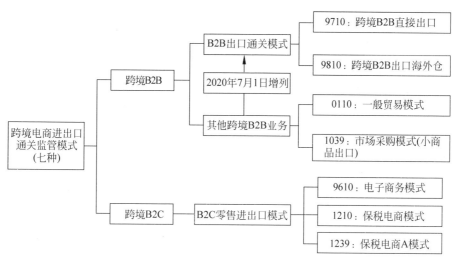

图 7-15 通关模式关系

通关模式四位代码中，前二位是按海关监管要求和计算机管理需要划分的分类代码，后二位为海关统计代码。"96"代表"跨境"，"12"代表"保税"。其他类似的代码还有0110，代表的是一般贸易。针对跨境电商B2C模式，海关总署制定了代码9610和1210的海关监管方式。针对跨境电商B2B出口通关主要包括两种模式（9710和9810）。企业可根据自身业务类型，选择相应方式向海关申报。

（1）9610全称"跨境贸易电子商务"，简称"电子商务"，俗称"集货模式"，即B2C出口。该监管方式适用于境内个人或电子商务企业通过电子商务交易平台实现交易，并采用"清单核放、汇总申报"模式办理通关手续的电子商务零售进出口商品。该模式能够化整为零，灵活便捷地满足境外消费者需求，具有链路短、成本低、限制少的特点。也就是说，9610出口就是境内企业直邮到境外消费者手中。

（2）1210全称"保税跨境贸易电子商务"，简称"保税电商"。该监管方式适用于境内个人或电子商务企业在经海关认可的电子商务平台实现跨境交易，并通过海关特殊监管区域或保税监管场所进出的电子商务零售进出境商品。1210相当于境内企业把生产出的货物存放在海关特殊监管区域或保税监管场的仓库中，即可申请出口退税，之后按照订单由仓库发往境外消费者。

（3）9710全称"跨境电子商务企业对企业直接出口"。该监管方式适用于跨境电商B2B直接出口的货物。具体是指境内企业通过跨境物流将货物运送至境外企业或海外仓，并通过跨境电商平台完成交易的贸易形式，包括亚马逊、eBay、Wish、速卖通、阿里巴巴、敦煌网等电商平台以及自建站。商家通过跨境电商平台完成交易，通过跨境物流将货物运送至境外企业或海外仓就适用9710。

（4）9810全称"跨境电子商务出口海外仓"。该监管方式适用于跨境电商出口海外仓的货物，也就是亚马逊FBA、第三方海外仓或者自建海外仓都包含在内。

（5）0110是境内外企业通过传统贸易方式达成交易的方式，也就是一般贸易出口，企业需要随附委托书、合同、发票、提单、装箱单等单证。

四种监管类型比较如表7-4所示。

表7-4 四种监管类型比较

| 项 目 | 跨境电商B2B出口 9710、9810 | 跨境电商B2C出口 9610 | 一般贸易出口0110 |
| --- | --- | --- | --- |
| 企业要求 | 参与企业均办理注册登记 出口海外仓企业备案 | 电商、物流企业办理信息登记 办理报关业务的办理注册登记 | 企业注册登记 |
| 随附单证 | 9710：订单、物流单（低值） 9810：定仓单、物流单（低值） （委托书首次提供） | 订单、物流单、收款信息 | 报关委托书、合同、发票、提单、装箱单等 |
| 通关系统 | "H2018通关管理系统" "跨境电商出口统一版" （单票＜5 000元，不涉检、证、税） | "跨境电商出口统一版" | "H2018通关管理系统" |
| 简化申报 | 在综试区所在地海关通过"跨境电商出口统一版"申报，符合条件的清单，可按照6位HS编码简化申报 | 在综试区所在地海关通过"跨境电商出口统一版"申报，符合条件的清单，可按照4位HS编码简化申报 | — |
| 物流 | 转关 直接口岸出口 全国通关一体化 （通过H2018申报的） | 转关 直接口岸出口 | 直接口岸出口 全国通关一体化 |
| 查验 | 优化安排查验 | — | — |

**2. 跨境电商进口的"三单对碰"的实现**

"三单对碰"是海关总署的明确要求，海关总署在2014年第12号、2014年第57号公告中提出，开展跨境电商进口业务的企业应当按照规定向海关传输交易、支付、仓储和物流等数据。由海关校验每一笔交易订单信息和消费者信息的真实性，促进跨境电商合规化发展。"三单"信息就是海关公告中的交易信息、支付信息、物流信息。相对应的"三单"就是订单、支付单、运单（也叫物流单），是在消费者下单后由不同类型主体的企业分别推送的。

扩展阅读7-2 跨境电商出口通关

订单信息包括订购人信息、订单号、支付单号、物流单号及商品信息等，由电商企业推送电子订单数据；支付单信息包括支付人信息、支付金额、订单号、支付单号等，由支付企业推送支付单数据；运单信息包括分物流单号、订单号、商品信息、收货人等，由仓储物流服务商推送运单数据。

三单中包含很多重要信息，我们可以看到有些信息是三单共有的，其中订单号就是重点，用来确认这三单属于同一笔订单。海关收到上述三单后，仓储物流服务商需要把该订单的清单推送给海关，海关将订单、支付单、运单中的订购人信息、收件人信息、商品及价格信息和清单中的订购人信息、收件人信息，商品及价格信息进行数据校验比对。这个校验比对的过程就是"三单对碰"。

如果比对结果没有问题，那就会收到申报成功回执。如果有问题，就会收到申报失败回执，海关会反馈相应的错误代码信息，按照海关回执，如果能申报信息修改，可通过重新申报的方式处理，否则需要做退单处理。

扩展阅读7-3 跨境电商进口的"三单对碰"的实现

## 7.4 跨境电商仓储管理

随着智能化、物联网的发展，大型仓储智能化程度越来越高，大型企业的仓储已经逐渐实现智能化、数字化，一些电商平台的头部企业已经实现了无人化、全智能化仓储管理，如亚马逊FBA，机器人分拣、上货、贴标签等，这里仅仅针对中小企业的仓储管理进行一些基础建设的阐述。

仓储管理是供应链管理的重要一环。即使是小卖家，也会日单量过千。而跨境电商产品往往具有多属性，因此常常无法做到及时准确拣货，尤其新员工对于商品不熟悉，经常拣货出错，需要反复核对，耗费大量人力和时间，严重影响发货效率。下面从仓储空间及货架位规范、商品信息规范、流程设计方面对仓库管理进行介绍。

**1. 仓储空间及货架位规范**

货架位信息，指对库存商品存放场所按照位置的排列，采用统一标识标上顺序号码，并作出明显标志。科学合理的货架位信息有利于对库存商品进行科学的养护保管，在商品的出入库过程中，根据货架位信息可以快速、准确、便捷地完成操作，提高效率、减少误差。货架位信息编写，应确保一个仓库的货架位采用同一种方式规则进行编号，以便于查找处理。这里介绍几种常用的货架位编号形式。

区段式编号：把仓库区分成几个区段，再对每个区段编号。这种方式是以区段为单位，每个号码代表的一个存储区域，区段式编号适用于仓库库位简单、没有货架的情况，可以将存储区域划分为A1、A2、A3等若干个区段。

品项群式：把一些相关性强的商品经过集合后，分成几个品项群，再对每个品项群进行编号。这种方式适用于按商品群保管和所售商品差异大的卖家，如多品类经营的卖家。

地址式：将仓库、区段、排、行、层、格等进行编码。可采用四组数字来表示商品库存所在的位置，四组数字代表仓库的编号、货架的编号、货架层数的编号和每一层中各格的编号。如1-12-1-5的编号，可以知道编号的含义是：1号库房，第12个货架，第一层中的第五格，根据货架位信息就可以迅速地确定某种商品具体存放的位置。

以上是三种常用的仓库货架位编号形式，各种形式之间并不是相互独立的，卖家可以根据自己实际情况相互结合使用。

### 2. 商品信息规范

此处的商品信息规范主要是指商品的 SKU 信息，商品规格尺寸，中英文报关信息的条理化、明晰化。商品信息的规范有利于进行库存商品的科学管理，合理的 SKU 编码有利于实现精细化的库存管理，同时有利于及时准确地拣货，提高效率，避免拣货失误。

商品信息的几项内容中，商品规格尺寸、中英文报关信息作为既有数据稍做整理即可完善，商品 SKU 是商品管理中最为重要、最为基础的数据，但由于不是既有的信息，很多卖家存在没有 SKU 或 SKU 不完善的情况。

比如鞋子 A，有 3 种颜色，5 个尺码，那么针对这双鞋就需要 15 个 SKU 码，细致到具体颜色的具体尺码。商品 SKU 信息不完善，卖家将无法有效监控自己商品的详细库存，既不利于分析销售数据，进行及时采购补货，配货时订单信息也无法准确显示拣货信息。规范的商品信息是 ERP 系统能够有效进行管理的基础。

那么如何编写 SKU 呢？SKU 的基本原则在于不可重复。理论上使用者可以在不重复的条件下随意编写，不过从方便跨境电商卖家管理的方面来讲，建议按照商品的分类属性由大到小的组合方式进行编写，示例：

| ×××× | ×××× | ×××× | ×××× | ×××× | ×××× |
|------|------|------|------|------|------|
| 大分类 | 中分类 | 小分类 | 品名 | 规格 | 颜色 |

在跨境电商的实际管理过程中，SKU 不仅仅是最小库存单位，同时也需要通过 SKU 来识别商品信息，因此商品 SKU 完美体现商品信息就显得十分必要。以上只是一个简单的示例，实际编写中卖家可以根据自己的产品特点以及管理的需要进行不同的属性组合，但是不管采用哪些属性组合，顺序和所包含属性类别一定要一致，以避免认知上的混乱。

对于各种重复刊登或者跟卖的商品，涉及同一商品的多 SKU 刊登情况，对此建议卖家通过在平台对原始 SKU 统一添加前缀或后缀的形式加以区分。

例如商品的原始 SKU 为 ABC，重复刊登时可以相应在平台设置 1-ABC、2-ABC、3-ABC 或 ABC-1、ABC-2、ABC-3，然后在赛兔 OMS 一类订单管理系统中设置相对应的前缀分隔符或后缀分隔符，设置完成后，系统从平台抓取回带有相应分隔符的 SKU 后会自动根据设定的规则忽略相应的前缀或后缀，进而实现有效的订单和库存管理。

### 3. 流程设计

这里的流程是指卖家在上述两点规范的情况下，订单、进销存管理过程中每个节点工作的顺次衔接。

简单而言，跨境电商卖家日常的后端管理大致可分为订单获取、订单分配、打单配货、库存维护。至于整个流程怎么串联能效率最大化，要写就得长篇累牍了，在此说说目前市面上的 ERP 是如何来流转这一系列工作的。订单获取：通过 eBay、Amazon、速卖通、Wish 平台的官方 API 自动将平台订单导入管理系统；订单分配：接入市面上主流的国际物流渠道，通过用户自定义的分配规则，所有订单自动根据规则分配给相应的仓库配货、相应的物流获取面单和跟踪号；打单配货：订单根据规则自动获取物流信息并生成面单、跟踪号，捡货信息也与面单同步打印，对于简单包裹（一个订单仅包含一件商品的包裹）可以扫货出面单；库存维护：系统自动根据订单发货情况维护库存，并根据库存存量以及临近日期的日均销量结合采购周期自动生成采购建议。采购可以支撑不断产生的订单，在流程上形成一个闭合的循环。跨境电商的仓库管理不是简单的打包发货，而是卖家供应链管理的重要一环，如何尽可能做到效率最大化、如何让管理更高效，这是一门很精深的功课，在此也仅仅是单一角度的切入，作为概论课程入门了解该领域内容。

## 7.5 跨境电商物流空运的常用名词

（1）ATA/ATD（actual time of arrival / actual time of departure）：实际到港/离港时间。

（2）航空货运单（air waybill，AWB）：由托运人或以托运人名义签发的单据，是托运人和承运人之间货物运输的证明。

（3）无人陪伴行李（baggage, unaccompanied）：非随身携带而经托运的行李，以托运方式交运的行李。

（4）保税仓库（bonded warehouse）：在这种货仓内，货物可以在没有期限的情况下存放而无须缴纳进口关税。

（5）散件货物（bulk cargo）：未经装上货板和装入货箱的散件货物。

（6）CAO（cargo for freighter only）："仅限货机承运"的缩写，表示只能用货机运载。

（7）到付运费（charges collect）：在航空货运单上列明向收货人收取的费用。

（8）预付运费（charges prepaid）：在航空货运单上列明托运人已付的费用。

（9）计费重量（chargeable weight）：用来计算航空运费的重量。计费重量可以是体积重量，或是当货物装于载具中时，用装载总重量减去载具的重量。

（10）到岸价格 CIF（cost, insurance and freightage）：指"成本、保险和运费"，即 C&F 外加卖方为货物购买损失和损毁的保险。卖方必须与保险商签订合同并支付保费。

（11）收货人（consignee）：其名字列明于航空货运单上，接收由承运人所运送的货物之人。

（12）交运货物（consignment）：由承运人在某一时间及地点接收托运人一件或多件货物，并以单一的航空货运单承运至某一目的地。

（13）发货人（consignor）：等同于托运人。

（14）集运货物（consolidated consignment）：由两个或两个以上托运人托运的货物拼成的一批货物，每位托运人都与集运代理人签订了空运合同。

（15）集运代理人（consolidator）：将货物集合成集运货物的人或机构。

（16）COSAC（Community Systems for Air Cargo）："高识"计算机系统的缩写。是香港空运货站有限公司的信息及中央物流管理计算机系统

（17）海关（customs）：负责征收进出口关税、查禁走私和麻醉品交易及滥用的政府机构（在中国香港称香港海关）。

（18）海关代码（customs code）：由海关为一批货物加注的代码，以表明清关结果或要求货站经营者/收货人采取何种清关行动。

（19）清关（customs clearance）：在原产地、过境和在目的地时为货物运输或提取货所必须完成的海关手续。

（20）危险货物（dangerous goods）：在空运时可能对健康、安全或财产造成重大威胁的物品或物质。

（21）运输申报价值（declared value for carriage）：由托运人向承运人申报的货物价值，目的是决定运费或设定承运人对损失、损害或延误所承担责任的限制。

（22）海关申报价值（declared value for customs）：为核定关税金额而向海关申报的货物价值。

（23）垫付款（disbursements）：由承运人向代理人或其他承运人支付，然后由最终承运人向收货人收取的费用。这些费用通常为支付代理人或其他承运人因运输货物而付出的运费和杂费而收取的。

（24）EDIFACT（Electronic Data Interchange for Administration, Commerce and Transportation）："管理、商业和运输电子资料交换"的缩写。EDIFACT是用于电子资料交换的讯息句法的国际标准。

（25）禁运（embargo）：承运人在一定期限内拒绝在任何航线或其中的部分航线上或接受转机的来往于任何地区或地点承运人任何商品、任何类型或等级的货物。

（26）ETA/ETD（estimated time of arrival / estimated time of departure）：预计到港/离港时间。

（27）出口许可证（export license）：准许持证人（托运人）向特定目的地出口指定商品的政府许可文件。

（28）国际货运代理协会联合会（FIATA）是一个非营利性国际货运代理的行业组织。该会于1926年5月31日在奥地利维也纳成立，总部现设在瑞士苏黎世，并分别在欧洲、美洲、亚太、非洲和中东四个区域设立了区域委员会，任命有地区主席。FIATA设立目的是代表、保障和提高国际货运代理在全球的利益。该会是在世界范围内运输领域最大的非政府和非营利性组织，具有广泛的国际影响。其会员来自全球161个国家和地区的国际货运代理行业，包括106家协会会员和近6 000家企业会员。

（29）离岸价格FOB（free on board）：在"船上交货"的条件下，货物由卖方在买卖合同指定的装船港装船。货物损失或受损害的风险在货物经过船舷（即离开码头被置于船上后）时便转移给买方，装卸费由卖方支付。

（30）机场离岸价（FOB airport）：此术语与一般FOB术语类似。卖方在离境机场将货物交与航空承运人后，损失风险便由卖方转移到买方。

（31）货运代理（freight forwarder）：提供服务（如收货、转货或交货）以保证和协助货物运输的代理人或公司。

（32）总重（gross weight）：装运货物的全部重量，包括货箱和包装材料的重量。

（33）HAFFA（Hong Kong Air Freight Forwarding Association）：香港货运业协会有限公司的缩写，始创于1966年，是一个推动、保障和发展中国香港货物运输业的非营利性组织。

（34）货运代理空运提单（house air waybill, HAWB），又称货运分运单，包括拼装货物中的单件货物，由混装货物集合人签发，并包括给拆货代理人的指示。

（35）IATA（International Air Transport Association）：国际航空运输协会。IATA 是航空运输业的组织，为航空公司、旅客、货主、旅游服务代理商和政府提供服务。该协会旨在促进航空运输安全和标准化（行李检查、机票、重量清单），并协助核定国际空运收费。IATA 的总部设于加拿大的蒙特利尔。

（36）进口许可证（import licence）：准许持证人（收货人）进口指定商品的政府许可文件。

（37）标记（marks）：货物包装上标明用以辨认货物或标明货主相关信息的记号。

（38）航空公司货运单（master air waybill）：这是包括一批集装货物的航空货运单，上面列明货物集合人为发货人。

（39）中性航空运单（neutral air waybill）：一份没有指定承运人的标准航空货运单。

（40）鲜活货物（perishable cargo）：在特定期限内或在不利的温度、湿度或其他环境条件下易腐的货物。

扩展阅读 7-4　跨境电商物流空运的常用名词

课后习题

1. 跨境电商物流的定义是什么？
2. 直邮业务和海外仓模式的业务流程分别是怎样的？
3. 邮政挂号小包运费计算题：

（1）查询邮政挂号小包运费表，运往西班牙的费率为挂号费 8 元 / 件，运费为 75 元 /kg。

（2）产品重量为 55 kg。

请计算邮政挂号小包资费。

4. 实训：假设一批 ×× 货物，发往 ×× 国家，请给出物流方案，并给出预估的物流费用和配送时间。

即测即练

# 第 8 章

# 跨境电商视觉营销

**【本章学习目标】**
1. 了解视觉营销的概念与相关理论；
2. 了解视觉营销的基本要素，包括色彩、构图、文案与字体；
3. 熟悉和掌握主流跨境电商平台视觉设计要求；
4. 理解跨境电商视觉营销的发展趋势。

### 导学案例：跨境电商视觉营销的灵魂

直接把同行大卖的产品内容复制过来，经过美工加工能达到大卖同样的用户体验吗？用户会给出真实的数据反馈，结果往往不尽如人意，反过来又要重新策划，周而复始，始终绕圈子，产品却错过了最佳销售期，错过重要的新品期扶持机会。

跨境电商卖家想让自己的产品获得平台搜索引擎的认可，必须把握好每个细节。由于跨境电商买家来自不同的国家与地区，存在不同的历史文化，不同的视觉偏好，加上不同的供应链，不同的设计师，视觉营销设计方案势必不同，抄袭复制的视觉表达是没有灵魂的。

视觉营销是产品秀+表白书，产品秀是加分印象项目，表白书是述说产品故事，让客户更了解产品及其产品背后的故事。任何一个优秀的跨境电商项目，都离不开文案策划，设计师是在文案的基础上勾画出产品的形象构架，进行系统设计，包括配色设计、构图设计与字体设计等，并要求符合跨境电商平台或海外社交媒体的规则。通过视觉营销，将解决买家需求痛点的方案以视觉方式呈现出来，然后慢慢地引导下单，当买家在购买产品时感到非常舒适，产品黏度自然就高了。

扩展阅读 8-1 视觉营销这样去理解它，让你的产品注入灵力充满活力

资料来源：电商那些年.视觉营销这样去理解它，让你的产品注入灵力充满活力[EB/OL].（2022-01-16）.https://baijiahao.baidu.com/s?id=1655873129408400153&wfr=spider&for=pc.

视觉营销是一个系统工程，本章将详细阐述视觉营销的概念、视觉设计的基本要素、主流跨境电商平台的视觉设计，同时，分析跨境电商视觉营销的发展趋势。

## 8.1 视觉营销概述

### 8.1.1 视觉营销的概念与理论基础

**1. 视觉营销的概念**

视觉营销是一种可视化的视觉体验，主要利用色彩、图像、文字等造成的冲击力吸

引潜在客户的关注，达到产品营销或品牌推广的目的。

在视觉营销中，视觉是重要的表现形式，而营销才是目的，通过视觉冲击和审美视觉感观激发客户潜在的兴趣，由此增加产品和店铺的吸引力，从而达到营销制胜的效果。

**2. 视觉营销理论基础**

根据人体工程学的研究得知，人们在获取外界信息时，87%由眼睛获得，75%～90%的人体活动均由视觉主导，大大超过了其他感知觉，视觉成为客户接收商品信息，决定是否购买商品及辨别品牌优劣的主要渠道。这表明视觉对于人们了解事物非常重要，在眼球经济的今天，视觉营销有其他营销不可比拟的优势。

国际推销专家海英兹·姆·戈德曼提出 AIDA 模式，也称"爱达"公式，它是推销学中的一个重要公式，具体如下：

注意（attention）→ 兴趣（interest）→ 欲望（desire）→ 行动（action）

该模式是指注意诱发兴趣，兴趣会刺激购买欲望，欲望会导致购买行为的促成。视觉在其中扮演诱因的角色，通过刺激消费者的欲望，最后促成消费者的购买行为。

### 8.1.2 视觉营销的关键指标

从下面的公式可知，一个跨境电商店铺或产品的销售额是由流量、转化率和客单价三个因素共同决定的。而流量、转化率与视觉营销密切相关，是衡量视觉营销成败的关键性指标。

销售额 = 流量 × 转化率 × 客单价

**1. 流量**

流量是指店铺或产品的访问量。有了流量才能获得更多的关注，才能将店铺或产品展示出去。流量具体分为 PV、UV 等指标，其中，PV 是（page view，页面访问量）的英文缩写，是指店铺内页的浏览量，用户每次刷新网页即被计算一次。UV 是 unique visitor 的英文缩写，是指独立访客数，1 天内相同的访客多次访问网站只计算 1 个 UV。

**2. 转化率**

转化率泛指目标群体占总群体的比率，电商环境下的转化率是指成交客户数占店铺访客总人数的比重，即

转化率 = 成交客户数 / 店铺访客数

### 8.1.3 视觉营销的重要性

视觉营销是为达成营销目标而存在的，它通过一系列视觉展现，向客户传达产品信息、服务理念和品牌文化，达到促进商品销售、树立品牌形象的目的。

视觉营销具有以下三个作用。

**1. 吸引眼球，引起潜在客户的关注**

人的知觉具有选择性，人们在观察外界事物时，会把具有较强美感和较高区别度的部分作为关注点，称之为聚焦点。

对于跨境电商而言，能够带来点击的主要有商品主图、Banner 广告、关联图片与短视频等。通过视觉营销，使产品在同类中脱颖而出，吸引更多消费者的浏览，提高产品

的人气，引起潜在客户关注，这就是引流。

**2. 激发兴趣，使客户产生购买行为**

视觉营销最关键的是要抓住消费者的核心诉求，激发消费者的兴趣与购买欲望，也就是告诉消费者我是谁、我的样子、我的功能、我为什么值得购买、我为什么不可取代。

通过视觉营销，抓住消费者的眼球，然后利用功能讲解让消费者了解产品，场景展示让消费者深陷其中，紧接着体现贴心服务，最后给出用户推荐或认证等打消消费者顾虑，顺其自然地达成交易，最终提高转化率。

**3. 营造好感度，提高客户忠诚度与复购率**

一个店铺或产品保持经久不衰，需要不断营造消费者的好感度，提高客户的复购率，提升其忠诚度。目前，跨境电商店铺成千上万，店铺形象同质化严重，必须通过视觉营销打造出具有辨识度的店铺形象，通过强有力的视觉效果塑造出让消费者信赖的品牌形象，使店铺或品牌被消费者记住并深入消费者的脑海中，最终使店铺或品牌在同行业中独树一帜。

通过视觉营销，在客户心目中树立店铺或品牌的整体形象，这就是忠实流量。

## 8.2 跨境电商视觉设计基本要素

### 8.2.1 色彩

色彩是视觉营销设计的重要元素之一，能否成功进行色彩的搭配，将直接关系到商品的访问量和品牌的认知度，甚至会影响店铺的生存与发展。

**1. 色彩的基本属性**

色彩可分为非彩色和彩色两大类别。非彩色是指白色、黑色和各种深浅不同的灰色，而其他所有颜色均属于彩色，彩色具有三个属性：色相、饱和度、明度。

色相也叫色调，指颜色的种类和名称，是颜色的基本特征，是一种颜色区别于其他颜色的因素。

饱和度是指颜色的纯度，一种颜色的饱和度越高，它就越鲜艳；相反，一种颜色的饱和度越低，它就越接近于灰色。

明度是指人眼感受到的色彩明暗程度。

**2. 视觉营销色彩选择**

在电商视觉营销设计中，应如何快速把握整体的色彩基调，更好地表达产品的主题思想呢？

1）基于产品定位色彩

不同的色彩给人不同的印象，不同行业、不同产品使用的色彩有一定的倾向性。例如科技、数码家电类产品较多采用蓝色，体现其商务、稳定的格调。保健品或化妆品经常使用绿色，体现其生命与健康；食品行业中的零食、水果常常采用黄色、橙色等暖色调，给人以味觉刺激，使人增加食欲，同时又有较强的视觉认知性和吸引力，表现出生活的格调；爱情婚恋主题往往采用紫色或与粉色搭配，表现浪漫、优雅、高贵、梦幻的气质。

在跨境电商视觉设计中，首页、店招、促销图等要选择与行业相匹配的颜色，保证色彩与店铺形象、经营的商品相一致。

2）基于消费者特点选择色彩

不同性别的消费群体，对色彩的偏好存在较大的差异。例如，成熟男性商品的配色以体现冷峻感的冷色系或黑色、深灰色等非彩色为主，或选用低明度、低纯度的色调，如深蓝色，能演绎出冷静、沉着、强壮、潇洒等男性的不同侧面。感受速度感和力量感的运动型商品配色也是男性配色，通过色彩来表现动感的印象，突出色彩之间的对比效果。

女性普遍喜好红色、粉色等暖色。时尚女装通常选择棕色、酒红等颜色，演绎女性的高雅和优美；添加紫色、黑色、红色，表现成熟女性的魅力。

不同年龄阶段对色彩的偏好也呈现出不同的特点，儿童喜欢色彩鲜艳和活泼的颜色，青少年喜欢对比较强的颜色，中年人喜欢稳重大气的颜色，而老年人则喜欢简单素雅的颜色。针对不同的消费群体，在设计上所采用的色彩也应有所不同。

**3. 海外视觉偏好与禁忌**

不同的国家与地区存在不同的历史文化，对于颜色的认知也不尽相同。因此，跨境电商卖家在视觉营销过程中要入乡随俗，在面向不同国家与地区的客户时，一定要注意把控颜色细节，包括页面色彩、产品颜色、包装设计、网站设计、场景设置等都需要符合目标客户的颜色偏好，用细节赢得客户的信任，用细节打动客户的心。

例如，在伊斯兰国家，绿色是神圣的颜色，代表生命之源，因此人们非常喜爱绿色，留心观察不难发现中东地区伊斯兰国家的国旗基本上都使用了绿色。在美国、加拿大，茶色、浅蓝色最受欢迎，其次是白色和杏黄色；日本最受欢迎的是白色，其次是红色和灰色；法国偏爱蓝色；拉丁美洲国家大多喜欢暖色调；非洲国家普遍喜欢明艳的色彩。

### 8.2.2 构图

在设计电商作品时，会遇到一个难题就是如何构图。从事视觉设计的新手，面对构图往往会产生乏力感，而优秀的构图不仅让作品充满美感，而且还能表现出作品的主题思想。

常见的基本构图形式有九宫格构图、对称式构图、对角线构图、三角形构图、垂直线构图、向心式构图等。

**1. 九宫格构图**

九宫格构图指的是用水平和垂直的4条线将画面分成9格，将主要元素放在线的交叉点上。"井"字的四个交叉点就是主体的最佳位置，这里的每个点都是视觉的焦点。一般认为，右上方的交叉点最为理想，其次为右下方的交叉点，如图8-1所示。

图8-2所示的案例，模特、文案均放在交叉点的位置，消费者的眼球自然就会被模特吸引过去，而文案内容正好占据了左上角的"趣味中心"，使整个画面在保持舒适平和的同时，突出了模特和文案内容。

图 8-1　九宫格焦点　　　　　图 8-2　九宫格构图效果

九宫格构图法符合人们的视觉习惯，是最经典的构图方式，使主体自然成为视觉中心，具有突出主体并使画面趋向均衡的特点。

### 2. 对称式构图

对称式构图是常用的一种构图技巧，一般分为左右对称、上下对称或斜向对称，每个方向呈现大致对等的视觉效果。

使用对称式构图，可以让画面达到一种平衡感，具有平衡、稳定、相呼应的特点，如图 8-3、图 8-4 所示。

图 8-3　对称式构图效果（一）　　　　图 8-4　对称式构图效果（二）

对称式构图的缺点是比较呆板、缺少变化。有时需要借助元素的调整来破除负面气质，图 8-4 因为小鸟的出现打破了平衡，图 8-5 因为左右两边不同的笔刷效果使得整个画面增加了些灵动气息。

图 8-5　对称式构图法在电商设计中的应用

### 3. 对角线构图

对角线构图是基本的构图方式之一，它把主体安排在画面两对角的连线上，产生运动感、立体感和延伸感。

图 8-6 采用了对角线构图法，使整个画面具有纵深感，增强了立体感。

利用对角线构图法可以使画面更加富有鲜活力和节奏感，图 8-7 所示的奔跑运动员，采用对角线构图，使得整个画面充满力量，吸引人的视线，达到了突出主体的效果。

图 8-6　对角线构图效果（一）　　　　图 8-7　对角线构图效果（二）

在电商设计中也较多采用对角线构图法，如图 8-8 所示。

**4. 三角形构图**

三角形构图是指在画面中所表达的主体放在三角形中或影像本身形成三角形的态势。三角形可以是正三角，也可以是斜三角或倒三角，其中斜三角较为常用，也较为灵活。

下面的两个案例均采用了三角形构图法，图 8-9 主体本身就是斜三角形，图 8-10 的三朵花构成了三角形。

图 8-8　对角线构图法在主图中的应用

图 8-9　三角形构图效果（一）　　　　图 8-10　三角形构图效果（二）

从案例看出，三角形构图既创造了平衡感又增添了动感。

**5. 垂直线构图**

垂直线构图即画面以垂直线条为主的构图形式。通常运用垂直线构图的时候，主体自身就符合垂直线特征，如一排排的风车等，如图 8-11 所示。垂直线在人们的心中是符号化象征，能充分展示景物的高大和深度。

在电商作品中，如果要展示多个款式、多种颜色或多个角度，也经常采用垂直线构图法，如图 8-12 所示。

图 8-11　垂直线构图效果　　　　图 8-12　垂直线构图法在电商作品中的应用

**6. 向心式构图**

向心式构图是指主体处于中心位置，而四周景物朝中心集中的构图形式。此构图法能将人的视线强烈引向主体中心，并起到聚集的作用，如图 8-13 所示。

向心式构图具有突出主体的鲜明特点，但有时也会压迫中心，产生局促沉重的感觉，如图 8-14 所示。

图 8-13　向心式构图法的应用

图 8-14　向心式构图效果

### 8.2.3　文案与字体

一个成功的海报设计或专题页面，除了具备出彩的配色、构图，文案与字体对于跨境电商视觉设计来说也是极其重要的，因为产品决定文案，文案决定视觉设计的气质格调。

同样的素材，同样的配色，但不同的文案与字体运用会让页面呈现出不同的效果，甚至天壤之别。那么在跨境电商视觉设计中应如何选择合适的字体、如何应用字体呢？

**1. 字体的类型**

字体是文字的风格样式，也是文化的载体，不同的字体给人的感觉不尽相同。英文字体可分为衬线体、无衬线体、其他字体（如手写体）。

衬线体在字母起笔和落笔的地方会有装饰衬线，装饰衬线对于客户的视线有引导作用，外观特征为古典、端庄、传统，如图 8-15 所示。Times New Roman 是经常使用的一种衬线体。

无衬线体也称为等线体，顾名思义，无衬线体没有装饰衬线，笔画粗细一致。无衬线体外观特征为客观、朴素、线条清晰、均匀有力，作为一种等线字体，它展示了没经过任何修饰的字母骨架，如图 8-16 所示。Arial 是经常使用的无衬线体。

图 8-15　衬线体

图 8-16　无衬线体

手写体带有强烈的书法特色，如图 8-17 所示，字体笔画连贯、流畅，但用于正文可能存在识别性差的问题，会降低阅读效率。手写体通常适用于比较特殊的设计案例，如婚礼、音乐会等。

# CHINESE BRUSH

图 8-17　手写体

**2. 字体的选择与应用**

在选择字体时，需要考虑整个设计项目的受众，切实定位受众的喜好，根据不同目标受众的需求来选择合适的字体，下面重点介绍无衬线体和衬线体的选择与应用。

无衬线体比较方正，笔画醒目，并且粗细一致，无论是中文还是英文都能传递直接干练的气质特点。

无衬线体使用非常广泛，可塑性很强。例如男性商品海报常常选择笔画粗的黑体类字体，表现出硬朗、粗犷、稳重、力量、运动、简约的感觉，如图 8-18 所示。

电商大促海报经常使用无衬线体表现激情、动感力量，造成视觉冲击力，如图 8-19 所示。有些海报还采用倾斜、文字变形等方式达到促销效果。

图 8-18　无衬线体使用效果

图 8-19　无衬线体海报设计效果

衬线体的笔画有粗细变化，在文化、艺术、生活、女性、美食、养生等领域常常选择衬线体。

女性商品海报常常采用衬线体，纤细、秀美、线条流畅，字形有粗细等细节变化，表现出女性柔软、飘逸、秀美等气质，显得有韵律，如女士服装海报、化妆品海报通常选用衬线体，如图 8-20 所示。

图 8-20　衬线体海报设计效果

文艺、民族风作品也更多采用衬线体，表现优美、复古、典雅高贵的气质，一些杂志封面也较多采用衬线体。

## 8.3　跨境电商平台视觉设计

### 8.3.1　Amazon

Amazon 是美国最大的跨境电商平台，在美国、英国、德国、意大利、法国、日本和西班牙等国家都有较大的市场。在 Amazon 平台中，图片是卖家给客户展示产品最直接有效的方式，在产品 Listing 的优化中至关重要，如果图片质量和标准没有达到 Amazon 平台的要求，则可能会影响产品的发布和推广。

## 1. Amazon 产品图片基本要求

Amazon 平台的产品图分为主图和辅图，其中 1 个 Listing 只能有 1 张主图，辅图最多 8 张。如图 8-21 所示，这是 Amazon 平台上销售的一款运动鞋，最左边纵向显示了 7 张小图，其中第一张是主图，后面 6 张是辅图。

平台对高度或宽度超过 1 000 px（像素）的图片提供了放大功能，这样买家能放大图片查看局部产品细节。建议卖家尽量选用 1 000 px 以上尺寸的图片。另外，当产品图片的横向和纵向比例是 1∶1.3 时，视觉效果最佳。

考虑到美观因素，建议主图与辅图尺寸一致。Amazon 平台支持 JPEG（联合图像专家组）、TIFF（标签图像文件格式）、GIF（图像互换格式）等类型的图片格式，建议使用 JPEG 格式的图片。

图 8-21　Amazon 平台产品主图与辅图

## 2. Amazon 产品主图要求

Amazon 平台要求产品主图背景必须是纯白色，而且主图必须是产品的实物图，不能带 Logo（标志）和水印。另外，主图中的产品最好占据图片大约 85% 的空间；产品必须在图片中清晰可见，需要显示整个产品。

有些类目（如服装、内衣、袜子等产品）的主图允许有模特，但只能使用真人模特。以女装为例，拍摄主图过程中模特必须是正面站立，不能是侧面、背面、坐姿或多角度组合图等。如图 8-22 所示的主图，右边是局部放大后的效果，主图模特身上不能有非售物品。袜子单卖需放单双主图，成套卖需要将所有套装中的袜子放在主图中，但不能有卡纸。

图 8-22　真人模特主图及局部放大效果

有些类目（如箱包、珠宝、鞋子等产品）的主图则不允许使用模特。鞋子的主图必须是单只鞋子的照片，最好是左脚朝左。穿在模特脚上的鞋图片只能出现在辅图中，不能出现在主图上，耳环主图要成对出现，如图 8-23 所示。

小部分家居装饰用品主图不强制用纯白背景,如窗帘、沙发、床上四件套、蚊帐、灯具等产品,如图 8-24 所示,这款卧室的台灯主图采用真实场景,没有使用纯白背景。

图 8-23　耳环主图

图 8-24　真实场景的台灯主图

**3. Amazon 产品辅图要求**

Amazon 产品辅图可以展示细节、其他面或搭配图等。辅图可以对产品做不同面的展示,也可以展示产品的使用场景,或对在主图中没凸显的产品特性做补充。

辅图最好也和主图一样用纯白的背景,但不做强制要求。产品必须在辅图中清晰可见,如果有模特,最好是真人站立的姿势。另外辅图不能带 Logo 和水印(产品本身的 Logo 除外)。

**4. Amazon Listing 详情图基本规则**

根据 Amazon 官方发布的商品详情页面规则,禁止在详情页面的标题、描述、要点或图片中包含以下信息。

(1)色情、淫秽或诽谤内容。

(2)电话号码、实际通信地址、电子邮件地址或网站 URL。

(3)库存情况、价格、状况、备选订购信息(如订购商品的其他网站链接),或备选配送服务(如免费配送)。

(4)媒介类商品(图书、音乐、影视)的剧透。

(5)评论、引用或推荐内容。

(6)积极的顾客评论请求。

(7)广告、宣传材料,或图片、相片或视频的水印。

(8)具有时效性的信息(如推广巡展、研讨会、讲座等活动的日期)。

### 8.3.2　eBay

eBay 是一个面向全球消费者的线上购物及拍卖网站,拥有美国、加拿大、奥地利、比利时、法国、德国、爱尔兰、意大利、荷兰等 20 个以上国家和地区的独立站点。高品质的产品图片是高转化率的有效保证,在 eBay 平台也是如此。根据 eBay 平台的图片政策,建议卖家在 eBay 进行销售时至少在 Listing 中上传 1 张图片,同时建议上传更多高质量、高精度的图片,最多可以刊登 12 张图片,以增加成功销售的机会。

eBay 平台对 Listing 图片的背景没有具体要求,但建议每张产品图尺寸在 500～1 600 px 之间,最长边小于 800 px 的图像将不会启用放大功能,图片大小不能超过 7 MB;二手、翻新或损坏的产品不得使用新品图;不能出现店铺 Logo、宣传和促销等信息;产品图片不能有边框、文本(如"免运费")、插图或图标;可以使用水印来标明图片所有权和归属权,但不能用于营销;鼓励卖家自行拍摄图片,切勿盗图。

如果违反图片政策,Listing 可能面临下架风险,或 eBay 会采取其他措施进行惩罚,如不返还成交费或售卖的额度权限受到限制。

### 8.3.3 速卖通

速卖通是阿里巴巴旗下面向全球市场打造的在线交易平台,该平台面向海外买家,支持 18 种语言,通过支付宝国际账户进行担保交易并使用国际快递发货,是全球第三大英文在线购物网站。随着跨境电商的不断发展,速卖通平台也越来越重视产品品质的呈现,产品图片的视觉效果将直接影响平台营销活动的入选概率。速卖通产品图片分为主图、颜色图和详情图。

速卖通平台对主图和详情图有一定的要求,主图建议 6 张,详情图建议 5 张以上,图片格式为 JPEG,文件大小 5 M 以内;建议图片尺寸大于 800 px × 800 px;横向和纵向比例建议在 1∶1 到 1∶1.3 之间;图片中产品主体占比建议大于 70%;背景为白色或纯色,风格统一;如果有 Logo,建议放置在左上角,不宜过大,如图 8-25 所示。不过不同行业对产品图片的要求略有不同。

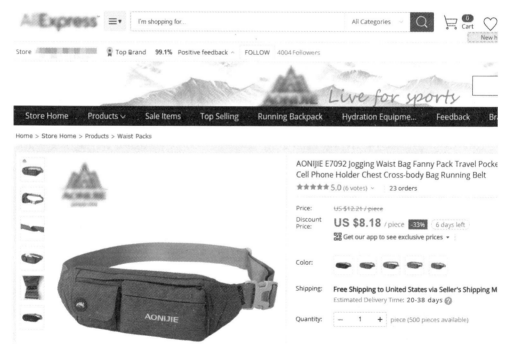

图 8-25 速卖通产品图片

### 8.3.4 Wish

Wish 是一个基于 App 的专注移动端的跨境电商平台。它利用智能推送技术,直接为每一位买家推送可能喜欢的产品,采用精准营销的方式,吸引了大量全球买家。

Wish 平台对产品图片的要求和 Amazon 基本相同,要求每个产品都必须上传 1

张或者多张清晰直观的产品图片,产品图片也分为主图和辅图。产品图片尺寸建议 800 px × 800 px 或者更高,推荐使用 JPEG 格式。

主图的背景最好为纯白色,主图中的产品建议占据图片大约 85% 的空间且产品必须在图片中清晰可见;主图不能是绘图或者插图,不能包含实际不在订单内的配件和道具;不能带 Logo 和水印(产品本身的 Logo 除外);如果有模特,必须是真人模特且为站立姿势。

产品辅图应该对产品做一个不同侧面的展示,或对在主图中没凸显的产品特性做补充,Wish 产品 Listing 中卖家最多可以添加 8 张辅图;辅图最好是纯白背景,但不做强制要求,不能带 Logo 和水印(产品本身的 Logo 除外)。

总体来说,Wish 平台对图片的要求没有其他平台严格,目前有很多产品背景都不是纯色背景,也有很多产品图片是拼接而成的。

### 8.3.5 跨境电商平台产品图片基本要求比较

优质的产品图片是提升产品成交转化率的重要保障,上述提到的几个平台对产品图片的要求基本相同,一般建议产品图片背景为白色或纯色,主图像素要求 800 px × 800 px 及以上,图片不能有边框和水印,不能拼图,对产品 Logo 也有相应的规定,但平台之间也存在一定的差异。表 8–1 为跨境出口电商主流平台对图片处理的基本要求及差异比较。

表 8-1 跨境出口电商主流平台对图片处理的基本要求及差异比较

| 平台 | Amazon | eBay | 速卖通 | Wish |
| --- | --- | --- | --- | --- |
| 推荐像素 | 1 000 px × 1 000 px 以上 | 800 px × 800 px 以上 | 800 px × 800 px 以上 | 800 px × 800 px 以上 |
| 主图背景 | 纯白色 | 没有具体要求 | 白底或纯色 | 纯白色 |
| Logo | 不允许 | 不允许 | 放置于主图左上角 | 不允许 |
| 边框和水印 | 均不允许 | 允许有水印 | 均不允许 | 均不允许 |
| 建议图片格式 | JPEG | JPEG | JPEG | JPEG |
| 主图拼接 | 不允许 | 不允许 | 童装允许两张拼图,其他类目不允许 | 不允许 |
| 刊登图片数 | 主图 1 张,辅图最多 8 张 | 最多 12 张 | 主图 6 张,详情图 5 张以上 | 主图 1 张,辅图最多 8 张 |
| 主图主体大小 | 产品最好占据图片大约 85% 的空间 | 没有具体要求 | 图片主体要求占整个图片 70% 以上 | 产品最好占据图片大约 85% 的空间 |

## 8.4 跨境电商视觉营销趋势

随着短视频的兴起和火爆,短视频成为众多商家青睐的营销工具。随之兴起的还有电商直播,目前几乎所有海外主流社交媒体平台包括 Facebook、Instagram、YouTube、TikTok 等都增加了直播功能,一些较大的跨境电商平台如 Amazon、Shopee、速卖通等也纷纷开通了直播功能。

### 8.4.1 短视频营销

**1. 短视频的概念**

短视频，顾名思义，就是录制时间比较短的视频，是继文字、图片、传统视频之后兴起的新型互联网内容传播方式，它融合了文字、语音和视频，是更能给人带来直观感受的一种表达形式。通常来说，短视频长度保持在5分钟以内，整个视频节奏比较快，内容充实而紧凑，比较适用于碎片化消费方式。

与电视视频相比，短视频主要通过网络平台进行传播，其内容格式也是多种多样，包括MPG［又称MPEG（动态图像专家组）］、AVI（音频视频交错格式）、RMVB（Real Media可变比特率）、MP4（MPEG-4）、WMV（Windows媒体视频格式）、MOV（QuickTime封装格式）等。特别注意的是，GIF动画不属于短视频，因为它没有声音，而声音是短视频必不可少的元素。

**2. 短视频营销概念**

短视频制作简单，传播速度快，因此成为众多商家青睐的营销工具。短视频营销是内容营销的一种，主要借助短视频，通过选择目标受众人群，并向他们传播有价值的内容，吸引用户了解企业品牌、产品和服务，最终形成交易的营销方式。

短视频营销以互联网为重要载体，以短视频为基本工具，内容丰富，其主要目的是变现盈利。

**3. 短视频的营销优势**

1）营销受众大、成本低

短视频行业蓬勃发展，其用户规模更是呈现爆发式的增长态势，中国互联网络信息中心（CNNIC）发布的第49次《中国互联网络发展状况统计报告》显示，截至2021年12月，中国网民规模达10.32亿，较2020年12月增长4 296万，互联网普及率达73.0%，其中网络视频用户规模9.75亿，占比为94.5%，短视频用户规模9.34亿，占比达90.5%。

作为国际版抖音的TikTok在海外增长迅猛，YouTube也推出了YouTube Shorts短视频服务，亚马逊积极开放主图视频等功能。2021年中视频营销趋势白皮书显示，预计2023年，全球网络视频用户规模将达到30亿。与传统的广告营销少则几百万元、多则几千万元的资金投入相比，短视频在制作、传播、维护等方面都更具竞争力。简单的团队+好的创意，就可以制作出受众喜爱的短视频作品，从而吸引流量。

2）传播速度快、互动好

短视频营销拥有传播速度快的优势，因为短视频营销本身就属于网络营销，所以短视频能够迅速地在网络上传播开来，再加上其时间短，适合当下快节奏的生活，因此更能赢得广大用户的青睐和欢迎。

同时，几乎所有的短视频平台都支持单向、双向甚至多向的互动交流。通过与用户的互动交流，短视频可以更好地帮助企业获得用户反馈，从而更有针对性地改进自身。从用户方面来说，可以通过与企业发布的短视频进行互动，表达意见和建议。良好的互动性不仅能使短视频快速传播，还能帮助企业提升营销效果。

3）营销指向强，效果好

短视频可以精准地找到企业的目标客户，从而达到精准营销的目的，其原因在于：一是通过大数据分析能准确找到产品受众目标；二是短视频平台通常都会设置搜索框，对搜索引擎进行优化；此外，短视频的 App 或网站还会为拥有相同兴趣爱好的短视频用户提供社区、空间或群组，这也是短视频营销的又一优势所在。

传统的电视广告模式下，消费者不容易产生购买行为的一大原因是：电视广告没有相关的产品链接，购买不便捷。而短视频营销效果比较显著，一是因为短视频集图片、文字和声音于一体，使得视频内容变得更加生动立体，给人以身临其境的真实感受。二是因为短视频可与电商、直播等平台结合，实现"一键购买"，获得直接的盈利。

4）存活时间久，结果可衡量

传统的电视广告下，如果企业想持续向大众展示产品，就需要持续投入资金。一旦企业停止付费，其电视广告就会遭到停播。而短视频不会因为费用问题而停止传播，因此"存活"时间更久。

短视频营销属于网络营销，因此可从以下几方面对短视频的传播和营销效果进行数据分析：其一是点击次数、浏览量，其二是转载次数和粉丝数量，其三是评论人数以及互动效果。不管是社交平台的短视频，还是垂直内容的短视频，都会展示播放量、评论量等营销效果。

**4. 海外短视频发展情况**

近年来，短视频在海外发展异常火爆，蕴藏着巨大的商业价值。下面以 TikTok、YouTube 与 Amazon 为例，进行简要分析。

1）TikTok

TikTok 在海外高速发展，数据显示，2021 年，TikTok 成为全球首个达到 30 亿次下载量的非 Facebook 应用程序，TikTok 仅在美国就有约 1 亿月活跃用户，比 2018 年 1 月增长了近 800%，日活跃用户数量约为 5 000 万。

截至 2019 年底，TikTok 已覆盖 150 多个国家和地区、75 个语种，在日本、美国、印度尼西亚、印度、德国、法国和俄罗斯等地，多次登上当地 App Store 或 Google Play 榜首。

TikTok 具有智能算法，能向用户准确显示建议的内容，这使产品或品牌更容易通过付费广告或有影响力的营销来吸引目标客户。因此，越来越多的商家开始关注并运用 TikTok，预计今后 TikTok 的品牌营销数量将大幅度增长。

2）YouTube

作为"全球视频之王"的 YouTube 推出了 YouTube Shorts 短视频服务。从本质上来说，YouTube Shorts 就是谷歌版的 TikTok，但与 TikTok 不同的是，YouTube Shorts 目前还不是一项独立服务，其入口位于 YouTube 主移动应用程序中，要使用它，只需打开智能手机上已有的 YouTube 应用，向下滚动即可看到 Shorts 部分。

3）Amazon

Amazon 从 2018 年开始为品牌备案 2.0 卖家开放主图视频功能，使用主图视频后，平均转化率提升 10%～20%。2019 年，Amazon 更是在手机 App 中插入视频广告，这成为卖家追逐的下一个风口。

无论是社交媒体、视频平台还是跨境电商平台，已经越来越清楚地看到"短视频"时代的到来。

**5. 短视频展示内容**

1）展示产品生产流程

产品生产流程视频主要是向消费者展示产品如何被开发和制造出来的。产品生产流程视频不仅能让消费者对产品的质量产生信任，同时也能够更准确把握产品的价值大小，这样的展示方式，相比卖家磨破嘴皮向客户解释更有说服力。

2）展示产品操作流程

对于产品的操作流程，采用视频远比图文展示更形象具体，也更易学习和模仿。这对于操作流程复杂的产品，尤其具有较好的辅助销售效果。

在产品详情页附带上产品操作的短视频，会让客户感到卖家服务的细致、周到。同时，也为卖家节省许多与客户交流沟通的时间，客户询问产品该怎么使用时，可直接指引客户观看短视频，既方便又省心。

3）展示产品性能测试

采用短视频展示产品的性能更加直观形象，也能增强客户的信任感。例如，利用短视频能轻松演示某公司保温杯产品连续倒水不挂水，且保持杯口干净的效果。

4）对比不同产品优劣

为了充分证明新产品在关键性能或某些方面比旧产品更好，可直接将两个产品的对比过程制作成短视频，在同一个画面中展示，客户一目了然。此外，看视频犹如亲眼见证，给客户真实感，更容易让客户相信卖家所展示的结果。

5）展示产品应用场景

展示产品应用场景的视频，就是让客户看到你的产品在某某时间（when），某某地点（where），周围出现了某些事物时（with what），特定类型的用户（who）萌发了某种欲望（desire），会想到通过你的产品来满足欲望的场景。这样的短视频能够引发客户的遐想，并勾起客户想要亲身体验的冲动，客户的购买欲就会大大增强。

此外，短视频还可用来展示产品的诸多方面，如产品品牌故事、产品所包含的情感等，卖家可以根据自己的需求结合创意制作各类短视频。

**6. 如何做好短视频营销**

跨境电商短视频营销，针对的是海外客户，如何才能让短视频被客户所喜爱呢？

1）内容与形式注重契合度

短视频的内容策划与表现形式要契合产品特性，并符合产品品牌内涵。

短视频是宣传产品、传播品牌知名度的良好载体，如果视频内容或表现形式让客户不能很好地了解产品与品牌内涵，那就与营销目的背道而驰。

2）短视频中尽量出现人

短视频展示产品的操作流程、性能测试时，应尽可能使用到人，因为观看者本身就是人，短视频通过人与产品的互动，能拉近人与产品的距离，更具有说服力。

此外，短视频最好选择目标市场本土人物，给观看者以亲切感和真实感。

3）配音本土化

短视频中配音，最好使用视频中人物本人的配音，尽量采用目标市场所使用的官方语言。

4）短视频营销注重连续性

短视频营销讲究连续性，特别是在社交媒体上进行短视频营销，贵在坚持，才能逐渐被消费者关注并传播。

5）做好客户互动与评论回复

时刻关注客户对视频的评论，并回复客户评论，与客户产生互动，增强客户的黏度与活跃度。

此外，定期做数据分析，包括短视频点播的高峰期出现在何时、哪些类型的短视频更受欢迎、客户对短视频如何评价等，根据分析结果去优化短视频，提高短视频的营销效果。

### 8.4.2 直播营销

**1. 直播营销概念**

"直播"一词由来已久，从早期的基于电视或广播的现场直播形式，到如今的基于互联网的网络直播形式。网络直播吸取和延续了互联网优势，将产品展示、会议活动、方案测评、网上调查、对话访谈、在线培训等内容现场发布到互联网上，利用互联网的直观快速、内容丰富、交互性强、不受地域限制、受众可划分等特点，加强活动现场的推广效果。

广义的直播营销是指企业以直播平台为载体进行营销活动，达到企业品牌提升或销量增长的目的。

**2. 直播营销优势**

直播营销是一种基于直播平台的新型营销形式，很好地体现了互联网视频特色，直播营销有以下几方面的优势。

1）参与门槛大大降低

网络直播不再受制于固定的电视台或广播电台，无论企业是否接受过专业的训练，都可以在网上创建账号，开展直播。

2）能够获得相对精准的目标人群

进行直播营销，需要用户在一个特定的时间共同进入直播平台指定的直播间进行观看，虽然这与互联网所倡导的"随时随地性"背道而驰，但正是因为播出时间上的限制，使商家真正获得具有忠诚度的精准目标人群。

3）用户实时互动性强

与传统的电视购物、互联网视频购物相比，直播营销能够满足用户更为多元的需求。用户在观看直播的同时，能发起弹幕，进行主播打赏，还能直接购买商品，或对感兴趣的主题与主播直接进行现场互动，获得现场解答，能完美地体现直播互动的真实性和立体性。

4）构建用户圈层

在这个碎片化、去中心化的时代背景下，人们在日常生活中的情感交集越来越少。

在直播营销中，通过带有仪式感的内容播出形式，能让一批志趣相同的人聚集在一起，构建用户圈层，使圈粉情绪相互感染，达成情感气氛上的高位时刻。自 2021 年以来，以用户圈层为核心的品牌越来越多，人群圈层化、品牌圈层化的现象变得越来越普遍。特别是品牌企业，如果能在情感气氛高位时刻进行恰到好处的直播营销推广，能达到更加理想的营销效果。

**3. 跨境主流直播平台与特点**

目前跨境主流直播平台包括两大类，分别是海外社交媒体直播和跨境电商平台直播。海外社交媒体直播主要包括 Facebook、Instagram、YouTube、TikTok 等，跨境电商平台直播主要包括 Amazon、速卖通等。

1）Facebook 直播

Facebook 是全球最大的社交平台之一，在 2020 年 5 月 19 日宣布推出 Shops 服务，允许企业在 Facebook 上展示与销售商品，并支持直播带货。用户可以在店铺的主页浏览、购买商品，并通过自带的聊天工具与卖家聊天，整个过程均在 Facebook 应用内完成。Facebook 活跃用户基数庞大，直播触及人群广，直播视频可以转成普通视频长久保留，便于后期推广使用，用户可主动追踪粉丝专页，利于忠实粉丝的培养。因此，Facebook 直播适合的卖家主要是有自有粉丝且想要提高粉丝忠诚度的品牌、有较多户外活动需要实时转播的品牌、有稳定订阅量的粉丝专页的品牌。

2）Instagram Live

Instagram 是一款运行在移动端上的社交应用，是 Facebook 公司旗下社交应用。2016 年 12 月 13 日，Instagram 的 Live 直播功能向全美所有用户正式开放。

Instagram 用户以女性、年轻群体居多，可精准辐射到目标用户；标签、探索功能让即使没有关注账号的人也可以看到其内容，加深扩散程度；可以与粉丝在线聊天互动，大大提高与粉丝的互动率；直播视频会优先展示在所有限时动态之前，有利于提高用户点击量。因此，Instagram 直播适合的卖家是以女性受众为主的服装、配饰等品牌，个人品牌或经常分享日常生活的卖家。

3）YouTube 直播

YouTube 是一个视频网站，是 Google 公司旗下的视频服务子公司。YouTube 平均每秒有 1 小时的视频上传，平均每天有 35 万人的视频上传。

YouTube 直播拥有庞大用户群，辐射人数众多，YouTube 用户黏度高，对平台依赖性较大，可支持在移动端直播，页面突出显示直播视频，覆盖率高。因此，YouTube 直播适合的卖家主要是有稳定且广泛粉丝基础的品牌、有 YouTube 运营经验的品牌，或有稳定且高质量分享内容的品牌。

4）Tiktok 直播

TikTok 是字节跳动旗下短视频社交平台，是抖音短视频国际版。

TikTok 直播的优点：双向标签，可精准定位目标顾客；流量池算法，内容质量高低决定流量大小；涨粉速度快，零粉丝也能进行流量冲级；商业化程度较低，品牌推广成本可控性强。因此，TikTok 直播适合的卖家主要是以年轻群体为目标受众的品牌，或追求品牌曝光、商品宣传的卖家以及粉丝基础较薄弱的品牌卖家。

5）Amazon Live

Amazon 是全球最大的跨境电商平台。2019 年 Amazon 在应用程序中添加了 Amazon Live 功能。使用 Amazon Live，可以让卖家以直播的形式向消费者展示产品的使用场景，买家也可以通过视频下方的链接直接购买产品，这是一个对转化率非常有帮助的功能。Amazon Live 是一种实时流媒体服务，允许卖家通过在亚马逊上为客户托管自己的实时流媒体来"促进发现"他们的产品。

Amazon Live 的特点主要包括：Amazon Live 可以永久保存卖家直播视频，留存的视频还可以带来流量；平台会针对直播的卖家，给予相应的站内流量分发；直播结束后，后台会生成详细的直播数据，包括观看量、产品点击量和销售量等；卖家可以自己设置直播推广，引流更多用户，并且直播视频会在 Listing 页面展示 48 小时。

6）速卖通直播

速卖通是中国最大的跨境出口 B2C 平台。2019 年 10 月起，速卖通为金银牌商家统一开通直播权限。非金银牌的商家在下方链接里填写申请信息，会在 2～5 个工作日开通直播权限。

速卖通直播的特点主要包括：卖家可以自己创建直播后将 OBS 推流的 URL 和 key 或者手机推流二维码给达人，也可以让达人自己创建直播间，商家将直播间所需添加的商品、公告、优惠券信息给达人；不支持边直播边录播，但用户可以将整个视频下载后截取；AliExpress Connect 的卖家自播模式会有平台官方提供的流量支持，无须支付任何费用。

**4. 跨境电商直播营销案例**

1）直播背景概述

本场直播为速卖通平台"双 11"直播案例，直播品类为 3C 数码，直播主题是通过答题领券的方式吸引观众、种草产品，为"双 11"预热。

2）直播基础硬件

该直播场地为 20 平方米的绿幕直播间。采用绿幕背景墙，通过绿幕抠像配合符合主题的背景视觉设计，让直播间整体视觉和产品更加匹配。

直播硬件上，主要包括：笔记本电脑——用于直播推流；提词屏——用于查看观众进场信息及评论；手机——用于直播间画面引导；iPad——用于查看脚本；2 个摄像头——主要用于主镜头和近景镜头，无线麦克风——用于人声收音。

3）直播环境搭建

该直播采用双主播坐播的形式，天花板主灯照明，镜头两侧使用八角补光灯。

直播间软装上，主播前方展示桌干净整洁，配合绿幕背景，整体观感和谐、专业。

直播画面装饰上，整体色调以蓝紫色为主，符合一般 3C 数码产品的主流配色，整体色调柔和不刺眼，配合主播蓝色服装，整体观感和谐且不单调。

直播贴片突出本场答题领券主题，使观众一眼就能关注到，同时放置了醒目的规则和权益点贴片，确保新进观众能快速参与到直播答题中。答题时弹出金币撒开的画面和声音，进一步对观众进行本场主题的视觉输出。提醒观众题目马上弹出，准备单击题目答题。

4）直播营销亮点

该直播的主要营销方式是通过直播答题领券，为"双11"正式开售预热。主播设定规定时间内弹出题目，强调答题领券，从而在短时间内引发观众互动，拉长留观时长，增加直播的趣味性，提升氛围热度；同时在答题间隙穿插产品讲解，达到产品种草的目的。

## 课后习题

一、简答题

1. 视觉营销理论基础有哪些？
2. 视觉营销的关键性指标有哪些，指标之间是什么关系？

二、实践练习

1. 在跨境电商某平台（如速卖通），选择某一关键词进行搜索（如 dog harness），对搜索结果显示的主图进行采集对比，选择其中销量较高的主图，单击进入，分析其详情页或 Listing 图片设计。

2. 在 1688 订货平台中找到产品图片或自行拍摄产品图片，按照亚马逊平台对 Listing 主图和辅图设计的要求，设计主图和辅图。

3. 选择你所在家乡或熟悉地方的产品，拍摄并制作一个主图短视频。

## 即测即练

# 第 9 章

# 数字营销原理与应用

【本章学习目标】
1. 了解数字营销的含义，掌握数字营销的原理；
2. 掌握数字营销的方法、方式和渠道；
3. 学习主流数字营销平台及其营销方式；
4. 通过领英 B2B 实践，学会营销方案设计；
5. 了解主流站内营销和站外营销方式和工具。

## 导学案例：大疆魔性 YouTube 广告吸引全球消费者眼球

说起"无人机"，不论是在国内还是在国际，能够让你马上想到的品牌一定是"大疆"。大疆开辟了民用无人机这一崭新市场，完成"从 0 到 1"的颠覆性创新，是世界各地的科技爱好者心中无人机第一品牌。2017 年圣诞节期间，大疆在 YouTube 上投放了一组"画风清奇"的送礼广告，给全球消费者留下了深刻印象。

大疆的产品线非常丰富，旗下的产品分为消费级产品和专业级产品等，目前主要覆盖业余爱好者、摄影发烧友，再到专业机构等人群。而这一次，大疆希望找到更多大众用户，这些用户对大疆并不熟悉，不是深度摄影科技迷。因此，大疆首先看准了"送礼人群"，也就是过节给自己家人朋友送礼的这群人，这群人喜欢有新意的礼品，而且对礼品种类和价格的要求都没有太多限制。圣诞节是个送礼高峰，因此在圣诞节向送礼人群推荐大疆，是个很好的契机。但是：送礼人群是个巨大群体，怎么在圣诞节期间，从茫茫的互联网上精准地找到这些送礼人群呢？找到这些送礼人群后，如何用更互动有趣的方式展现大疆，让消费者眼前一亮，激发他们对大疆的喜爱，进而产生购买成交呢？

视频 9-1　大疆魔性 YouTube 广告 1

视频 9-2　大疆魔性 YouTube 广告 2

资料来源：雨果跨境. 大疆 80 个魔性广告的背后，竟然是它？[EB/OL].（2019-08-29）. https://www.sohu.com/a/337296117_115514.

学习本章内容，理解这些问题的解决策略，学会数字营销方案的设计。

## 9.1　数字营销概述

### 9.1.1　数字营销的含义

曾有人向"现代营销学之父"菲利普·科特勒（Philip Kotler）请教：哪一个词语

可以精准地定义营销？大师给出的答案是：demand management——需求管理，即识别未满足的用户需求，估计需求量大小，从而确定细分人群和目标市场，并进入之，利用4P战术组合最终实现营销目标。

4P是美国营销学学者杰罗姆·麦卡锡教授在20世纪的60年代提出"product（产品）、price（价格）、place（渠道）、promotion（促销）"四大营销组合策略，四个单词的第一个字母缩写为4P。

（1）产品——注重开发的功能，要求产品有独特的卖点，把产品的功能诉求放在第一位。

（2）价格——根据不同的市场定位，制定不同的价格策略，产品定价依据的是企业的品牌战略，注重品牌的含金量。

（3）渠道——企业并不直接面对消费者，而是注重经销商的培育和销售网络的建立，企业与消费者的联系是通过分销商来进行的。

（4）促销——企业注重销售行为的改变来刺激消费者，以短期行为促成消费的增长，吸引其他品牌的消费者或导致提前消费来促进销售的增长。

随着市场竞争日趋激烈，媒介传播速度越来越快，4P理论越来越受到挑战。1990年，美国学者罗伯特·劳特朋（Robert Lauterborn）教授提出了与传统营销的4P相对应的4C营销理论。4C的四要素分别指代customer（顾客）、cost（成本）、convenience（便利）和communication（沟通）。4C营销理论以消费者需求为导向，瞄准消费者的需求和期望。

4S市场营销策略则主要强调从消费者需求出发，建立起一种"消费者占有"的导向。它要求企业针对消费者的满意程度对产品、服务、品牌不断进行改进，从而达到企业服务品质最优化，使消费者满意度最大化。4S营销分别是satisfaction（满意）、service（服务）、speed（速度）、sincerity（诚意）。

数字营销，英文名称为digital marketing，又称数字化营销，就是指借助互联网络、电脑通信技术和数字交互式媒体来实现营销目标的一种营销方式，是在互联网蓬勃发展和数字技术广泛应用的基础上应运而生的。数字营销将尽可能地利用先进的计算机网络技术，以有效且低成本的营销方式，开拓新的市场和挖掘新的客户。

跨境电商数字营销就是跨境企业利用数字渠道，如搜索引擎、社交媒体、电子邮件等方式，与现有和潜在的跨境客户建立联系，开拓市场的一种营销方式。在跨境电商中，数字营销成为跨境电商的主要营销方式。

数字营销有三个要素——内容、载体和渠道。与公司和产品有关的文字、图片和视频等，都是内容；载体是用来承载内容展示和传递的，如平台的店铺、独立站、社交媒体的专区等；而渠道最终实现了向目标客户的展示和推广。如果内容做得不够吸引人、载体选择不合适，渠道的推广效果就会大打折扣，因此要有效推进跨境电商营销，三者必须相辅相成、密不可分。

### 9.1.2 数字营销的兴起与发展

1994年10月，全球第一个标准Banner网络广告在美国诞生。中国的第一个商业性的网络广告也于1997年3月出现。数字营销的雏形也发端于这个时期。而数字营销的概念成型于千禧年之后，2005 年左右，digital 与 marketing 关联，被赋予更深层次的含义。2010 年之后，在互联网技术与商业模式的驱动下，数字营销发展日趋成熟，并成为主流的营销方式。在 2020 年新冠肺炎疫情催化下，跨境电商中对于数字营销的应用更是越来越广泛和深入。有关数据显示，数字营销支出将超过其他营销方式总和。

2021 年 8 月，全球以数据为驱动、技术为依托的高效能数字营销服务商美库尔集团正式发布 2021 年第二季度《数字营销报告》，报告显示 2021 年 Q2 各大媒体平台表现强劲反弹，亚马逊、谷歌、Facebook 和 Instagram 等均出现同比飙升，具体表现如下。

（1）亚马逊广告业务：亚马逊 Sponsored Products 广告支出同比增长，销售额小幅度上涨。由于 Prime Day 会员日以及 CPC 上涨，亚马逊 Sponsored Products 广告的支出同比增长较大。

（2）付费搜索广告业务：Google 搜索 CPC 广告大幅度增长。从 2021 年第一季度开始，整体搜索广告支出增长放缓，尽管点击增长率下降，但年度支出同比增长，CPC 同比增长较大。

（3）付费社交媒体广告业务：Facebook 上的广告支出同比增长较快。Facebook 在 2020 年第二季度的支出同比增幅 4%。在经历了前所未有的门店关闭和各种业务受到限制之后，广告主加大了社交力度，推动了 Facebook 第二季度竞争力的增强和展示广告费用的增高。

### 9.1.3 数字营销的价值

传统营销与数字营销相比，有不同的表现形式，也有各自的优缺点，如表 9-1 所示。

表 9-1 传统营销与数字营销的异同点

| 营销种类 | | 传统营销 | 数字营销 |
| --- | --- | --- | --- |
| 不同点 | 表现形式 | 户外广告牌、公交车/出租车身广告、海报、印刷品、橱窗展示、展会广告等 | 平台站内广告、搜索引擎广告、社交媒体广告、内容营销、电子邮件营销等 |
| | 针对性 | 弱 | 强 |
| | 成本效益 | 高 | 低 |
| | 可度量性 | 弱 | 强 |
| 相同点 | | 1. 都是企业为了开展营销活动，达成营销目标可以采用的营销方式。<br>2. 都要把满足目标客户的需求作为一切营销的出发点。<br>3. 在预算充足的情况下，两者需要组合互补才能发挥更大的功效 | |

与传统营销相比，数字营销更具针对性，更具成本效益，更易衡量，数字营销的价值表现在以下几个方面。

**1. 精准触达目标客户，更具针对性**

针对细分人群的定制化营销正是数字营销擅长的领域，可以仅针对最有购买力的产品或服务的潜在客户精准投放广告。

在电视、杂志或广告牌等传统媒体上投放广告，对于谁能看到广告的控制是很困难的，虽然可以针对该杂志的典型读者或广告牌覆盖地区的人口进行统计，但这在很大程度上仍然是非常模糊的。

数字营销可以帮助在海量的受众中精准识别并锁定高度特定的受众，并向该受众发送个性化、高转化率的营销信息。比如：可以利用社交媒体的定位功能，根据年龄、性别、位置、兴趣、网络或行为等变量，向特定受众投放和展示社交媒体广告；在针对参加某次展会的买家营销的时候，可以锁定该展馆方圆1公里范围内的买家投放谷歌广告。

**2. 实时结果辅助，动态调整策略，更具成本效益**

数字营销是一种更具成本效益的解决方案，可以提供独特的机会，以确保获得最大的收益。

首先，投放者对数字营销有完全的控制权，可以选择把钱花在哪里，如日预算设置多少、什么时间段设置多少预算等。

其次，数字营销能够全程跟踪活动，如果没有显示出高投资回报率，就可以关闭广告停止投放，确保不会把钱浪费在那些表现不佳的渠道上。

**3. 通过数据分析，让投资回报率可衡量**

数字营销可以实时提供展示量、点击量、点击率（click through rate，CTR）、转化率、浏览量和页面停留时间等衡量指标，用于效果的衡量。比如，我们在投放谷歌广告的时候，一般会用点击率来衡量广告的投放效果，然后用转化率来衡量投入产出情况。

基于数据的分析与预测，数字营销常常为跨境企业洞察新市场与把握经济走向提供决策依据，帮助跨境企业制定下阶段精准的营销策略。

正是因为数字营销有以上价值，它在营销实践中得到迅速推广，一些中小企业更是借此机会通过战略性的数字营销计划弯道超车。比如，选择与产品或服务相关的长尾关键词进行广告投放，同时创建高质量的内容来帮助在搜索引擎上获得更好的排名。因为搜索引擎并不关心哪个品牌大，而是会优先考虑与目标受众产生最佳共鸣的内容。

## 9.2 数字营销原理及应用

### 9.2.1 数字营销的原理

数字营销的目标是让产品用最低的成本和最快的速度走向市场，满足客户的需求。

在数字营销中应用最为广泛的原理是营销漏斗模型理论。漏斗的五层对应了数字营销的各个环节，反映了从展现、点击、访问、咨询，直到生成订单过程中的客户数量及流失情况。在营销过程中，将用户打开页面、点击广告、添加购物车、支付、完成的订单等用户行为数据，整理成图表的形式展现出来，呈现一个倒三角形的"漏斗"图，如图9-1所示。这个漏斗图就是数字营销的漏斗模型理论。

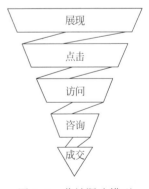

图9-1　营销漏斗模型

依据营销漏斗模型理论，可以有针对性地对每个环节进行分析和优化，当展示量较低时，说明需要提高广告的预算和广告竞价以增加广告曝光量；当点击量、访问量和咨询量较低时，需要优化商品详情页（美化图片，优化产品详情页）；当成交量较低时，需要考虑到产品自身的竞争力问题还有价格的吸引力等问题。

### 9.2.2 Google 数字营销原理

Google 是跨境电商数字营销中广泛应用的平台，Google Ads 是一种典型的利用 Google 平台的数字营销应用，因此我们通过对 Google 数字营销原理的应用，来剖析数字营销原理的作用机理。

一般情况下，在 Google 搜索某些内容的时候，会发现相同的搜索内容，不同的人获得不同的搜索结果，这是为什么呢？答案是：具体取决于信号。

什么是信号？就是我们在互联网上留下的痕迹。比如我们在被告知的情况下，填写的个人信息（年龄、性别、籍贯等）、兴趣爱好、关注的话题或人物等；再比如搜索关键词、浏览内容和广告的次数，以及与它们互动的次数。

Google Ads 的推广原理就是通过海外客户数据（即持续不断更新的信号），结合机器学习，更精准地洞察海外客户，实施推广策略，进而实现推广目标。与此同时，谷歌为了保护用户隐私权及对隐私的控制权，给予了用户随时通过 Google 账号控制数据隐私设置的权利，包括但不限于提高账户安全性、控制哪些数据和活动记录可用于投放个性化广告、控制搜索记录、控制位置记录、删除活动记录、删除历史数据等。

简单地说，机器学习算法就是普通算法的进化版，通过自动学习数据规律，让程序变得更聪明。比如，你从市场上随机买一批西瓜，把每个西瓜的物理属性列一个表格出来，如颜色、大小、形状、产地、店家等，对应西瓜的甜度、汁水、成熟度等。然后把这些数据给机器学习算法，它就会自己计算出一个西瓜物理属性与其品质之间的相关性模型。等下一次去采购时，输入店里在卖的西瓜的物理属性，机器学习算法就会根据上次计算出来的模型来预测这些西瓜品质如何。

根据其预测结果的正误，算法会自行修正模型，随着数据的积累，它的预测就会越来越准确。再者，收集到的客户信号越多，推广优化的效果就会越精准。为什么说数字营销要持续开展下去才能更有收获？因为时间越长，积累的数据越多，算法预测的验证越多，营销的效果会越好。

### 9.2.3 Facebook 数字营销原理

作为全球最大的社交媒体平台，Facebook 数字营销的原理和 Google 类似。在 Facebook 上，人们会自我描述，留下各种各样的痕迹来显示他们的兴趣。根据 Facebook 官方的介绍，主要数据来源为：用户在 Facebook 分享的信息（例如点赞的主页）；来自用户 Facebook 账户的其他个人信息（例如年龄、性别、位置和访问 Facebook 所用的设备等）；广告主和市场营销合作伙伴分享的关于用户的信息，如用户的电子邮箱、用户在 Facebook 之外的网站和应用中的活动等。Facebook 将这些数据与它收集的其他数据进行匹配从而开展精准营销。

Facebook 的广告系统提供了基于地理位置、个人兴趣、特征和行为的方法，包括在其他互联网服务上的活动，甚至在线下的活动。广告主根据以上信息"命中"目标用户，如用户是否喜欢慢跑、远足或打猎，用户喜欢什么样的啤酒……如果广告主提供了一个电子邮件地址列表，Facebook 可以尝试将这些地址所有者作为目标，用来进行"相似匹配"，然后根据 Facebook 算法向被认为与这些地址所有者类似的用户提供广告。

### 9.2.4 数字营销的基本术语

（1）CPA（cost per action，每次行动成本）。CPA 是一种按广告投放实际效果计价的方式，即按回应的有效问卷或注册来计费，而不限广告投放量。电子邮件营销（EDM）大都采用 CPA 方式。

（2）CPS（cost per sales，按销售额提成付费）。这是指以实际销售产品数量来换算广告刊登金额。CPS 是一种以实际销售产品数量来计算广告费用的方式，这种广告模式更多地适合购物类、导购类、网址导航类的网站，需要精准的流量才能带来转化。

（3）CPM（cost per mille，每千人成本）。CPM 是一种展示广告常用的付费方式，只要展示了广告主的广告内容，广告主就会为此付费。

（4）CPT（cost per time，每时间段成本）。CPT 是一种以时间来计费的方式，国内很多网站都是按照"一个星期多少收费"的固定收费模式来收费。

（5）CPC。根据广告被点击的次数收费。如谷歌的搜索广告就是采用这种定价模式。

（6）PV。这是指用户每次对网站的访问均被记录，用户对同一页面的多次访问累计的数量。

（7）CTR。这是指点击网站广告链接的人数占总浏览量的百分比，数字营销中通常使用 CTR 来衡量广告效果。

（8）ROI。ROI 是指通过投资返回的价值，它涵盖了企业的营销目标，是数字营销中常见的衡量效果的指标之一。

（9）LP（landing page，登录页面）。访问者在点击超链接时首先登录的网站页面。常见的登录页面是网站主页或特定产品的页面。

（10）SEM。SEM 主要通过付费广告来提高网站或特定帖子的谷歌搜索排名。数字营销人员通常借此来提高网页排名，获得更多流量。

（11）SEO。SEO 是一种利用搜索引擎的规则提高网站在有关搜索引擎内自然排名的方式。

### 9.2.5 案例解决方案：大疆魔性 YouTube 广告吸引全球消费者眼球

数字营销主题："送礼选大疆"

数字营销平台：全球最大的视频平台——YouTube

营销策略一：关键词定位送礼人群

怎么找到送礼人群呢？我们知道网络上的搜索行为，是客户消费需求最直接的体现，他们在搜索什么，就代表他们对什么感兴趣。因此 Google 帮助大疆总结了送礼人群会搜索的关键词，包含咖啡机、滑板、游戏机、耳机、键盘等品类，这些品类和大疆部分产品价格相当，所以送礼人群可能会转买大疆。通过这些关键词设定，就定位到了这群人。

这就是数字营销原理，通过海外目标客户最近更新的信号，来精准地洞察客户的意图，锁定目标客户群。然后通过机器学习，还能找到更多的相似人群，一并作为推广的对象。

营销策略二：投放千人千面的视频广告

大疆针对旗下 4 款产品，做了 4 个长度为十几秒的视频广告，作为 YouTube 广告素材。

主要使用 YouTube TrueView 广告。为了让客户更容易被吸引，Google 把客户搜索的关键词和看到的广告语做了匹配，共生成了 80 多个定制化版本，真正做到了千人千面。比如，当有人在 YouTube 上搜索 PS4 游戏机时，Google 就已经记录下这部分人的行为，那么在他看 YouTube 视频时，就会在视频开始前看到"不要给他送游！戏！机！了！用大疆赢得他的心，看看他会有多惊喜吧。"还有"不要送咖啡机""不要送健身器""不要送耳机"版本的视频，都会有针对性地投放到搜索过这些词的消费者面前。

这个千人千面的投放策略充分展现了数字营销的魅力，通过个性化的内容响应海外客户的需求，进而实施推广策略。

推广成果：

基于大疆对这次数字营销活动淋漓尽致的应用，本轮广告提升了大家对大疆的品牌兴趣度，美国网友对大疆品牌兴趣度提升了 11.9%，非美国网友的兴趣度提升达到了 17.3%。

## 9.3 数字营销技术体系分析

数字营销目前已经形成较为完整的技术体系（图 9-2），覆盖客户数据洞察、内容创意管理、营销智能投放、客户互动管理和营销效果分析五大关键技术，贯穿营销的全流程，助推营销精准化和智能化。用户消费包含五个环节（又称用户消费旅程），即触达、交互、转化、留存、复购。这五个环节对应的技术体系的每一个模块分工不同，客户数据洞察主要指数据采集、数据融通和标签建设；内容创意管理指创意生成、创意管理和创意分析；营销智能投放包括策略生成、自动执行和精准投放；客户互动管理指的是客户互动、关系管理和线索识别；营销效果分析指效果评估、行为分析、反作弊等，最终将得到的结果反馈给客户数据洞察，进一步指导客户数据洞察，调整数据采集的针对性和匹配度。

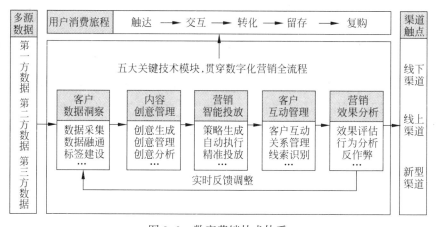

图 9-2 数字营销技术体系

**1. 客户数据洞察**

客户数据洞察是指通过融通多元数据、构建多维标签的方法，实现用户全方位洞察，绘制用户精准画像。客户数据洞察包含以下五个方面。

（1）数据采集与接入。数据采集的渠道分为第一方数据、第二方数据和第三方数据，第一方数据指的是通过 CRM 软件、官方微信、公众号、App、店铺等数据源获取的直接数据，从 OTV（贴片广告）、信息流、广告、短视频、小红书等中介媒介获取的数据属于第二方数据，从互联网公开数据、DMP（数据管理平台）或调研数据获得的数据为第三方数据。

（2）数据治理。初次采集的数据不能直接用于后续营销，一般要经过数据清洗、标准化和抽象数据管理的过程，采取元数据管理及数据质量管理的措施进行数据管理，在数据安全方面，对敏感数据进行加密、脱敏和使用权限控制。

（3）数据融通。数据融通指的是融合不同渠道、不同系统的行为数据，构建唯一身份标识。

（4）标签建设。由浅入深建立原始标签、事实标签、模型标签以及预测标签。原始标签指用户基本信息、持有产品信息、历史交易记录、收入情况等，事实标签包括账户历史趋势、渠道使用情况、产品购买情况等信息。模型标签指的是人口属性、产品偏好、用户价值信息。预测标签主要包括近期购买需求信息、用户分层信息和流失概率信息。

（5）人群洞察，指的是需求分析与预测、客户全生命周期分析、用户消费旅程分析、用户 360 度全景画像、目标人群筛选的过程。

### 2. 内容创意管理

内容创意管理是建立在自然语言处理、计算机视觉、语音识别等人工智能技术基础之上，通过素材采集、存储分析，对素材进行语义理解、智能文案生成、商业意图识别、营销素材匹配、智能图片字体生产、自动配色、语音合成，形成半成品、成品形式的内容素材，形成内容创意管理、智能生成、动态分发、价值评估等核心能力。内容创意管理的主要内容是内容存储、标签化处理、合规检测识别等内容的管理；内容智能生成主要是实现 AI 创意内容生成、话题埋点与设计、动态优化内容等智能化过程；动态分发指的是网络向终端动态分发内容的数据业务；内容价值评估指的是内容质量、口碑、热点、契合度、一致性等价值评估。

### 3. 营销智能投放

营销智能投放指的是智能生成策略并自动执行，实现精准投放的一种广告投放方法。首先是人群精准定向，基于用户 360 画像分析和行为路径挖掘，洞察用户需求和意图，集合用户深度洞察和相似人群扩展等方式，实现智能化人群扩充和精准投放。下一步是智能策略生成，即根据用户场景，推送合适内容，选择合适的渠道，智能生成人、货、场等营销匹配策略，制定线索打分策略观察销售线索状态，根据客户所处销售阶段实现个性化内容推送。再下一步是投放自动执行、一站式内容自动分发和营销策略实施，基于营销目标和定向策略、托管周期和预算等诉求定制投放流程，从而实现营销智能全自动托管及投放。最后是对投放任务实时追踪，持续监测营销效果，依据营销效果分析进行投中实时调整策略，赋能营销策略持续优化，提升营销效率。

### 4. 客户互动管理

客户互动管理即客户互动与关系管理，目的是提升客户体验和转化价值。它包含三类管理工具：客户关系管理、社交化客户关系管理（SCRM）、客户体验管理（CEM）。三者的管理模型如图 9-3 所示。

## 第9章 数字营销原理与应用

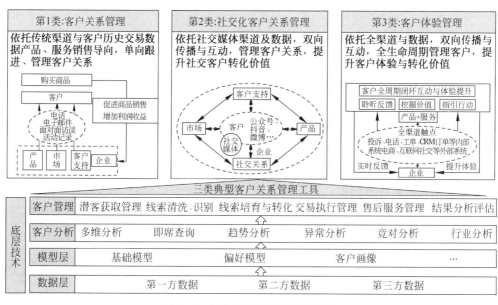

图9-3 客户互动管理工具及模型

### 5. 营销效果分析

营销效果分析的主要职能是监测客户全链路消费行为，全面评估营销效果，如图9-4所示。其底层依托的数字技术包括对用户的路径识别、虚假广告流量过滤处理等技术。主要通过查询用户ID，得到Cookies、终端设备号、微信号、手机号、邮箱地址等信息，从而自动推断用户浏览路径，并且通过广告曝光点击代码、JS代码、API、SDK、SRM（供应商关系管理）等技术监测进行埋点。通过数据本身的物理属性（用户访问时间、地址）、网络属性（IP地址、网络接入方式）和用户行为（跳出率、访问路

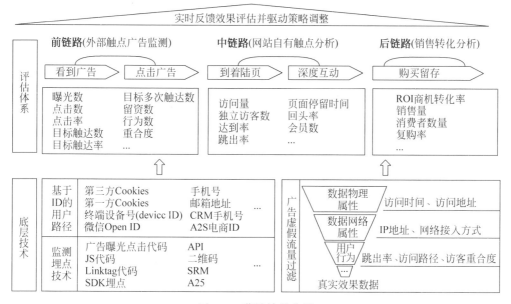

图9-4 营销效果分析

径和访客重合度）过滤虚假信息，筛选出真实效果数据。评估体系分为前链路、中链路、后链路三个环节。前链路包括看到广告和点击广告的过程，中链路包括到着陆页和深度互动两个阶段，后链路指销售转发分析阶段。看到广告的评估指标包括曝光数、点击数、点击率、目标触达数、目标触达率。点击广告的评估指标包括目标多次触达数、留资数、行为数、重合度。到着陆页指标有访问量、独立访客数、达到率、跳出率。深度互动评估指标包括页面停留时间、回头率、会员数。购买留存的评估指标包括ROI商机转化率、销售量、消费者数量、复购率。

DMP是一种基于公域流量获取第三方数据的平台。主要是通过Cookie等方式标示用户，获取脱敏数据，并用于广告投放领域，以获客为主要目的。

## 9.4 主流数字营销平台及营销工具

从跨境电商平台的视角，主流的数字营销模式分为站内营销和站外营销。站内营销根据跨境电商平台不同，分为B2C平台广告营销和B2B平台网络营销。跨境电商平台B2C平台广告有速卖通广告、亚马逊广告、Wish的PB广告等；跨境电商平台B2B平台网络营销如阿里国际站广告营销等。站外营销包括Google数字营销、Facebook数字营销、TikTok数字营销、领英（LinkedIn）B2B数字营销等。本章选择几种典型的数字营销模式展开阐述。

### 9.4.1 站内营销

**1. B2C平台广告营销**

1）速卖通站内营销

对曾经购买的客户进行分析，这就是在营销中心里的客户关系管理。分析客户的购买行为，找出那些购买比较多的客户，最好是每个客户都建立档案，分出来是哪个国家或地区的，购买次数、金额等，并主动联系那些采购次数多的客户。大单或者长久采购的客户就是从这里的数据分析出来的。

（1）速卖通橱窗推荐。速卖通平台在卖家达到一定等级或者在一些特殊活动中会赠送橱窗位。与线下商店靠近窗户或门口的橱窗位置相似，被橱窗推荐的产品将在同等质量的产品中优先排名，进一步提升曝光度。合理利用这一点也能获取不菲的免费流量。挑选好橱窗产品是关键中的关键，一般可以结合以下几方面来挑选橱窗产品：主打产品、热销产品、新出产品，或者结合季节和展会的产品。

（2）站内付费/免费推广。

速卖通直通车：这个就是竞价，充值之后就可以随时打开直通车。选择需要推广的商品，关键词竞价排名，按点击收费。热门的关键词要想排到第一页，每次点击需要付出几元到几十元的成本，这种方法适合高利润产品或有资金实力的卖家。

平台活动推广：积极参加平台举办的各种活动，当然这里面有免费的活动也有付费的活动，如速卖通优惠券、限时打折、全店铺打折等。

限时打折：首先要统计店铺产品的日流量高峰时段，有计划性地进行限时折扣。最好充分利用速卖通平台每个月提供40个限时打折这一规则，每天都进行产品促销，同时每天也要有产品结束促销。

全店铺打折：平台每月提供20次的全店铺打折，海外买家购物的高峰期都在工作日。建议商家周一至周五可以分五次使用，在工作日频繁打折比较有效。

2）亚马逊站内广告营销

亚马逊站内营销主要是通过其营销工具展开的，如Campaign Manager（站内广告）、Enhanced Brand Content（A+图文页面，EBC）、Lightning Deals（秒杀）、Coupons（优惠折扣）以及Promotions（店内促销）等。

（1）Campaign Manager。站内广告基本操作设置主要是关键词的匹配，亚马逊系统提供了宽泛匹配、词组匹配和短语匹配三种方式，这个比较简单，设置的时候注意灵活变通。

在广告运行中，卖家要根据广告数据反馈，进行有针对性的优化，包括广告关键词的更改与添加、广告竞价的涨降、日预算的调整，以及根据广告报表数据删除一些转化率差的关键词等。广告优化要注重一些细节，细节做好了，整体就不会太差。

（2）Enhanced Brand Content。Enhanced Brand Content，只有注册了商标、做了GCID（全局目录标识符）备案的卖家才可以设置，品牌备案之后，卖家可以利用EBC功能丰富产品详情页面的内容。这样可以延长买家的页面访问时间，使其更了解产品，从而增加购买欲望。流量转化率自然就高了。

（3）Lightning Deals。Lightning Deals其实是一个非常好的营销引流利器，在亚马逊搜索栏的下面有个专门为秒杀提供一键进入的入口，如果卖家产品符合条件并且申报成功，就可以点进去进行秒杀活动的设置。一般而言，对于参加秒杀活动的产品，在秒杀期间，其流量会大幅地增长，订单量也会飙升，还有可能会带来店铺其他产品的流量。但是，在选择产品的时候一定要考虑该产品是否适合参加秒杀活动，容易在秒杀中获得效果的产品大多是符合消费者即兴购买的产品，而非那些难以激发消费者购买欲望的产品。

（4）Coupons。单纯从盈利的角度去看，Coupons的效用不算太大，不过设置了Coupons的产品，在搜索结果页面的Listing上面会有一个非常显眼的Coupons标签，使产品更加吸引消费者的注意力，这在一定的程度上，是可以提升流量的，合理运用的话，对运营有一定程度的促进作用。

（5）Promotions。店内促销不能带来明显的销量增加，主要是因为亚马逊平台的理念就是"重产品，轻店铺"，这导致买家很少会去店铺浏览。即便这样，店内促销也不能忽略，因为亚马逊平台上的"A9算法"，如一个店铺做了店铺促销，又有产品促销，那么店铺里每个产品下面都有多个促销计划，店里的产品就有了某种关联，进而被平台上的"A9算法"抓取，形成关联权重，这样一个流量闭环就形成了，不仅能吸引大量流量，对流量转化率的提升也有一定的帮助。

3）Wish站内广告

众所周知，Wish平台里的站内广告及引流工具只有Product Boost，这是唯一一个能够通过付费来进行引流的工具。

Product Boost是Wish平台结合商户端数据与Wish后台算法，为指定产品增加额外流量的付费推广营销工具。PB 工具目前对所有类型店铺开放。参加 PB 活动会产生费用，它是 Wish 平台唯一的付费流量工具，费用在下一个支付日从商户的账户当期余额上进行扣除。

使用 Product Boost 可以增加产品的曝光率，以此增加店铺流量和销售。卖家可以根据店铺的运营状况选择使用 Product Boost 功能。例如，卖家可从店铺中的热销产品着手，设置产品的关键词与竞价。需要注意的是，一旦促销活动开始，卖家将无法编辑产品信息，如果产品下架，卖家将面临罚款措施。因此在促销活动开始之前，卖家需谨慎考虑产品数据，尤其是产品数量。

（1）Wish 的站内广告跟亚马逊和境内电商的不同。Wish 属于 CPM 广告，而境内电商和亚马逊还是以 CPC 广告为主。这就意味着付费做 Wish 的 PB 不一定交了钱就有效果，一个不小心很大可能钱花了，却没有促成订单。Wish 平台中的 PB 推的是流量付费而不是点击付费。流量付费的成本往往比点击付费高，但转化率却不一定比点击付费好。这对产品链接是一个大的挑战。

（2）Wish 申报 PB 的每个产品会收 1 美元的报名费，一次可以同时进行 10 个活动，高达 200 个产品。提交的产品要合理分配预算，尽量专注于有竞争优势的产品。金额有限，要确保每个申报 PB 的产品都能获得尽量高的流量，才能提高出单的概率。

（3）Wish 的关键词竞价排名，意味着竞价越高越靠前，流量分配越多。目前 Wish 提供 30 个词的位置以填写关键词，但不会显示哪个关键词的流量大、哪个关键词的流量小以及竞价的金额分配给哪一个关键词，所以要挑出最好的几个关键词。

**2. 阿里巴巴国际站 B2B 网络营销**

对于阿里巴巴国际站卖家来说，为了获得更多的流量，需要灵活地利用各种网络营销方法进行营销推广。目前，阿里巴巴国际站常用的站内营销工具包括橱窗、顶级展位、外贸直通车以及采购直达（request for quotation，RFQ）等。

1）橱窗

通俗点说，网站中的橱窗商品相当于我们逛街时，未进店门就会先注意到的在橱窗中摆放的商品，它在一定程度上是公司整体产品的代表。在阿里巴巴国际站，橱窗商品是平台优先展示推荐的产品，卖家添加到橱窗的产品，在同等条件下享有搜索优先排名权益，但是在阿里巴巴国际站首页通过关键词搜索时，橱窗产品是没有特殊标识的。不同类别的会员，可以设置平台默认给予的 10 个、30 个、40 个不等的橱窗产品。

橱窗产品有如下优势。

（1）享有搜索优先排名，在同等条件下，橱窗产品排在非橱窗产品前面；据不完全数据分析，橱窗产品的整体曝光量是非橱窗产品的 8 倍，所以充分利用好橱窗产品，可以获得更多的曝光机会。

（2）有权在公司网站首页推广专区做专题展示，可以提升主打产品推广力度。

（3）卖家在卖家后台可以自主更换橱窗展示产品，轻松掌握主打产品推广的主动权。

卖家可以根据公司的推广需求，选择需推广的产品，如新品或主打产品等。

2）顶级展位

顶级展位商品是阿里巴巴国际站提供的品牌营销产品，可以通过购买关键词，让产品固定展现在搜索结果的第 1 位。比如，在搜索框里面输入 socks 这个关键词，就会看到搜索结果第 1 页第 1 名有 1 个皇冠标志，右下角写着 Top Sponsored listing 的字样，就是顶级展位的展示位置，如图 9-5 所示。

图 9-5　顶级展位

顶级展位有以下几个优势。

（1）黄金位置，精准曝光。顶级展位的产品信息锁定第一位，可以帮助卖家从竞争对手中脱颖而出。

（2）资源稀缺。每个关键词仅开放一个位置，这样有助于企业形成竞争壁垒。

（3）展现式样多元化。可以通过视频、图片、文字等富媒体形式多角度展示商家优势，有助于企业品牌知名度的提升。

顶级展位是按月进行售卖的，可以分为线上竞价和线下向客户经理购买两种形式。其中线上竞价形式中卖家可以在后台选择合适的关键词进行秒杀，秒杀次数每月的价格是不一样的，可进行调整。

3）外贸直通车

外贸直通车，也叫作 P4P（pay for performance），它是阿里巴巴会员企业通过自主设置多维度关键词，并对关键词进行出价竞争，从而获得免费展示产品信息的机会，吸引买家点击产品信息，并且按照点击进行付费的网络推广方式。

这种推广方式有以下几个优势。

（1）流量大，平台会在站内站外为这些产品优先推广，引来流量。

（2）排名靠前，不管是在 PC 端、手机 App 端还是在手机无线端，其展示位置都是非常靠前的。

（3）P4P 产品展示是免费的，点击才要收费。

（4）在卖家后台对预算以及出价都可以进行灵活控制。

在 PC 端，P4P 的展示位置一般是在搜索结果第一页的第 1～5 位置，如果有顶级展位，则为 2～6 个位置，如图 9-6 粗线框所示，带有 Ad 标记的就是 P4P 展示位。还有就是搜索结果列表每页下方区域 Premium Related Product 智能推荐位。

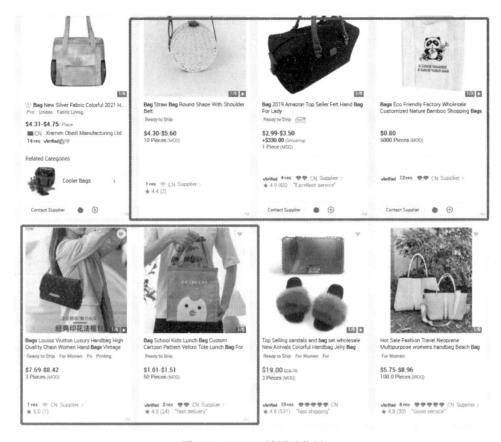

图 9-6　P4P PC 端展示位置

4）采购直达

采购直达是指买家主动填写采购信息委托阿里巴巴国际站平台寻找合适卖家，供应商可查看采购需求，根据买家要求及时报价。采购直达频道界面如图 9-7 所示，访问入口为 https://sourcing.alibaba.com/。

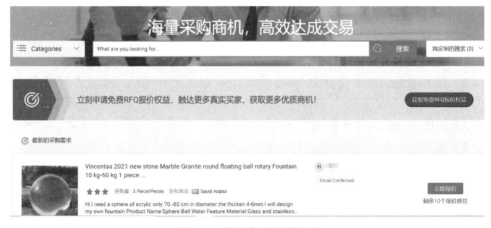

图 9-7　采购直达频道界面

采购直达的服务流程首先是买家发布采购需求，需求发布完成后系统进行审核，审核通过后就会在公开频道展示，然后供应商可以进行报价，报价后系统进行审核，审核通过后买卖双方进行沟通，产生交易意向，最后达成交易。采购直达的优势在于，对于买家来说可以更快捷地找到适合自己的供应商，供应商也可以主动寻找买家，且报价与订单管理也非常方便。

RFQ 的获取方式有三种。第一种是系统推荐 RFQ。阿里巴巴根据供应商在平台上展示的主营产品、主营类目，以及报价行为等信息，为供应商匹配最新的、与其产品和地区相符的 RFQ。第二种是进入采购直达频道进行搜索查找。第三种是自我定制 RFQ。供应商可以根据关键词定制与该关键词相关的 RFQ。每个供应商会员每个月的 RFQ 基本报价权益条数有 20 条。此外，平台还可以通过商家（公司维度）在采购直达市场的表现、店铺商机转化的表现等因素，给予报价权益奖励。

### 9.4.2 站外营销

**1. Google 数字营销**

与国内消费者的消费习惯不同，大多数海外消费者会在搜索引擎和 YouTube 视频平台获取感兴趣的内容。目前，谷歌通过自行开发和并购等方式形成了 Android、Google（搜索引擎）、Google Play、Gmail、Google 地图、Chrome（浏览器）、YouTube 以及云端硬盘等丰富的业务板块，覆盖消费者生活的各个场景，连接消费者、内容与企业。作为数字营销生态中的组成部分，Google 数字营销在跨境电商品牌出海中扮演重要角色。

1）Google 数字营销生态构成

Google 数字营销生态主要包括 Google Ads 广告投放平台、Google Marketing Platform 一站式营销管理平台（GMP）以及 Google Ad Manager 广告管理平台三个产品。Google Ads 是 Google 的在线广告投放平台，广告主可以通过该平台制作在线广告，并精细化地在正确的时间，将正确的广告主的内容，展示给有可能对广告主所提供的产品／服务有兴趣的用户。与 Google Ads 主要服务中小型广告主不同，Google Marketing Platform 主要面向的是大型广告主和代理商，谷歌提供强数据整合力，服务营销全流程，涵盖可以接入第三方数据的广告投放工具以及 Google 分析系列工具，广告主和代理商可以实现广告规划、广告购买、数据监测和用户体验改善等一体化。Google Ad Manager 广告管理平台服务的对象是广告商（拥有广告资源的媒体方），为广告商提供管理广告库存与广告投放的服务。

2）Google 主要广告形式

跨境卖家常用的广告形式主要包括搜索广告、展示广告、YouTube 广告、发现广告、购物广告、UAC（通用应用广告系列）广告及效果最大化广告七种。

（1）搜索广告。搜索广告是用户搜索时展示的广告，当用户对某些关键词进行搜索时，相应的文字广告会出现在用户的搜索结果中。如用户使用 ad serving 关键词进行搜索，就可以在搜索结果里看到带有 Ad 标记的广告，也就是搜索广告，如图 9-8 所示。

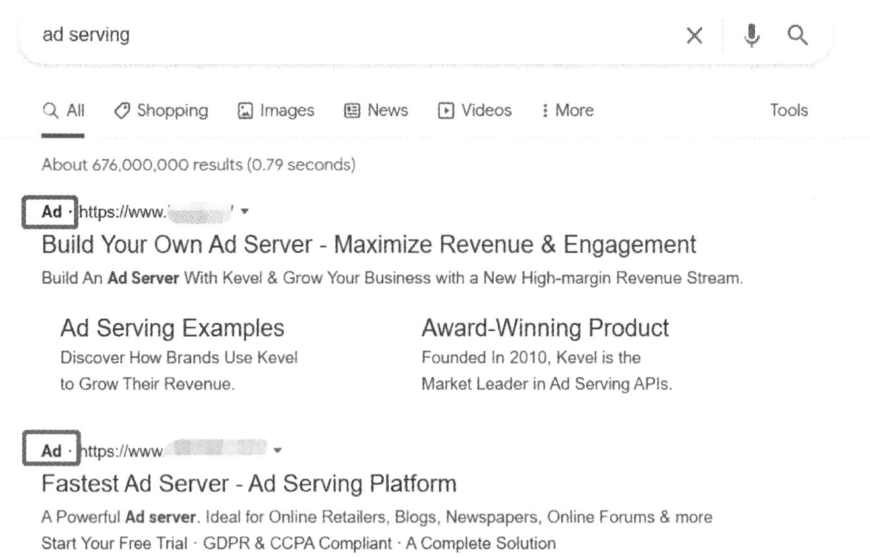

图 9-8　谷歌搜索广告

（2）展示广告。与搜索广告的关键词触发不同，通过投放展示广告，广告主可以在选定的相关受众群体浏览数百万个网站、应用以及谷歌自有的媒体资源（例如YouTube）时向其展示具有视觉吸引力的图片广告。如某登山鞋品牌广告主可以将广告展示在户外爱好者喜欢浏览的网站。也就是当消费者在浏览网页的时候，将广告的服务或者产品以图片等形式主动展示在潜在客户眼前，突出其卖点，有利于推广品牌。

（3）YouTube 广告。YouTube 在全球有超过 20 亿月活跃用户（数据来源：https://blog.youtube/press/）。针对品牌认知、品牌考虑度和喜爱度以及销售等不同营销目标，YouTube 为广告主提供了标头广告、外播广告、导视广告、插播广告、信息流视频广告以及行动广告等不同视频广告形式。

（4）发现广告。与展示广告主要依托第三方流量不同，发现广告主要利用的是谷歌自有平台，当用户在浏览内容、观看视频以及查看邮件时，将广告主的服务或产品以图片形式主动展示在潜在客户眼前，持浏览心态的消费者更易于去了解品牌。对于广告主来说，只需要提供广告的组成要素（例如标题、高品质图片等），系统会根据广告主设置的预算及出价方式（如"尽可能提高转化次数"出价策略、"目标每次转化费用"出价策略或"目标广告支出回报率"出价策略）等，向对该产品或服务感兴趣的客户展示广告。

（5）购物广告。购物广告可以在潜在客户搜索商品时向他们突出展示商品图片、名称、价格、卖家品牌、库存情况、顾客评价等信息。购物广告图文并茂，具有很强的视觉吸引力，如图 9-9 粗线框所示，客户搜索 ski suit 可以在搜索结果以及 Google 购物标签页中看到商品的详细信息，再决定点击自己感兴趣的商品。购物广告有助于促进线上交易，将有明确购买意向的用户带到广告主的网站。

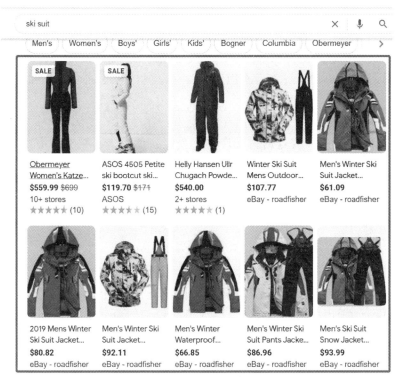

图 9-9　Google 购物广告

（6）UAC 广告。UAC 广告即应用广告，主要是用来推广 App，吸引用户下载使用，广告可以展示在所有谷歌的产品和服务上。这包括 Google（搜索引擎）、Google Play、YouTube、Google 展示广告网络、AdMob、Google 搜索上的探索、Google 搜索网络合作伙伴，以及展示应用广告的众多其他发布商网站。与其他广告形式的复杂设置不同，广告主只要提供文字、设置起始出价和预算、定位语言和地理位置、提供一些图片 / 视频素材等，系统会自动给出效果最优的广告并进行投放。

（7）效果最大化广告。效果最大化广告是一种以目标为导向的新型广告系列。借助这种广告系列，效果导向型广告客户只需制作一个广告系列，即可利用所有 Google Ads 的广告资源（包括但不限于搜索广告、展示广告、发现广告、视频广告、购物广告等）。它的用途是对基于关键字的搜索广告系列进行补充，帮助广告主跨谷歌的所有渠道（例如 YouTube、Google 展示广告网络、Google 搜索、Google 探索、Gmail 和 Google 地图）寻找更多会转化的客户。

效果最大化广告可根据特定的转化目标帮助广告主提升效果，借助智能出价跨渠道实时优化广告效果，从而增加转化次数和转化价值。效果最大化广告会结合谷歌的自动化技术，根据特定的广告目标以及广告素材资源、受众群体信号和可选数据 Feed，执行出价、预算优化、受众群体定位、广告素材制作和归因等操作。

**2. Facebook 营销数字营销**

Facebook 是互联网上最大的社交媒体，自然成了跨境电商企业数字营销推广的一大专业平台。目前 Facebook 有两种营销策略：自然社交和付费社交。自然社交就是长期通过免费手段（商业页面、生成帖子、通过评论和聊天与关注者互动等）引流拓客，而付费社交则主要通过 Facebook Ads Manager 管理和优化广告活动来获得询盘。

Facebook 针对商业用户提供了很多营销机会，其中主要包括五种营销模式：Facebook 广告、Facebook Business Page（商业页面）、Facebook 群组、Facebook Marketplace 以及联合营销。

1）Facebook 广告

Facebook 广告是一种按点击付费广告，企业根据点击、视频观看次数或转化率等受众互动来付费，适用于快速向目标受众传递特定信息，换句话说，就是投放客户根据受众的选择，清楚地把自己的广告展示给目标客户，跟 Google 广告的模式有些类似。Facebook 广告投放的基本流程是：选择目标—选择受众—选择格式—设置预算—下单—衡量和管理效果。

2）Facebook Business Page

Facebook Business Page，简单来说，就是个人资料页面的商业版本，可以包含位置、时间、服务和用户评论等信息。要想使用 Facebook 自然社交进行营销，首先你需要登录 Facebook 账户，单击屏幕右上角的下拉选项，并选择 Create a Page 创建一个商业页面，然后才能持续生成内容或帖子，进行营销推广。

此外，我们创建的商业页面除了可以在 Facebook 里面找到，也可以在谷歌搜索引擎中找到，可以起到提升品牌知名度、促进营销等作用。

3）Facebook 群组

Facebook 群组将具有共同兴趣的人聚集在一起，当加入受众客户组成的群组时，就有机会增进对业务的了解和拓展生意。此外，企业也可以创建自己的 Facebook 群组，通过对群组的管理和营销，帮助企业获得自然关注，并直接接触到积极参与的目标受众，比较适用于品牌知名度的自然增长营销模式。

4）Facebook Marketplace

Facebook Marketplace 是 Facebook 于 2016 年 10 月在移动端推出的一个售买功能，允许用户在 Facebook 上购买和销售物品，相当于国外版的闲鱼。Facebook Marketplace 上的客户大多是个人，但企业也可以在平台上列出产品，提高品牌知名度，可以作为促进转化的一种模式。

5）联合营销

联合营销是指两家企业合作推广和交叉销售彼此的产品。这是一种免费的策略，可以帮助企业获得信誉和知名度，目前比较常见的营销模式是与网红合作，当然，也可以与其他受众群体重叠度较高的企业合作营销，合作共赢！

**3. TikTok 数字营销**

TikTok 已成为跨境电商下一个必争的新流量入口。从数据来看，2022 年 2 月，TikTok 成为全球下载量最高的应用（非游戏类，综合 iOS 和 GooglePlay 的情况），其在美国、印度、巴西等国均位于应用下载量榜首。

TikTok 测试购物车功能、测试原生视频广告业务等行动，给跨境电商从业者提供了极大的数字营销空间。Tiktok 集结了十几家代理商，宣布从 2020 年开始全球发力，将商业化端口开放至更多国家的消息。

利用 TikTok 进行跨境电商数字营销可采用以下方式途径。

1）TikTok 养号

一直以来，跨境卖家对短视频服务市场 Facebook、Twitter、YouTube 等平台非常熟悉。TikTok 作为后起之秀，受到卖家的热捧，TikTok 首先都要有一定的流量池，即需要有一定量的交互用户。从视频的完成率，到用户的转发率、评论、点赞率，以及对用户的回复，都是前期做流量池非常重要的环节。TikTok 的账号权重很重要。很长一段时间无人关注的"僵尸号"，账号上的"僵尸粉"对于其流量池的增长没有任何作用；每天的播放量在 100～500 次之间的初始账号，起量速度很快，TikTok 会有流量扶持；而一些被 TikTok 推荐的账号，尤其是有原创视频或较为优质视频的账号，平时播放量可达几千次，其权重的突破性以及未来的爆发点比较大；TikTok 与国内版抖音很像，账号需要养，但不能一下投入过多去刻意养账号，进行刷粉、刷点赞、刷评论等动作。一旦刷号，很可能会刷来"僵尸粉"，这对视频内容播放量多半无益，且比值异常将存在一定被禁号的风险；要提高账号的转发率，粉丝评论也很重要。由于除了视频本身外，TikTok 用户还会关注视频评论的内容，所以评论会直接影响账号优劣情况。归根结底，无论是在 TikTok 上做服务，还是卖家自己做账号，账号质量决定引流力量。

2）用漏斗模型搭建流量矩阵

在做 TikTok 之前，跨境电商企业要首先明确自己为什么要做 TikTok，确定目的后才能知道到底如何做引流动作。目前常见的引流模式基本上是网红带货或付费广告。外国人的习惯、喜好等与中国人有很大差别，目前，网红带货的能力还无法评估，但网红加品牌的组合，势必成为未来一种比较好的变现方式。

跨境卖家该怎么根据品类特性来系统地打造引流矩阵呢？对于所有产品而言，要纵深式搭建引流矩阵，应该呈从大到小的漏斗状态，将自己的产品分类为一二三级类目去搭建，这是目前比较流行的方式。大方向上先引流，吸引部分目标受众，再从中挑选精准用户，找到愿意来购买产品的人。针对不同产品，可以制作不同的短视频，目前常见的就是内容种草、网红带货和做自己品牌三种方式。产品不同，做法会有一些差别，但无论是运动类、户外类还是家装、宠物等，都可以用这种方式去做，其特点是分散风险，放大协同效应。以口红为例，其一级分类是化妆教程，二级分类是彩妆种草，三级则是口红试色，最终，通过图片、短视频种草并积累粉丝，再进行流量收割。

3）制作高质量短视频维护 TikTok 生态

在制作高质量短视频时，要考虑几个因素：尽量不要制作危险动作的视频，以免误导儿童等，这比音乐侵权更严重；视频有问题也会牵连账号，比如说种族歧视等是绝对不允许出现的。TikTok 是一个视频展示平台，所以用户对直接通过眼球看到的东西会比较敏感；在养账号时，想要维护流量，就需要不断跟粉丝互动，做引导评论。此外，视频评论以及对用户的回复都很重要。如果视频内容下有高质量的评论，会对视频打爆更有优势。无论是培训、视频推荐、短视频制作、广告推广还是网红带货等，整个生态会逐渐走向成熟。

**4. 领英 B2B 数字营销**

领英是全球领先的职业社交网站，同时也是世界上最适合 B2B 数字营销的媒体平台之一。

### 9.4.3 领英 B2B 数字营销

**1. 简介**

领英是全球领先的职业社交网站，创建于 2003 年，总部位于美国加利福尼亚州的森尼韦尔。领英以其庞大职业会员量为基础，为全球企业和机构提供包括招聘、市场和销售在内的一系列解决方案。截至 2022 年 5 月，领英全球会员超过 8 亿，覆盖 200 多个国家和地区，拥有 24 种官方语言版本，公司主页数量超过 500 万。

领英于 2014 年宣布进入中国，是中国政府唯一认可并核准颁发 ICP 运营牌照的外资社交互联网企业，唯一一个可以在中国登录的跨国社交媒体平台，目前拥有中国会员数量 5 300 余万。

**2. B2B 数字营销生态系统**

领英平台的职业社交属性、多维度精准客户定向方式、大数据深度洞察用户与内容、以营销目标为导向的多种营销解决方案，架构成一个完整的 B2B 数字营销系统，帮助用户挖掘海量客户与实现品牌出海。

1）领英平台职业社交属性

领英定位于职业社交媒体平台，注册会员均为职场人士，平台展现内容与话题一般也与职业相关。利用领英平台，职场人士进行交流互动，获取更多商业机会或者职业机会，给自身创造更多商业价值和机遇。

领英超 8 亿全球会员当中，6 300 万为全球商业决策者，1 000 万为企业首席高管。在 B2B 采购决策过程当中，商业决策者与企业高管往往发挥着决定性作用。同时，领英会员包括采购经理、产品经理、工程师等众多与采购相关的影响者，他们在采购过程当中，也发挥着关键影响作用。通过领英平台，B2B 卖家能够广泛触达采购团队中的不同角色，供需双方不断加深彼此了解，满足买家需求，进而建立合作关系。

2）多维度精准客户定向方式

成功开展 B2B 数字营销的核心标准之一就是高效利用有限的预算，通过精准定向触及尽可能多的目标客户，挖掘销售线索。

领英客户定向方式包括职场标签定向、定制化定向与大数据定向。

一是职场标签定向。基于会员的第一手真实职业信息，提供包括四种类型 22 个定向维度，让卖家全面定义目标人群，精准触达优质潜在客户。职场标签四种类型包括公司属性、人群属性、工作经历、教育经历。其中，公司属性的定向维度包括公司名称、行业、类别、规模、成长状况、粉丝数量；人群属性定向维度包括会员性别、年龄、爱好、群组；工作经历定向维度包括工作职位、职能、经历、年限、技能；教育经历定向维度包括毕业院校、专业领域、学历学位。卖家可以根据需要，在具体应用场景中进行选择。

比如以安防与调查行业卖家为例，卖家希望在领英上寻找安防行业的决策人群，通常会使用行业＋职级/职能＋职级的定向方式，尽量多地去触达安防行业中经理级别以上的有采购决策权和影响力的人群。

二是定制化定向。其包括联系人定向、企业定向以及网站再营销定向。

联系人定向与企业定向，是将既有的目标公司列表与个人客户的邮箱信息上传到领英后台的系统进行匹配，72小时匹配成功后，就可以将上传成功的List作为定向使用进行营销推广。

网站再营销定向是在商家公司网站上安装一个领英的数据追踪标签（insight tag），就可以将过去30天内访问过商家公司网站的领英用户打包为一个人群包，待人群包积累达到300人以上就可以进行网站定向再营销。由于这部分人主动访问过商家的网站，对商家的产品和服务已经有一定兴趣，当针对性地提供一些类似成功案例等促销素材，就能非常高效地实现客户转化。

三是大数据定向。其包括广泛投放工具定向、相似目标客户（类似受众）定向、兴趣定向。

广泛投放工具定向将商家的广告展示给那些与商家目标客户特性相似的客户，从而扩大商家推广活动的覆盖范围。例如，如果商家的推广活动针对具有"在线广告"技能的会员，广泛投放工具可能会将目标客户扩展至职业档案中列有"交互式营销"技能的会员。这样可以帮助商家发现新的优质潜在客户，自动让他们成为商家的营销目标。

相似目标客户（类似受众）定向通过查找具有类似特征的受众，帮助商家扩展匹配受众细分，类似受众使用专有算法来构建所选受众。领英会员配置文件数据和公司属性用于确定相似性，以根据相似特征扩展受众。原始匹配受众细分将不包括在新相似目标客户中。

兴趣定向包括各种会员兴趣话题，这些话题可能是基于会员操作和与具体的领英在线内容的互动情况生成或推测出来的。例如，选择"商务与管理"兴趣可以锁定与商务与管理相关内容互动的目标人群。

3）大数据深度洞察用户与内容

基于海量数据，可对网站访客进行画像分析、渗透率分析、用户行为的语义分析，以及对营销推广活动效果进行转化追踪。同时，对于品牌推广过程中的品牌声量、内容营销中的话题影响力指数、内容营销评分等进行数据分析。通过领英大数据功能，深度洞察目标客户行为偏好，轻松掌握热门话题、追踪内容表现、发掘空白内容机会。

4）以营销目标为导向的多种营销解决方案

objective-based advertising（OBA），即目标导向广告，作为领英营销解决方案的产品，旨在为营销人员的活动带来更高效的体验和更优质的投放效果。按照漏斗式营销历程，领英设计了6个目标的广告推广活动，涉及知名度、关注度、转化，以支持全漏斗式营销计划。

**3. 领英B2B数字营销体系**

公司主页、企业高级账号与广告推广构成了领英品效合一，实现品牌声量与销售增量共赢完整的数字营销体系。

1）公司主页

领英公司主页是商家公司在领英上的代言人，是在领英上进行品牌推广和客户开发的阵地，相当于在领英平台上建立了一个公司自身的网站，帮助会员更加了解商家公司的业务、品牌、产品和服务等。

通过公司主页的免费资讯发布、快讯推广、创建公司活动功能，同时获取免费流量和付费流量，并打造属于公司自有的私域流量，进行数字营销与品牌推广。主页数据分析功能则从访客数据分析与快讯数据分析两个角度，提升主页运营与客户开发效果，并可进一步完善内容营销，增加关注者的数量，从而获取更多的客户资源。免费资讯发布（公司动态）模块内容可包括产品资讯、公司资讯、项目案例、行业洞察等，吸引关注者，并进行产品、品牌和公司行业影响力的输出推广。针对发布的动态数据进行分析，一方面，可以了解行业客户对相关动态的关注和兴趣；另一方面，对于动态的内容加以优化改进，持续对潜在客户进行触达与培育。主页快讯推广模块是根据推广目标与数据分析，针对已发布的动态进行广告投放。并按照领英的多种定向功能进行筛选，快速高效触达目标客户。创建公司活动模块是针对某一主题，通过 Webinar 会议等，向目标受众进行行业影响力和思想力等的传递，提高公司产品与品牌的知名度。通过活动统计数据，可以了解参加活动的客户的国家或地区、行业、公司、职能类别、资历等，活动结束后，可以有针对性地进行客户开发。数据分析模块主要针对访客数据，可以了解公司主页的访客变化动态趋势，及时进行内容优化调整，保持访客热度。另外，可以了解访客的职能类别、地区、行业、公司规模等信息，为产品与企业的决策提供数据参考。企业快讯统计数据，帮助了解快讯被关注的总体趋势状况，同时，为营销推广决策提供数据支持。

2）企业高级账号

与标准账号（免费账号）相比，企业高级账号通过多个过滤器同时过滤筛选，大大提高销售线索挖掘精度与效率，广泛触达潜在行业客户并推广公司产品与品牌，进行潜在客户的分类管理与开发。同时收集客户信息和企业信息，为后续进行再营销做充分积累。具体而言，企业高级账号具备以下 8 个功能特点与优势：①独立销售界面。界面菜单包括主页、销售线索管理、客户管理、在线聊天工具、账号管理。便于商家便捷而高效地挖掘销售线索，并对客户、在线沟通、信息发现等统一进行管理。②自定义销售线索和客户列表。商家可根据自身市场开发的需要，对于销售线索和客户列表自行定义，以便进行分类管理和开发。③提醒和洞察。获取销售线索的最新动态，及时发现客户或行业的需求，为销售及产品研发等提供线索。④无限浏览三度以外人脉和领英推荐人脉。简单地说：一度人脉就是自己的领英好友，二度人脉就是自己领英好友的好友，三度人脉就是自己领英好友的好友的好友。浏览三度以外人脉，以扩大销售线索并触达高层决策者。⑤查看 90 天关注过的潜在客户。查看过去 90 天的所有访客列表，也可以查看访客走势和统计数据。除了免费账号所具备的查看功能，还能够看到每周访客分析、过去 90 天的访客人数、上周以来的增长/减少百分比、访客量每周趋势图表。⑥销售线索推荐和保存客户资料。平台根据商家偏好，推荐销售线索，商家可获取更多商业机会。自动保存相关客户资料，以便商家进一步跟踪开发。⑦高级销售线索搜索。通过国家或地区、公司、行业、职衔、职能等 40 余个高级过滤器辅助搜索，更加精准挖掘销售线索。⑧ 20 封 InMail。可以直接给未建立联系的领英会员发消息，直接触达有价值的潜在客户。

3）广告推广

营销漏斗模型指的是在营销历程中，将非用户（也叫潜在客户）逐步变为用户（也叫客户）的过程，可概括为三个阶段，即客户触达、客户培育、客户转化。这个过程的量化模型就是营销漏斗，整个营销过程称为全漏斗营销。

根据全漏斗营销历程的不同阶段，领英将广告产品相应细分为 6 个不同目标的广告类型。在营销漏斗的顶部触达阶段，广告目标类型包括品牌参与度广告，目标是让更多人知道自身的产品、服务、公司和领英活动。在营销漏斗的中部培育阶段，广告目标类型包括网站访问量广告、参与度广告与视频观看量广告。网站访问量广告的目标是让更多人访问领英站内外的目标网页；参与度广告的目标是内容动态能吸引更多人；视频观看量广告的目标是有更多人观看视频。在营销漏斗底部转化阶段，广告目标类型包括销售线索挖掘广告与网站转化量广告。销售线索挖掘广告的目标是在领英上找到更多优质线索；网站转化量广告的目标是有更多购买量、注册数或下载量。

针对每种不同目标类型的广告，可采取多种不同的内容表现形式进行广告推广。领英常用的广告形式包括单图广告、轮播图片广告、视频广告、活动广告、文字广告、定制广告、消息广告、对话广告、关注者广告等。①单图广告。这种广告包括一张图片，并配上适当的文字内容。一般在领英信息流页面中，直接显示在商家希望覆盖的专业人士受众中。②轮播广告。这种广告允许商家以单一轮播式连续显示多个图像。可以自定义轮播广告，使其具有独特的图像、标题和目标链接，可帮助商家对目标受众讲述交互式故事。③视频广告。这种广告通过视频吸引专业受众。视频广告允许商家讲述有关品牌的丰富故事，将自己定位为行业洞察领袖或分享客户成功的故事。④文字广告。这种广告由标题、简短文本和图片组成。根据位置、统计信息、技能、兴趣等信息对文本广告的目标客户进行细化，从客户数量与精准定位的混合分析中获取想要的结果。⑤消息广告。利用这种广告，商家可以向目标受众显示"原生广告消息"。

领英广告目标类型与广告形式如表 9-2 所示。

表 9-2 领英广告目标类型与广告形式

| 广告目标类型 | 目标 | 广告形式 |
| --- | --- | --- |
| 品牌参与度广告 | 让更多人知道自身的产品、服务、公司和领英活动 | 单图广告、轮播广告、视频广告、活动广告、文字广告、定制广告、关注者广告 |
| 网站访问量广告 | ① 提升网站流量；② 提升市场营销落地页流量；③ 提升领英活动的流量 | 单图广告、轮播广告、视频广告、活动广告、文字广告、定制广告、消息广告、对话广告 |
| 参与度广告 | ① 促进与商家的内容、领英活动的社交互动；② 增加公司页面关注者数量 | 单图广告、轮播广告、视频广告、活动广告、关注者广告 |
| 视频观看量广告 | 有更多人观看商家的视频 | 视频广告 |
| 销售线索挖掘广告 | ① 捕捉领英上的销售线索；② 使用预先填充领英档案数据的销售线索表格；③ 直接与销售线索管理平台整合 | 单图广告、轮播广告、视频广告、消息广告、对话广告 |
| 网站转化量广告 | ① 捕捉商家网站上的销售线索；② 增加对业务有价值的操作 | 单图广告、轮播广告、视频广告、文字广告、消息广告、定制广告 |

4）案例：运用领英 B2B 数字营销体系，华为公司成功开展品效合一营销推广

截至 2021 年 8 月 31 日，华为公司领英主页的全球关注用户突破 400 万，公司领英主页用户数达 15 万以上。作为一家传统 B2B 技术型企业，华为紧随时代发展趋势，建立起一整套完整的数字营销框架。从底层平台建设、强大的数据分析技术平台，到深度内容制作与网站运营，再到所有渠道的选择和管理，包括搜索、投放、社交媒体，在保证品牌特性契合的前提下，展开合理布局，获取更大流量、更多曝光。

在此过程中，华为与许多专家团队、企业组织展开合作，包括领英中国。领英平台的特性和华为的业务、受众匹配度非常高，平台的功能可以满足华为品效合一的数字营销需求。

华为的营销目标分三个层次：构建品牌影响力、品牌美誉度以及挖掘潜在的销售机会。领英的营销解决方案通过平台的大数据背景帮助华为精准定向全球职场高级管理人员，技术领域及企业领域的商业决策者。

领英为华为提供了多种多样与客户直接沟通互动的场景。华为在平台公司主页上分享公司最新商业资讯、尖端科技信息，通过免费与付费多种渠道组合，传递给潜在客户和专业人士。

在广告推广上，首先需要找准受众。品牌触达首先要明白受众在何处。如今 B2B 决策往往由决策委员会完成，其包含不同部门的管理者、专家或技术人员等，由于决策牵涉到的是企业层面的结果，决策者在过程中还必然会接收各种信息，受多方力量的影响。华为营销人深刻懂得，受众不仅仅是客户，还有媒体等第三方，公司员工也是重要的受众。在领英平台，华为利用领英精准的定向技术将内容送达不同层级的客户和合作伙伴；鼓励公司员工传播品牌内容，获取媒体价值；在全面的职场生态中接触更广泛的受众，包括媒体、智库等。所有的受众，都对客户的购买决策带来或多或少的影响。其次需要规划内容。华为十分重视树立思想领导力。有别于过去仅仅发布新闻式内容，华为更愿意推出品牌文化的故事。久而久之，阅读内容的受众的体验提升，对华为品牌建立起更高的信任度和喜爱度。华为还规划了不同层级的内容类型，以满足处在不同阶段的客户的需求。例如在公司级的主页中，华为倾向于发布整合了思想领导力、品牌故事等多维度的内容，采用领英视频广告、轮播广告等可视化形式进行呈现，吸引关注者进行点击与互动。在业务单元级的主页中，华为会更多地发布具体的产品和解决方案，提供直接决策信息和购买方式。最后需要衡量效果。在数字营销时代，衡量营销成果，是否达到较高的 ROI 是必不可少的一环。华为选择在领英进行广告活动时，也无比重视衡量效果。发布活动前，领英平台对华为的目标受众进行细分，根据目标受众占总人数的比例情况，在实际投放时进行优化。华为在领英广告后台监测流量变化、每一步的转化率，查看访客和互动用户来源：是否来自目标国家或地区？是否来自目标行业？对销售线索的贡献情况如何？通过全面的数据对活动进行及时优化和管理，保证每一次的"物超所值"。

通过领英平台上免费推广与付费推广的营销体系组合运用，华为在平台上品效合一的营销目标效果持续提升。

## 课后习题

**一、简答题**

1. 4P 的含义是什么？
2. Facebook 数字营销原理是什么？

**二、实践练习**

Ray China 是一家专注于安防监控行业的贸易型公司，主要经营产品为热成像设备，用于安防监控、森林防火、出入口检测、在线生产状态监测等领域（进一步资料可参考该公司网站：www.raythermal.com）。现公司为开展海外品牌推广与获得更多优质客户资源，拟在领英平台上开展数字营销，请为该公司做一份营销策划方案。

## 即测即练

# 第 10 章

# 跨境电商支付结算与财税

【本章学习目标】
1. 了解跨境电商支付的概念与流程；
2. 熟悉和掌握跨境电商定价管理模式；
3. 理解推广成本，以及退换货成本核算的方式；
4. 熟悉和掌握跨境电商运营的成本核算的内容；
5. 理解跨境电商进出口关税的概念。

**导学案例：什么是跨境电商支付？**

王萌和郑丽在大学期间分别开了一家 Amazon 店铺和一家网易考拉店铺。王萌在进行店铺收款的时候遇到了无法直接使用自己的银联卡进行结算的问题。王萌和张丽进行了探讨未找到答案，于是咨询了任课教师张老师。张老师说："这种交易模式属于境外交易，是跨境电商交易模式的一种。因为是境外结算，所以需要使用第三方收款平台，使用具有外汇功能的银行卡才能收款，从而将平台款项收入自己指定的账户。"同时，老师追问王萌："什么叫跨境电商支付？"王萌回答："把境内货物卖到境外，经过支付和结算的过程就叫作跨境电商支付。"这时候，郑丽发问："从境外卖到境内那是什么，这不是也是跨境电商支付吗？"

那么跨境支付究竟是哪一种方式呢？本章将重点讲解与此相关内容。

## 10.1 跨境支付概述

海关总署统计数据显示，2021 上半年，中国跨境电商进出口继续保持良好发展势头，跨境电商进出口 8 867 亿元，同比增长 28.6%。其中，出口 6 036 亿元，增长 44.1%；进口 2 831 亿元，增长 4.6%，如图 10-1 所示。

电子商务的本质就是对"三流"（信息流、资金流、货物流）的管理。跨境电商要符合境内、境外两方的相关规定。信息流涉及客户信息隐私，需要遵循当地的规定，货物流涉及境内外的海关系统，资金流的管理更是跨境电商的核心功能之一。

### 10.1.1 跨境支付的概念

跨境支付是指两个或两个以上的国家或地区之间因国际贸易、国际投资以及其他方面所发生的国际债权债务，借助一定的结算工具和支付系统实现的资金跨国与跨地区转移的行为。

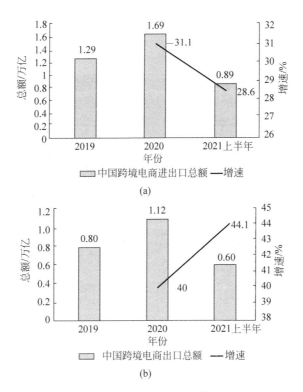

图 10-1 中国跨境电商支付与结算的发展现状

（a）中国跨境电商进出口总额；（b）中国跨境电商出口总额

### 10.1.2 第三方支付

**1. 第三方支付的概念**

近年来，第三方支付已经成为跨境支付的主战场。第三方支付是指具备实力和信誉保障的第三方企业与境内外的各大银行签约，为买方和卖方提供的信用增强。在银行的直接支付环节中增加一个中介，通过第三方支付平台交易时，买方选购商品，不直接将款项打给卖方而是付给中介，中介通知卖家发货；买方收到商品后，通知付款，中介将款项转至卖家账户。

**2. 第三方支付机构参与跨境电商支付的流程**

第三方支付机构主要参与跨境电商中的零售领域，分为跨境零售出口电商和跨境零售进口电商，第三方跨境电商支付企业参与跨境电商流程如图 10-2 所示。跨境 B2B 电商仅有小部分支付机构参与，如阿里巴巴旗下的阿里巴巴国际站，其跨境支付服务由支付宝提供。

扩展阅读 10-1 2020 年中国第三方跨境支付行业研究报告

在跨境出口零售电商领域中，国内第三方跨境支付公司主要参与其中的收款环节，服务于 B 端平台及商户，提供完整支付解决方案；而收单业务则主要由以 PayPal 为首的国际第三方支付公司完成；最终参与结售汇环节的主体除了传统银行外，还有国内 30 家持牌公司可与银行展开合作。而在跨境进口零售电商及垂直支付（出国旅游及出国留学线上付费）领域中，支付宝、微信因在国内拥有占绝对优势的用户数量及支付市场份额，得以在跨境支付C端领域形成双强领先格局。

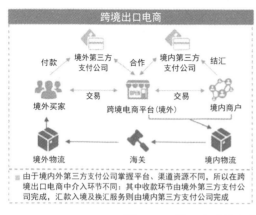 

图 10-2　第三方跨境电商支付企业参与跨境电商流程

### 10.1.3　全球跨境支付行业发展历程

**1. 全球跨境支付历史演变过程**

纵观全球跨境支付历史演变过程，跨境支付是随着国际产业分工及国际交往活动的持续发展而兴起的。在最早期，国际上使用贵金属进行跨境支付清算，后续出现了纸币现金、纸质转账的清算方式，到电子转账清算，再到第三方跨境支付，跨境支付随着整个国际社会各项活动的日益频繁和科学技术的更迭进步，逐渐向迅速、安全、节约的方向发展，如图10-3所示。

```
早期跨境支付
● 时间：19世纪后
● 事件：由贵金属清算过渡到纸币转账清算，但纸质清
  算耗费了大量的人力及时间成本

电子转账跨境支付
● 时间：20世纪60年代
● 事件：电子数据交换技术出现，从纸质转账清算过渡
  到电子转账清算，在此基础上建立SWIFT，加快国际
  支付清算的速度

第三方跨境支付
● 时间：20世纪末至21世纪初
● 事件：1998年PayPal成立，2004年支付宝成立。跨境
  电商迅猛发展，第三方支付必不可少
```

图 10-3　跨境电商支付发展历程

中国跨境支付的发展历程与国际跨境支付史发展轨迹基本吻合，虽然总体起步较晚，但近年来却取得了长足的进步。

## 2. 第三方跨境支付的优势

1）第三方跨境支付在 B2C 业务中的优势

目前，中国的外汇政策并不支持国内第三方支付公司开展 B2B 业务，故而主要对 B2C 业务进行分析。跨境 B2C 贸易有小额、高频、对回款速度要求高的特点，而传统跨境支付手段无法满足这样的需求。

传统银行电汇到账一般需要 3～5 天，而第三方跨境支付可以实现更快到账，快速回款不仅大大降低了商家的汇率损失风险，还保证了其资金的正常运转；同时银行电汇及汇款公司都存在手续费高昂、流程烦琐的痛点，第三方跨境支付机构通过聚集多笔小额跨境支付交易，可有效降低交易成本，非常适用于金额小、数量多的跨境电商交易，如图 10-4 所示。

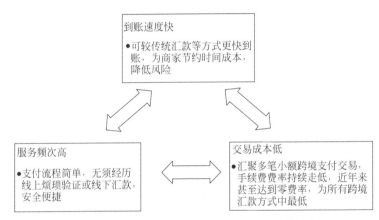

图 10-4　第三方跨境支付在 B2C 业务中优势分析

2）跨境电商是第三方跨境支付依托发展的重要领域

跨境电商是第三方跨境支付依托发展的重要领域，2019 年中国跨境电商行业规模超过 5.5 万亿元。其中，第三方跨境支付主要应用于跨境零售电商以及小部分跨境 B2B 电商领域，为商户提供收单、收款、结售汇等服务。

## 10.2　跨境电商支付

### 10.2.1　跨境支付方式

跨境支付方式有两大类。一种是线上支付，包括各种电子账户支付方式和国际信用卡，由于线上支付手段通常有交易额的限制，所以比较适合小额的跨境零售。另一种是线下汇款模式，比较适用于大金额的跨境 B2B 交易。不同的跨境收款方式差别很大，有不同的金额限制和到账速度，而且各自都有优缺点和适用范围，如表 10-1 所示。

表 10-1　跨境支付方式对比

| 支付方式 | 简介或费率 | 优　点 | 缺　点 | 适用对象 |
| --- | --- | --- | --- | --- |
| 线上：信用卡收款 | 需预存保证金，收款费用高 | 信用卡是欧美最流行的支付方式，信用卡用户群庞大 | 接入国际信用卡收款较麻烦，且需预存保证金。信用卡收款费用高，而且黑卡很多，存在拒付风险 | 很多跨境电商平台都支持国际信用卡支付。目前国际上有五大信用卡品牌：Visa, MasterCard, America Express, JCB, Diners Club，其中前两个使用较广泛 |
| 线上：PayPal | 每笔收取 0.3 美元银行系统占用费；跨境交易，每笔收取 0.5% 的跨境费；每笔提现收取 35 美元 | PayPal 与支付宝较类似，是美国 eBay 旗下的支付平台，在国际上知名度较高，是很多国家或地区客户的常用付款方式 | 交易费用主要由商户提供。而且账户容易被冻结，很多做外贸的朋友都遇到过 | 适合跨境电商零售行业，几十到几百美元的小额交易 |
| 线上：CashPay | 2.5% | 可选择提现币种；安全性高，有专门的风险控制防欺诈系统 | 刚进入中国市场，国内知名度不高 | 不限定 |
| 线上：Moneybookers | 免手续费，提现会收取少量费用 | 安全，以 E-mail 为支付标识，不需要暴露信用卡等个人信息；只需要电子邮箱地址，就可以转账；可以通过网络实时收付费 | 不允许多账户，一个客户只能注册一个账户。目前不支持未成年人注册，需年满 18 岁才可以 | 年满 18 岁的成年人 |
| 线上：Payoneer | Payoneer 是一家总部位于纽约的在线支付公司，主要业务是帮助其合作伙伴，将资金下发到全球，同时也为全球客户提供美国银行/欧洲银行收款账户，用于接收欧美电商平台和企业的贸易款项 | 中国身份证即可完成 Payoneer 账户在线注册，并自动绑定美国银行账户和欧洲银行账户。可以像欧美企业一样接收欧美公司的汇款，并通过 Payoneer 和中国支付公司的合作，完成线上的外汇申报和结汇。而且费用不高，单笔不超过 2% | 单笔资金额度小 | 客户群分布广的跨境电商网站或卖家 |
| 线下：电汇 | 电汇是传统 B2B 付款常用模式，买卖双方各自承担所在地的银行费用。具体费用根据银行的实际费率计算 | 收款迅速，几分钟到账。先付款后发货，保证商家利益不受损失 | 先付款后发货，买方容易产生不信任。用户量少，限制商家的交易量。买卖双方都要支付手续费，而且费用较高 | 适合大额的交易付款 |

续表

| 支付方式 | 简介或费率 | 优 点 | 缺 点 | 适用对象 |
|---|---|---|---|---|
| 线下：西联汇款 | 西联汇款是世界上领先的特快汇款方式，可以在全球大多数国家或地区汇出和提款。其手续费由买家承担。需要买卖双方到当地银行实地操作。在卖家未收款时，买家随时可以撤销资金 | 到账速度快；手续费由买家承担，对于卖家来说很划算；可先提钱再发货，安全性好 | 由于对买家来说风险极高，买家不易接受。买家和卖家需要去西联线下柜台操作。手续费较高 | 1万美元以下的中等额度支付 |
| 线下：MoneyGram | MoneyGram，又称速汇金汇款。在全球200个国家和地区，拥有总数超过35万个的代理网点。收款人凭汇款人提供的编号即可收款 | 汇款速度快，十几分钟即可到账；汇款金额不高时，费用相对较低，无中间费，无电报费；手续简单，无须填写复杂的汇款路径，收款人无须预先开立银行账户 | 汇款人及收款人均必须为个人；必须为境外汇款；客户如持现钞账户汇款，还需交纳一定的现钞变汇手续费 | 传统外贸及跨境电商都适用，适合已有一定交易规模的卖家 |
| 线下：中国香港离岸公司银行账户 | 卖家通过在中国香港开设离岸银行账户，接收海外买家的汇款，再从中国香港账户汇到中国内地账户 | 接收电汇无额度限制，不需要像内地银行一样，受到5万美元的年汇额度限制。不同货币可直接随意自由兑换 | 中国香港银行账户的钱还需要转到内地账户，较为麻烦 | 传统外贸及跨境电商都适用，适合已有一定交易规模的卖家 |

**1. 线上跨境支付**

线上跨境支付方式主要有信用卡收款、PayPal、CashPay、Moneybookers、Payoneer。信用卡和PayPal是目前使用最广泛的国际网购支付方式。另外有一些地域特色的支付方式，如俄罗斯的WebMoney、Qiwi Wallet，中东和北非的CASHU，主要做这些地区的商家，可以考虑开通ClickandBuy、Paysafecard、WebMoney、CASHU、LiqPay、Qiwi Wallet和Neteller。

ClickandBuy是独立的第三方支付公司。收到ClickandBuy的汇款确认后，在3～4个工作日内会收到货款。每次交易金额最低100美元，每天最高交易金额10 000美元。Paysafecard购买手续简单而安全；除线上支付外，它还是欧洲游戏玩家的网游支付手段；用户用16位账户数字完成付款；开通Paysafecard支付，需要有企业营业执照。WebMoney是俄罗斯最主流的电子支付方式，俄罗斯各大银行均可自主充值取款。CASHU隶属于阿拉伯门户网站Maktoob（Yahoo于2009年完成对Maktoob的收购）；主要用于支付在线游戏、电信和IT服务费用，以及实现外汇交易；CASHU允许使用任何货币进行支付，但该账户将始终以美元显示资金；CASHU已为中东和独联体广大网民所使用，是中东和北非地区运用最广泛的电子支付方式之一。LiqPay是一个小额支付系统，一次性付款不超过 2 500 美元，且立即到账，无交易次数限制。LiqPay 以客户的移动电话号码为标识，账户存款为美元，如果存的是另一种货币，将根据 LiqPay 内部汇率折算。Qiwi Wallet 是俄罗斯最大的第三方支付工具，其服务类似于支付宝。该系统使客户能够快速、方便地在线支付水电费、手机话费，以及网购费用，还能用来偿付银行贷款。Neteller 是在线支付解决方案的"领头羊"；免费开通，全世界数以百万计的会员选择 Neteller 的网上转账服务；可以将其理解成一种电子钱包，或者一种支付工具。

跨境电商平台的主流线上收款方式如下。

（1）WorldFirst 成立于 2004 年，是英国老牌的支付机构，年交易量超过 100 亿英镑。

（2）Payoneer 是纽约的在线支付机构，为全球客户提供美元、日元、欧元、英镑收款账户，用于接收欧美电商平台的款项。

（3）Amazon Pay 在 2015 年推出，截至 2020 年 8 月支持 14 个国家的支付业务。

（4）PingPong 支持亚马逊北美、欧洲、日本三大站点，同时支持 Wish、Newegg 等多个平台。

（5）连连支付是国内的独立第三方支付公司，与全球众多金融机构和电商平台合作，支持全球 16 个主流币种的结算。

**2. 线下跨境支付方式**

线下支付方式有电汇、西联汇款、MoneyGram、中国香港离岸公司银行账户。

那么，国际支付宝是一种什么方式呢？我们知道，速卖通平台的跨境电商交易，离不开国际支付宝。国际支付宝由阿里巴巴与支付宝联合开发，是旨在保护国际在线交易中买卖双方的交易安全所设的一种第三方支付担保服务，而不是一种支付工具，全称为 Escrow Service。

### 10.2.2 全球部分地区跨境支付方式使用情况

每个国家的消费者习惯都有所不同，但最主流的 B2C 网站支付方式是以接收信用卡支付为基础的。消费者常用的支付工具有信用卡、借记卡、电汇等，所以面向购物网站的支付系统，基本要提供这些支付工具的支付接收方式。

全球各地区的消费者在网上购物时，所使用的支付方式是有差别的，下面对全球部分地区跨境支付的使用情况进行介绍。

**1. 北美：支付方式多样化，信用卡是常用支付方式**

北美地区的消费者熟悉各种先进的电子支付方式，网上支付、电子支付、电话支付、邮件支付等各种支付方式对于美国的消费者来说并不陌生。在美国，信用卡是在线使用的常用支付方式。美国第三支付服务公司可以处理支持 158 种货币的维萨（Visa）和万事达（MasterCard）信用卡，支持 79 种货币的美国运通（American Express，AE）卡，支持 16 种货币的大来（Diners Club）卡。同时，PayPal 也是美国人异常熟悉的一种电子支付方式。

**2. 欧洲：本地支付方式备受欢迎**

欧洲消费者除维萨和万事达等国际卡外，本地的如 Maestro（英国）、Solo（英国）、Laser（爱尔兰）、Carte Bleue（法国）、Dankort（丹麦）、Discover（美国）、4B（西班牙）、

CartaSi（意大利）等也备受欢迎。

#### 3. 中国：第三方支付方式盛行

在国内，最主流的支付平台是以支付宝和财付通为首的第三方支付，这些支付平台采用充值的模式进行付款，它们都集成了大部分的网上银行功能。所以在国内，不论是信用卡还是借记卡，都可以用来进行网上购物。信用卡在中国的使用率也逐渐攀升。

在中国香港、澳门和台湾地区，人们最习惯的电子支付方式还是Visa和MasterCard，他们也习惯于用PayPal电子账户支付款项。

#### 4. 日本：以信用卡付款和手机付款为主

日本本地的网上支付方式以信用卡付款和手机付款为主，日本人的信用卡组织为JCB（日本信用卡株式会社），支持20种货币的JCB卡常用于网上支付。除此以外，一般日本人都会有一张维萨或万事达卡。在日本使用手机上网的人群数量已经超过使用个人电脑上网的人群数量，他们很习惯使用手机进行网上购物。

#### 5. 韩国：支付方式封闭，国内银行支付占主流

韩国主流的购物平台大多是C2C平台，如Auction、Gmarket、11STREET等。另外还有众多的B2C网上商城，如一些品牌企业的店铺和某些明星开设的商店。韩国的支付方式较为封闭，一般只提供韩国国内银行的银行卡进行网上支付，维萨和万事达信用卡的使用比较少，而且多列在海外付款方式中。韩国人还习惯用手机付款。PayPal在韩国也有不少人使用，但不是一种主流的支付方式。

### 10.2.3 支付机构的业务内容类型

从事跨境电商支付业务的支付机构，其业务内容主要有国际信用卡收款、海外本地化支付工具收款和境外第三方电商交易平台收款这三种类型。

国际信用卡收款：国际信用卡和海外本地化支付工具是跨境电商出口独立站主要的收款方式。国际信用卡收款是由获得Visa QSP（网上收单服务提供商认证项目）和MasterCard PF（支付服务商）资质认证的支付机构帮助商户面向持有Visa、MasterCard、JCB和AE等境外信用卡的消费者进行收款。目前Visa、MasterCard的用户超过20亿，遍布全球。

海外本地化支付工具收款：海外本地化支付工具收款是指支付机构帮助跨境电商出口独立网站对接国外支付工具，如俄罗斯的Yandex. Money、Qiwi Wallet、WebMoney，德国的Giropay，巴西的Boleto，荷兰的iDeal，西班牙的Teleingreso等。

境外第三方电商交易平台收款：中国商户从亚马逊等跨境电商平台收款，分为两种情况：一种是规模较大的企业在海外注册公司，开设企业海外银行账号进行收款；而对于只有中国公司的企业来讲，一般需要DTAS、Currencies Direct、WorldFirst、Payoneer、PingPong等跨境支付服务商帮助开设虚拟海外银行账户进行收款。

## 10.3 跨境电商结算

电商结算方式因地域以及电商类型会有很大区别。传统的境内电商，交易主体主要

集中在境内，买家和卖家在同一个所属地，所以交易结算方式直接按照境内币种进行结算。但是，跨境电商因为地域以及交易形式不同，结算方式也会有很大的差异。

**1. 跨境电商结算的流程**

一个完整的支付结算流程应该分为支付（买家）和结算（卖家）两步。根据地域（境内、境外）和货币种类两个维度，支付可以分为三类，如表10-2所示。

表10-2 支付类型对比

| 类　　型 | 买家所属地 | 交易币种 | 卖家所属地 | 结算方式 | 平　　台 |
|---|---|---|---|---|---|
| 境内电商 | 境内 | 人民币 | 境内 | 人民币 | 淘宝、京东 |
| 跨境进口（进口购付汇/海淘） | 境内 | 人民币 | 境外 | 外币 | 网易考拉 |
| 跨境出口（出口收结汇） | 境外 | 外币 | 境内 | 人民币 | eBay、境外亚马逊 |

由于外贸有出口和进口两种模式，所以在支付层面有资金出境、资金入境两种需求，如图10-5所示。交易双方所在地区、所用币种不同，需要一个中间环节来实现转化。这种交易双方其中有一方需要使用人民币作为支付或结算工具的场景，我们称之为人民币跨境结算。

两种模式：进口购付汇、出口收结汇。

进口购付汇（资金出境）：先购汇，再付汇给境外商家。

出口收结汇（资金入境）：收外汇（外币），然后结算（人民币）给境内商家。

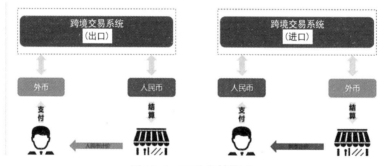

图10-5 两种支付模式

**2. 跨境进口（海淘）资金交易路径**

境内消费者经常使用的海淘网站主要有天猫国际、网易考拉等。在境内通过这些平台交易，我们都使用人民币。那么境内买家支付后，怎么给商家结算外币呢？这就需要收单机构和卖家所在地的银行合作，通过购汇、付汇的方式来实现本币消费、外币结算，如图10-6所示。

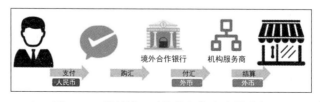

图10-6 跨境进口（海淘）资金交易路径

以微信为例，商家通过外汇计价，用户支付人民币（通过微信），微信购买外汇，将境内币种通过境外合作银行转换成外汇币种，然后计算给商家。

一般电商系统都会涉及分账需求。机构服务商一般都持有境外指定地区的支付牌照和资金分账资质。一个完整的机构服务商模式业务流程如图 10-7 所示。

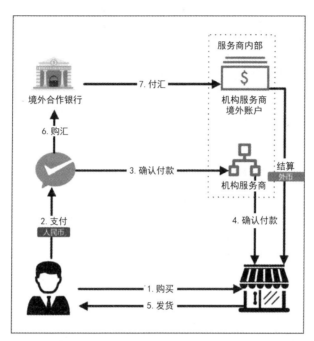

图 10-7　一个完整的机构服务商模式业务流程

### 3. 人民币跨境结算方式

为了能够了解人民币跨境结算方式，这里先介绍传统模式中的代理行模式。

代理行模式需要境内具备国际结算业务能力的银行与境外银行签订人民币代理结算协议，为其开立人民币同业往来账户，然后代理境外银行进行跨境人民币收、付、结算等服务。

举个例子：

业务场景：跨境出口支付结算（代理行模式）。

境外企业 A 和境内企业 B 做生意，A 需要支付一笔款项给 B，而且约定，此次交易使用人民币结算。

前置工作：

A 在境外花旗银行开设结算户，B 在境内农业银行开设结算户；花旗银行与中国银行签署人民币代理结算协议，中国银行为花旗银行开设人民币同业往来账户；花旗银行和中国银行使用 SWIFT 连接。中国银行和农业银行通过 CNAPS（中国现代化支付系统）连接。

业务步骤如图 10-8 所示。

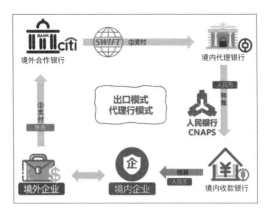

图 10-8 跨境出口支付结算流程（代理行模式）

（1）A 发起支付指令给花旗银行，花旗银行判断其余额后扣款。

（2）花旗银行通过 SWIFT 发送指令给中国银行，中国银行判断其人民币同业往来账户余额后，扣款。

（3）中国银行通过 CNAPS 转账给中国农业银行。

（4）中国农业银行结算给商户 B。

整个流程中，SWIFT 与 CNAPS 的主要作用就是实现跨行的支付清算。SWIFT，是国际银行同业间的国际合作组织，成立于 1973 年；CNAPS 为商业银行之间和商业银行与中国人民银行之间的支付业务提供最终资金清算。

**4. 人民币跨境支付系统**

因为跨境支付的参与各方不属于同一个经济主体，受交易时间、政策等因素的影响。传统模式中，境内银行和境外银行之间大都需要通过 SWIFT 进行连接，而 SWIFT 的控制权均在境外机构手中，因此，传统的人民币跨境结算风险很大。同时，人民币国际化迫切要求有新的系统来承载此服务，因此 CIPS 应运而生。

CIPS（Cross-border Interbank Payment System）即人民币跨境支付系统，专门用来处理人民币跨境结算。

境内境外银行直接接入 CIPS，实现人民币的收付功能，如图 10-9 所示。CIPS 整体架构可以理解为类似于 SWIFT 的中国版，可以使全球人民币结算摆脱对 SWIFT 的依赖。CIPS 与 SWIFT 的关系类似于银联与 Visa。

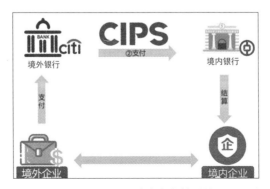

图 10-9 人民币跨境支付系统

## 10.4 成本核算

### 10.4.1 跨境电商平台产品定价

**1. 定价公式**

定价×（1-平台费率）×（1-利润率）=（产品成本+国内段运费均摊）+产品重量×国际段物流资费+推广预算成本均摊+退换货成本均摊

（1）平台费率：指每个跨境平台对每个产品的售出都会抽取一定比例的佣金，每个平台都不太相同，在入驻任何平台前需要仔细研读平台的佣金比例。

（2）利润率：是剩余价值与全部预付资本的比率，也是剩余价值率的转化形式，一般按照经营产品类目所在市场情况的利润率预估。

（3）产品成本：指平台上销售的商品，采购其物品本身的价值成本。

（4）国内段运费均摊：指产品采购后，国内运输及产品运输费用。

（5）产品重量：指产品净重加上国际包裹包装重量。一定记得要获取到精准的产品净重数据。

（6）国际段物流资费：指产品从国内运输到具体售卖的国家以及地区，所产生的国际物流费用。（对于准备发出的国际物流商品，需要统计清楚产品主要的物流渠道、物流运输方式以及目的地，找到相对应的资费标准。）

（7）推广预算成本：指在平台上销售，需要借助营销手段以售出产品，可均摊到每个售出产品的推广预算成本。（例如推广所需要的广告成本、折扣成本、平台活动报名费等。）

（8）退换货成本：指在平台上销售的商品被客户退款或者要求退换的产品占总销售产品数量的一定比例，此比例均摊到每一个产品的定价成本中。

**2. 针对不同卖家采用不同定价方式**

定价方式有两种：

对于工厂型卖家，其在供应链上具备优势，产品开发和成本相对来说都会比较有优势，但是选择产品灵活度偏低，只能在自己生产的产品中进行选品，其产品实际成本是固定的，通过想要的利润率去定市场售价。

对于贸易商型卖家，最大的优势在于贸易自由，可以通过平台自由选择产品，选择产品的灵活度高，但是成本不一定具备优势，可以将其在跨境市场中售卖的价格区间作为已知条件，通过想要的利润率，去找合适的产品成本。

**3. 实操演练模拟**

以跨境电商亚马逊美国（FBA产品）为例，其中亚马逊月租、Coupon，退款率等其他运营费用需根据实际情况调整，已知查询国际段物流资费如下：

海运费：1 100（￥/m$^3$）

快递费：53.5（￥/kg）

空派费：47（￥/kg）

海派费：8.5（￥/kg）

计算一款产品的销售售价（以贸易商卖家为例）如表10-3所示。

表 10-3　销售售价计算（以贸易商卖家为例）

| 一、汇率与物品相关信息 | | | |
|---|---|---|---|
| 汇率（按照中国银行实时汇率换算）美元兑换人民币汇率 | | 6.5 | |
| 售价：（参考亚马逊产品的价格） | | ￥162.44 | $24.99 |
| 根据产品尺寸（英寸换算厘米 1 inch=2.54 cm） | 最长边 | 33.27（cm） | 13.1（inch） |
| | 次长边（cm） | 28.96（cm） | 11.4（inch） |
| | 最短边（cm） | 6.86（cm） | 2.7（inch） |
| 重量 kg（盎司转换为 kg：1oz= 约 0.028 kg） | 盎司换算 kg | 1.43（kg） | 51.1824（oz） |
| FBA 配送费 | | ￥37.70 | $5.80 |
| 亚马逊平台费率佣金（15%） | | ￥24.37 | |
| 二、计算各项成本 | | | |
| 推广费（10%）计算公式：推广费 = 售价 ×0.10 | | ￥16.24 | |
| 仓储费（2%）计算公式：仓储费 = 售价 ×0.02 | | ￥3.25 | |
| 退换货（3%）计算公式：退换费 = 售价 ×0.03 | | ￥4.87 | |
| 海运头程费：计算函数为：IF（长 × 宽 × 高）/1 000 000＞重量 /400，（长 × 宽 × 高）/ 1 000 000× 海运费，重量 /400× 海运费 | | ￥7.27 | |
| 海派头程费：计算函数为：IF（长 × 宽 × 高）/6 000＞重量，（长 × 宽 × 高）/ 6 000× 海派费，重量 × 海派费 | | ￥12.16 | |
| 快递头程费：计算函数为：IF（长 × 宽 × 高）/5 000＞重量，（长 × 宽 × 高）/ 5 000× 快递费，重量 × 快递费 | | ￥76.67 | |
| 空派头程费：计算函数为：IF（长 × 宽 × 高）/6 000＞重量，（长 × 宽 × 高）/ 6 000× 空派费，重量 × 空派费 | | ￥67.21 | |
| 海运时采购成本 + 利润：计算函数为：售价 –FBA 配送费 – 佣金 – 推广 – 仓储 – 退换货 – 海运头程费 | | ￥68.74 | |
| 海派时采购成本 + 利润：计算函数为：售价 –FBA 费送费 – 佣金 – 推广 – 仓储 – 退换货 – 海派头程费 | | ￥63.85 | |
| 快递时采购成本 + 利润：计算函数为：售价 –FBA 费送费 – 佣金 – 推广 – 仓储 – 退换货 – 快递头程费 | | ￥–0.66 | |
| 空派时采购成本 + 利润：计算函数为：售价 –FBA 费送费 – 佣金 – 推广 – 仓储 – 退换货 – 空派头程费 | | ￥8.8 | |
| 三、利用第二步计算结果，倒推计算采购成本价格 | | | |
| 按照 20% 利润，倒推海运采购成本价，计算函数为：（海运时采购成本 + 利润）– 售价 ×0.2 | | ￥36.25 | |
| 按照 20% 利润，倒推海派采购成本价，计算函数为：（海派时采购成本 + 利润）– 售价 ×0.2 | | ￥31.36 | |
| 按照 20% 利润，倒推快递采购成本价，计算函数为：（快递时采购成本 + 利润）– 售价 ×0.2 | | ￥31.83 | |
| 按照 20% 利润，倒推空派采购成本价，计算函数为：（空派时采购成本 + 利润）– 售价 ×0.2 | | ￥–23.69 | |

通过亚马逊找到的产品售价以及理想利润率倒推产品成本，去找工厂（售价根据市场合理挑选，产品利润率根据市场来合理制定）。

（1）国际段物流资费：需按照物流商实时报价为准，不同时期，价格会有很大的波动，以实时价格为准。（海运计算需要考虑产品体积和产品实际重量，通常是取两位计算中的极大值，算立方的价格。）

（2）平台费率：亚马逊会对不同产品分类收取 8%～15% 类目佣金（以专业卖家 FBA 产品收费标准，具体类目收取佣金可参考平台费率表）。

表格中计算公式为：平台费 = 售价 × 比例

（3）FBA 配送费：指产品与客户成交后，亚马逊将产品运送到客户手上的尾程费用，运输进入亚马逊仓库的产品，需要根据产品重量和尺寸，确定产品配送费用区间（产品配送费参考亚马逊后台最新 FBA 资讯进行计算）。

（4）推广费计算公式为：推广费 = 售价 × 比例（不同产品推广费比例不同，可以调整）。

（5）仓储费：指货物进入亚马逊仓库，在货物没有卖出，所收的放置产品货物的费用。

仓储费计算公式为：仓储费 = 售价 × 比例（不同产品仓储费比例不同，具体可以参考亚马逊后台最新仓储费资讯进行计算）。

（6）退换货费计算公式为：退换货费 = 售价 × 比例（不同产品退换货费比例不同，可以调整）。

（7）拓展小知识：海运和海派的运输方式的差别。

① 预约不同。海运：海运到国外以后需要预约才可以进亚马逊；海派：海派到国外进亚马逊用快递派送，不需要预约，海派要比海运更快。

② 计费方式不同。海运：海运的计费方式是按照立方来计算；海派：海派的计费方式是按照公斤计费。

③ 派送方式不同。海运：运到美国后使用卡车运载的方式送入亚马逊仓库；海派：运到美国后使用快递派送的方式送入亚马逊仓库。

### 10.4.2 销售推广的成本核算

**1. 销售推广**

在竞争日益激烈的大环境下，销售推广已经非常重要，无论是传统销售推广还是电商销售推广，在科特勒的《营销管理》中，营销已经变成一种底层思维和公司的经营核心，如果单从这一维度出发去理解营销对产品的销售起什么作用，可以用 5W2H 表示。

营销推广可以帮助销售知道卖给"谁"（who）；

营销推广可以帮助销售知道卖"怎么样"的产品（what）；

营销推广可以帮助销售理解"为什么"卖这样的产品（why）；

营销推广可以帮助销售在"哪里"和"什么时候"卖这样的产品（where 和 when）；

营销推广可以帮助销售以"怎样"的方式卖产品（how）；

营销推广可以帮助销售以"多少的价钱"卖产品（how much）。

**2. 销售推广定位**

销售推广按照定位可以分为两种：一种为卖货，另一种为品牌。

卖货：卖货的核心在于推广，首要任务就是转化商品，非常注重自己的 ROI。

品牌：品牌策略初期核心在于用户数据量以及用户心智，目的在于让消费者能够意识到和认知到产品。

### 3. 销售推广方式

各大平台站内商品/品牌广告，站内大促活动，各种搜索引擎网站投放（如Google），红人推广（KOL），站外社交媒体推广（如小团体群、Facebook群组等），各大网站deals等。

### 4. 销售推广核算方式

销售推广核算核心：第一个需要核算销售推广作用和效果，核心在于推广目标是否与实际达标。第二个需要核算推广销售的成本，核心在于将推广销售成本平摊到每一个卖出去的订单上，计算ROI。

## 10.4.3 退换货成本核算

### 1. 退换货核算

作为跨境电商商家，退换货成本核算是非常重要的，货物从境内出去再到产品退换货，其成本非常高。以前往美国销售为例，来分析退换货有哪些损失。如果退换的产品能二次销售，商家会损失产品二次包装费用以及产品退回运费。如果退换的产品不能进行二次销售，商家会损失产品本身的成本、产品运输到美国的运费、产品拟退回运费甚至丢弃产品产生的费用。

### 2. 换货核算目的

第一，对于有问题的产品进行产品分析，降低替换货比例。方便商家去优化前端销售以及后端供应链生产、质检环节。

第二，成本核算，核算退换货率（退换货率＝退换货产品÷总销售产品数量）以及退换货计提费用（退换货计提费用＝退换货所产生的费用÷总销售产品销售额）。

以亚马逊FBA产品为例，统计出行业痛点和退换货比例如表10-4、图10-10所示，ASIN痛点与退换货比例如表10-5、图10-11所示。

表10-4 行业痛点

| 痛点 | 数量 | 痛点 | 数量 |
| --- | --- | --- | --- |
| 不够保暖 | 96 | 面料差 | 5 |
| 拉链易坏 | 50 | 带扣断裂 | 4 |
| 太小 | 30 | 不防水 | 4 |
| 易撕裂 | 16 | 压缩袋易破 | 3 |
| 不可水洗 | 16 | 有孔洞 | 1 |
| 有气味 | 15 | 易掉色 | 1 |
| 缝线差 | 14 | 太长 | 1 |
| 发霉/有污渍 | 10 | 太大 | 1 |
| 太薄 | 7 | 二手 | 1 |
| 太窄 | 6 | 不易整理 | 1 |
| 图货不符 | 5 | | |
| 总计 | | | 287 |

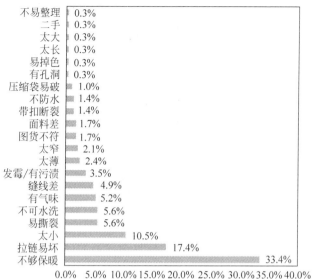

图 10-10　退换货比例

表 10-5　ASIN 痛点

| 痛点 | 数量 |
| --- | --- |
| 太薄/不够保暖 | 4 |
| 太小 | 1 |
| 面料差 | 1 |
| 总计 | 6 |

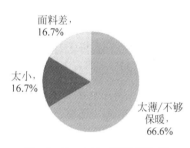

图 10-11　ASIN 退换货比例

结论：整体行业痛点集中在不够保暖、拉链易坏、尺寸太小、面料易撕裂、不可水洗、有刺激性气味等问题。ASIN 痛点在于面料太薄、不够保暖。

扩展阅读 10-2　跨境电商财务管理

## 10.5　跨境电商关税

**1. 跨境电商税务分类**

跨境电商作为依托互联网发展的新型产物，其业务模式相比境内电商复杂很多，其中税务问题也涉及至少两个不同国家或地区，复杂程度更高。跨境出口电商主要包括在中国境内的报关出口以及目的国家或地区的清关进口。

跨境电商税率分为两种：跨境电商综合税（增值税、消费税、关税）和行邮税（消费税、增值税）。

**2. 跨境电商进口纳税**

（1）进口关税：指通过一国关境的进口货物需要缴纳的税收。

计算方式包括从价计征、从量计征、复合计征，还有一些特殊的商品会使用特殊的计算方式。

（2）行邮税：指行李和邮递物品进口税。

（3）增值税：我国增值税自2019年4月1日起，采用13%、9%、6%三档税率和零税率形式。13%税率为销售货物、劳务、有形动产租赁服务或进口货物；9%税率为销售交通运输、邮政、基础电信、建筑、不动产租赁服务，销售不动产，转让土地使用权，销售或进口农产品等货物；6%税率为销售服务、无形资产、增值电信服务；零税率为出口货物、劳务或境内单位和个人跨境销售服务、无形资产、不动产。

（4）消费税：目前国家仅对四类产品征收消费税，一是过度消费会对身体健康、社会秩序、生态环境等方面造成危害的消费品，如烟酒、鞭炮等；二是奢侈品；三是高能耗产品；四是不可再生的石油类消费品。

**3. 跨境电商出口纳税**

（1）关税：从欧盟以外的国家/地区进口货物到欧盟成员国需要缴纳关税，税率的浮动范围可能为0到25%。

（2）进口增值税：是指进口环节征缴的增值税，属于流转税的一种。不同于一般增值税以在生产、批发、零售等环节的增值额为征税对象，进口增值税是专门对进口环节的增值额进行征税的一种增值税。进口增值税通常是一种可以退的税。

（3）VAT：全称Value Added Tax，是商品或服务在流转过程中产生的增值额作为计税依据而征收的一种税。在欧洲境内，销售增值税由增值税注册商家就其在欧洲境内的销售进行征收，并向相关国家税务机关申报和缴纳。

**4. 不同国家或地区的税率**

关税税率因产品不同、材质成分不同等而有所不同，由HS编码（海关编码）决定。不同国家或地区增值税税率不同，如美国0，英国20%，德国19%，荷兰21%等。

**5. 典型目的国家或地区销售增值税情况**

1）美国

在亚马逊美国站销售的卖家通过说明卖家非美国本地卖家，完成美国税表W-8BEN（W8），由开户人填报声明其本人并非美国公民，要求免除美国的相关税项。申报后3年有效。

2）英国

如果是亚马逊英国站，HMRC（Her Majesty's Revenue and Customs，英国税务和海关总署）在2016年颁布法令，要求跨境电商平台（eBay、Amazon等）所有使用海外仓储的卖家，即便使用的海外仓储服务是由第三方物流公司提供，也从未在英国当地开设公室或者聘用当地员工，但是从英国境内发货并完成的交易，都需要缴纳销售增值税。使用直发物流服务的商家不受影响。

## 6. 跨境电商出口环节涉及的税务

1）跨境电商物流过程涉及的税务

在货物通过海关的报关出口环节。在报关出口后，购销合同等文件齐备就可以证明货物是符合外贸企业出口的货物，则可进行出口退税。

到达目的国家或地区的清关进口环节。目的国家或地区进口清关时需要缴纳进口税金，在销售阶段可能还需要协助政府收取消费增值税。

2）出口退税

出口货物退税（export rebates），简称出口退税，其基本含义是指对出口货物退还其在境内生产和流通环节实际缴纳的增值税、消费税。不同货物的退税率不同，中国主要有17%、14%、13%、11%、9%、5%六档退税率。合理利用出口退税，可有效降低成本，提高毛利率。一般跨境电商的热销品的退税率都在11%～17%之间。

以下几种发货方式的可办理退税。

（1）海外仓头程（海运/空运/快递）发货。

（2）亚马逊FBA头程（海运/空运/快递）发货。

（3）国际快递发货。

3）目的国家或地区进口缴纳的进口税金

在货物进口时，需要提供清关主体清关，清关后需要缴纳进口税金。

$$进口税金 = 关税 + 进口增值税$$

$$关税 = 货物申报价值 \times 关税税率$$

$$进口增值税 =（申报货值 + 头程运费 + 关税）\times 增值税税率$$

## 7. 跨境电商B2B出口企业申报流程

企业通过"国际贸易'单一窗口'标准版"或"互联网+海关"的跨境电商通关服务系统和货物申报系统，向海关提交申报数据、传输电子信息，其流程如图10-12所示。

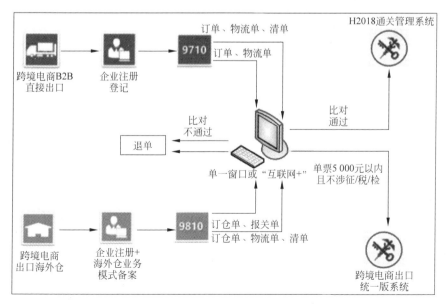

图10-12 跨境电商B2B出口企业关税申报流程

跨境电商 B2B 出口有关电子信息报文，沿用跨境电商通关服务系统现有的 B2C 接入通道模式，新增支持 B2B 出口报关单报文导入；货物申报系统支持 B2B 出口报关单按现有模式录入和导入。

单票金额超过 5 000 元人民币／涉证／涉检／涉税的跨境电商 B2B 出口货物企业应通过 H2018 通关管理系统办理通关手续。

单票金额在 5 000 元（含）人民币以内，且不涉证、不涉检、不涉税的跨境电商 B2B 出口货物，企业可以通过 H2018 通关管理系统或跨境电商出口统一版系统办理通关手续。

**8. 针对 B2B 出口，海关的便利措施**

（1）对于不涉及出口退税的出口 B2B 低值货物，跨境电商综试区注册企业可通过"单一窗口"按 6 位 HS 编码以简化申报模式向海关申报电子清单。HS 编码，全称为商品名称及编码协调制度（the Harmonized Commodity Description and Coding System），是系统的、多用途的国际贸易商品分类体系。

（2）海关对跨境电商 B2B 出口货物可优先安排查验。

（3）跨境电商 B2B 出口货物适用全国通关一体化，关区内企业可以选择向属地海关进行申报，货物在口岸地海关进行验放。

（4）跨境电商 B2B 出口货物和退货货物可按照"跨境电商"类型进行转关。其中，跨境电商综试区所在地海关且通过跨境电商出口统一版系统申报的，可将货物品名以总运单形式录入"跨境电商商品一批"，广州、佛山、肇庆等跨境电商综试区海关适用该批量转关政策。

## 课后习题

1. 什么是跨境支付？
2. 跨境支付方式有哪些？
3. 跨境进口（海淘）资金交易路径是怎样的？

## 即测即练

# 第 11 章

# 跨境电商品牌出海

【本章学习目标】
1. 熟悉和掌握品牌的定义；
2. 熟悉和掌握跨境电商品牌建设的含义和途径；
3. 了解 DTC 的含义、特点；
4. 理解轻品牌的本质、核心。

### 导学案例：AMII 如何在行业变化中探寻正确的品牌定位

AMII 作为国内跟随中国电商发展进程的时尚品牌之一，在早期发展的过程中已经取得了较为耀眼的成绩。2017 年行业发生变化，基于对品牌长期性发展的考虑，AMII 意识到核心用户定位对于品牌发展的重要性，但通过流量获得的用户特征较为分散，导致品牌当时的用户画像并不清晰。

2018 年，AMII 创始人敏锐地发现，新中产人群在时尚花销上更注重"质和性价比"。简而言之，这类消费人群对时尚品位有一定的要求，但手上可支配的收入也较为有限，在进行服饰等时尚类购买决策时更倾向于追求"价格合理与质感兼备"。与此同时，对行业的分析让其注意到，行业中多数品牌溢价严重，质感却达不到新中产人群的需求，在这一细分赛道中，仍有一片蓝海可以追求。

得到了新中产人群特点分析后，AMII 开始在产品开发和市场营销上发力，将西方艺术元素、复古风潮与品牌的极简风格融合，打造出 2020 璀璨文艺复兴胶囊系列，同时将艺术元素融入品牌宣传，推出微电影等营销内容，通过小红书等特定的新中产人群主要社交渠道进行投放，从而精准覆盖目标人群。

资料来源：如何建设跨境电商品牌？[EB/OL].(2021-04-06). https://baijiahao.baidu.com/s?id=1696297993507701283&wfr=spider&for=pc.

品牌建设的重要基础是了解用户。可以通过用户画像分析，了解消费者行为习惯和文化认同感等方面着手定位用户、分析用户行为特点。本章梳理了品牌的含义，品牌与商标的异同等概念，分析了跨境电商 DTC 品牌出海的关键与挑战。

## 11.1 品牌概述

### 11.1.1 品牌的含义

品牌指消费者对产品及产品系列的认知程度。从一般意义上定义，品牌是一种名称、术语、标记、符号和设计，或是它们的组合运用，其目的是借以辨认某个销售者或某销售者的产品或服务，并使之同竞争对手的产品和服务区分开来。

### 11.1.2 品牌的本质

品牌的本质是品牌拥有者的产品、服务或其他优于竞争对手的优势能为目标受众带去同等或高于竞争对手的价值。其中价值包括功能性利益、情感性利益。广义的"品牌"是具有经济价值的无形资产，用抽象化的、特有的、能识别的心智概念来表现其差异性，从而在人们意识当中占据一定位置的综合反映。品牌建设具有长期性。狭义的"品牌"是一种拥有对内对外两面性的"标准"或"规则"，是通过对理念、行为、视觉、听觉四方面进行标准化、规则化，使之具备特有性、价值性、长期性、认知性的一种识别系统总称。这套系统我们也称为CIS（corporate identity system，企业形象识别系统）。根据"现代营销学之父"科特勒在《市场营销学》中的定义，品牌是销售者向购买者长期提供的一组特定的特点、利益和服务。品牌是给拥有者带来溢价、产生增值的一种无形的资产，它的载体是用于和其他竞争者的产品或劳务相区分的名称、术语、象征、记号或者设计及其组合，增值的源泉是消费者心智中形成的关于其载体的印象。品牌承载的更多是一部分人对其产品以及服务的认可，是一种品牌商与顾客购买行为间相互磨合衍生出的产物。

### 11.1.3 品牌的特点

**1. 非物质性**

品牌本身不具有独立的物质实体，是无形的，但它以物质为载体，是通过一系列物质载体来表现自己的。直接的载体主要有图形、品牌标记、文字、声音，间接载体主要有产品的价格、质量、服务、市场占有率、知名度、亲近度、美誉度等。

**2. 资产性**

品牌是企业的一种无形资产。品牌所代表的意义、个性、品质和特征具有某种价值。这种价值是我们看不见、摸不到的，但却能为品牌拥有者创造大量的超额利益。很多年来可口可乐品牌价值就是其有形资产的好几倍，创造的利润也是其有形产品创造利润的好几倍。所以，可口可乐原总经理伍德拉夫曾说："即使可口可乐公司在一夜之间化为灰烬，仅凭可口可乐这块牌子就能在很短时间内恢复原样。"这完全是可能的。

**3. 集合性**

品牌是一种沟通代码的集合体。品牌是一种错综复杂的象征，它把一个符号、一个单词、一个客体、一个概念同时集于一身，把各种符号如标识、色彩、包装都合并到一起。生产商和服务商把品牌作为区别于其他生产商、服务商产品服务的标识，以吸引人们，尤其是消费者和潜在消费者对自己产品服务的注意与识别。从消费者角度看，品牌作为一种速记符号与产品类别信息一同储存于消费者头脑中，而品牌也就成为他们搜寻记忆的线索和对象。

**4. 专有性**

品牌具有明显的排他专有性。品牌代表一个企业在市场中的形象和地位，是企业进入市场的一个通行证，是企业和市场的桥梁与纽带。在某种意义上说，品牌是企业参与市场竞争的法宝武器和资本，同时品牌属于知识产权的范畴。企业有时通过保密和企业保护法来维护自己的品牌,有时通过在国家有关部门登记注册、申请专利等形式保护自己的品牌权益,有时又借助法律保护并以长期生产经营服务中的信誉取得社会的公认,如品牌名称、标志,这些都有力地说明了品牌具有专有性。

**5. 扩张性**

品牌具有极强的扩张力、延伸力和影响力。品牌成为资产重组的旗帜,是公司品牌形成的重要标志。目前,具有品牌价值的企业在市场中有越来越高的号召力、影响力。在品牌扩张延伸过程中,逐步形成集团化发展,随着公司集团化发展,品牌行业界限越来越模糊,而其品牌的概念却越来越清晰。

**6. 风险性及不确定性**

品牌具有一定的风险性及不确定性。品牌潜在价值可能很大,也可能很小。它有时可使产品取得很高的附加值,有时则由于企业的产品或服务质量出现意外,或企业的资产运作状况不佳,以及产品售后服务不过关等,而使企业迅速贬值,出现品牌"跳水"现象。例如饮料品牌可口可乐2004年品牌价值为673.9亿美元,2007年品牌价值却为653.24亿美元,显然出现了"缩水"的现象。

**7. 承诺性**

品牌是一种承诺和保证。这是以品牌提供的价值、利益和特征为基础的,品牌必须提供给消费者强劲的价值利益以满足消费者的需求与欲望,以赢得消费者的忠诚,取得他们长期的信赖与偏好。

**8. 竞争性**

品牌是企业市场竞争的工具。在产品功能、结构等因素趋于一致的时代,关键是看谁的品牌过硬。拥有品牌的企业,就能在未来竞争中处于有利的位置,留住老顾客,开发出大量潜在消费者,树立起良好的品牌形象,提高市场覆盖率和占有率,赢得更大的利润和效益。

**9. 忠诚性**

现代市场竞争,从某种意义上说,就是品牌竞争。斯蒂芬·金曾说过,"产品是工厂所生产的东西,品牌是消费者所购买的东西。"许多消费者购买的是品牌,而不是产品,他们往往会根据自己的消费体验来指牌购买,甚至无他们指定要的品牌,他们就不购买。如有些消费者喝饮料,就专喝可口可乐,其他饮料一概不喝。品牌是赢得消费者重复购买、大量购买的"魔方",强势品牌比起一般品牌更是棋高一着。强势品牌可以影响人们的生活态度和观点,甚至可以影响社会风气。

### 11.1.4 品牌认识的误区

(1)做品牌是大企业的事,做品牌很花钱。
(2)先有生意,再有品牌。
(3)品牌就是商标。实质上品牌不等同于商标,不等同于Logo。

### 11.1.5 品牌和商标的区别与联系

品牌和商标是一对很容易混淆的概念,因此这里来谈谈二者的区别与联系。

商标是用来区别一个经营者的品牌或服务和其他经营者的商品或服务的标记。商标是由文字、图形、字母、数字、三维标志、颜色组合等，或上述要素的组合所构成的一种具有显著特征的标志，是现代经济的产物。经国家核准注册的商标为"注册商标"，受法律保护。

**1. 品牌与商标的区别**

（1）商标和品牌的概念是不同的。商标是法律概念，它强调对生产经营者的商标专用权的保护；品牌是市场概念，它强调企业与顾客之间关系的建立、维系与发展。商标是指商品生产者或经营者为使自己的商品在市场上同其他商品生产者或经营者的商品相区别，而使用于商品或其包装上的，由文字、图案或文字和图案的组合所构成的一种标记。品牌是一种无形资产，它给所有者带来溢价并增加价值。它的载体是名称、术语、符号、标记或设计及其组合，用于将其与其他竞争对手的产品或服务区分开来。附加值来源于消费者对其载体的印象。品牌承载着更多人对其产品和服务的认可，是品牌制造商和消费者购买行为相互磨合的产物。

（2）商标和品牌的价值来源是不同的。商标用于区分商品或服务的来源。它的价值不仅来自受欢迎的程度，也来自它的合法性。注册商标比未注册商标更有价值。品牌的价值主要来自产品的质量和消费者的信任。

（3）商标和品牌成分不同。商标主要包括文本、图形、字母、数字、三维标志、颜色组合、声音等，是有形的。品牌由有形部分和无形部分组成。有形部分包括名称、图案、颜色、文本、符号等。无形部分包括品牌传播、推广、维护、管理、销售、公共关系等。

（4）注册商标和品牌的使用期限是不同的。在时效性上，二者都是有时效性的，商标的时效性由法律规定，中国法律规定的商标使用年限是10年，但是可以续展，而且能够继承，因此，在一定程度上可以说，商标的时效性是永久的；而品牌的时效性是由市场决定的，因此取决于经营者的能力和运营方法以及产品质量。

**2. 品牌与商标的联系**

（1）商标是品牌中的标志和名称部分，便于消费者识别。但品牌的内涵远不止于此，品牌不仅是一个易于区分的名称和符号，更是一个综合的象征，需要赋予其形象、个性、生命。

（2）品牌标志和品牌名称（即商标）的设计只是建立品牌的第一道工作，但要真正成为品牌，还要着手品牌个性、品牌认同、品牌定位、品牌传播、品牌管理等各方面内容的完善。这样，消费者对品牌的认识，才会由形式到内容、由感性到理性完成由未知到理解、购买的转变，形成品牌忠诚。

（3）商标掌握在企业手中，而品牌则是由消费者决定的。商标的所有权属于企业，属于注册者，而品牌是属于消费者的，它只存在于消费者的头脑中，当消费者不再重视品牌时，品牌就一文不值了。

总之，注册商标是打造品牌的第一步，而商标注册不等于说品牌就形成了，还需要企业通过长期的经营才能把它打造成品牌。

## 11.2 跨境电商品牌建设

### 11.2.1 跨境电商品牌建设的含义

品牌除了以良好的用户体验与精细化运营提升复购，以用户需求与数据洞察指导产品规划，同时还需以用户与产品为依托，塑造并传递品牌精神与价值。

跨境电商品牌建设是指以用户为核心、以单一品牌站点为载体，向客户提供具有情感和功能双重联系的产品，形成用户、产品、品牌的联动，从而使跨境电商能够获得持续的增长。

打造品牌的目的是构建起开拓市场、占领市场并获得利润的能力。从品牌建设入手，真正地占领消费者心智，获得忠诚用户和持续增长的空间，逐步打造出受全球消费者认可的中国跨境电商品牌。只有依靠较强品牌影响力，才能在消费者群体中构建起明显忠诚度。它决定顾客对品牌的选择偏好，更重要的是它决定顾客对品牌的关注和信任程度，这样才能避免自身陷入重复的价格竞争，避免经营风险，同时还能享受品牌带来的价值。另外，随着用户自身跨境网购的经验积累，用户对于品牌的认可度也在不断提高。

### 11.2.2 跨境电商品牌建设的路径

对于中国跨境电商卖家来说，如何打造跨境电商品牌？

**1. 以消费者为核心实现品牌清晰定位**

对于中国跨境电商来说，了解用户的消费特性，对各类可触达的用户信息进行收集与分析，了解核心用户是谁，以及相关诉求，才能够在跨境电商出海打造品牌时，拥有更强的生命力。一般采用的方法是：在进行用户画像分析时，主要可以利用内部调研以及如谷歌等外部分析工具来收集用户画像的相关数据，并针对该类核心人群开展有针对性的产品研发以及市场营销，实现品牌的清晰定位。本章导学案例中的 AMII 就是最好的例证。除了对目标用户进行用户画像分析，品牌还需要对消费者的购物旅程进行分析，从而更好地了解用户在消费决策过程中所产生的重要数据，识别各个关键触点和指标，寻找流失客户的原因，以此来弥补在品牌构建过程中的疏漏。例如，作为线上快时尚品牌的 Lulus，在品牌化的过程中持续追踪用户全购物旅程的核心指数变化，在留存和推荐等关键环节增加与用户的互动触点。Lulus 巧妙地使用了外部工具以及客服团队，针对购物旅程中的关键指标，如网站流量、各产品点击率、购物车弃置率、用户打分数据以及联盟营销额和会员数量等方面进行了追踪，并每日通过会议对这些核心指标以及其前一日/前一月/上年同期的变化情况进行分析，从而指导运营。同时，Lulus 在关键的留存及推荐环节增加了各类与用户互动的触点。在留存环节，Lulus 通过设计会员计划、焦点小组等触点促进现有用户的留存；在推荐环节，则通过联盟营销激励用户协助推荐品牌。

**2. 需要展开产品维度的数据驱动创新**

产品是打造具有生命力品牌的根基，也是传达品牌理念的最直接载体。如果说熟悉海外市场消费者习惯、对用户画像进行精细化再定义是跨境电商迈向品牌化转型的第一步，那么基于对消费者各方面了解的不断深入，下一步需要展开产品维度的数据驱动创新。产品维度的数据驱动创新主要来自两方面：一是对于垂类品牌来说，通过精准定位用户的核心痛点，针对该痛点打造出具有独特功能的优势单品；二是对于全品类品牌来说，需求导向和数据洞察能够刺激其产品维度的周期性更新，以更加科学的方式规划产品的上新周期，打造能够让用户眼前一亮的爆款。作为深耕户外沙发的垂类品牌，Outer 通过精准定位用户的核心痛点，有针对性地打造独特功能性的优势单品。在 Outer 创始人看来，对用户的深入研究帮助他们定义了户外沙发易发霉/易污脏，维护不便，过重且搬入室内不便的核心痛点。基于此，Outer 开始思考如何打破现有的困境，让户外沙发也能够兼具防潮防霉、便于收纳等更符合用户期待的特质。经历反复几次的产品打磨后，Outer 终于将全新的防水防潮防霉面料和模块化特点融入产品设计中，并开发出 OuterShell 专利。

### 3. 建立品牌文化认同感

当下，品牌打造能够为跨境电商带来的生命力是源源不断的。在产品及用户孕育品牌的同时，品牌也需要在品牌故事打造、品牌形象呈现以及品牌传播三方面发力，让消费者看到产品和服务，同时加深对品牌的信任和品牌文化的认同感。跨境电商卖家与买家处于不同的国家或地区，中国跨境电商要讲好自身品牌故事，还存在跨国（跨地区）文化、消费习惯甚至语言等障碍。打造品牌故事可以考虑从以下两种途径来实现：一是突出产品的功能性价值来构建品牌故事，主打"实践"的属性。二是围绕着产品应用场景和人群来讲故事，让消费者看到"景"，就能联想到品牌的精神内核。由于中国零售市场的产品供应链和制造能力较为出色，通过高质量、价格亲民的产品来讲述品牌故事是中国跨境电商可以利用的优势之一。自 2010 年创立以来，挪客（Naturehike）坚持走中国品牌出海之路。在 YouTube 和 Instagram 进行创意内容营销，通过"让户外成为一种生活方式"的理念，引发全球更多用户的共鸣。2022 年，挪客开始积极准备多元化的联名营销，如与故宫敦煌联名，将品牌与中国文化元素结合在一起，为品牌注入文化基因。2021 年，其在亚马逊上的销售额实现翻倍增长，突破 1 000 万美元，挪客品牌在世界范围内的影响力得到进一步扩大。

## 11.3　DTC 品牌

DTC 即 direct to consumer，直达消费者。DTC 模式即直接面向终端消费者出售商品或服务的商业模式。DTC 品牌就是直接面对终端消费者的品牌，又称为 DNVB（digitally native vertical brand，数字原生垂直品牌），源于互联网，因此又称网生品牌；其实可以被理解为"自营品牌"，也被称为轻品牌。近年来，通过独立站运营自己的 DTC 品牌成为跨境卖家的优先选择。

### 11.3.1　DTC 品牌的优势

（1）直达消费者，与消费者产生互动，专注某一特定品类，深度解决客户痛点。
（2）整合化的数据驱动营销，尤其是社交化媒体运营，擅于利用 KOL 进行引导消费。
（3）品牌故事包装，抓住客户的心智，提供极致的消费者体验。

（4）先线上后线下，先网店后实体店，快速裂变式增长。

### 11.3.2 DTC 品牌战略布局

DTC 品牌采取线上线下布局，通过不同的业务模式建立多维度有广度、深度和一定高度的品牌认知，如图 11-1 所示。

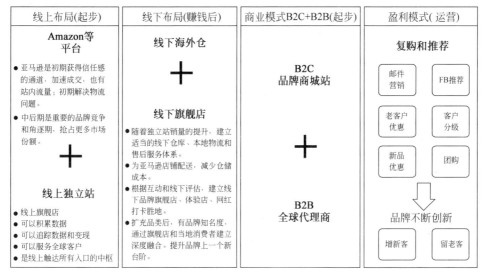

图 11-1　DTC 品牌战略布局

### 11.3.3 DTC 品牌出海

DTC 品牌出海的路径是以品牌为核心进行塑造—传播—转化，即利用轻品牌塑造企业形象，利用社媒软件进行传播，通过独立站、亚马逊等方式进行转化，建立三位一体的全链条海外营销系统，帮助品牌与用户沟通，走向全球。

DTC 品牌出海迎来重要时机，2020 年以来，DTC 品牌的销售收入数据呈现出逆势上升的态势。在这样的时代契机下，独立站为品牌出海打开了新的机会窗口，而蓬勃发展的社交媒体使媒体流量大幅度增加，加快了 DTC 品牌发展速度；跨境电商服务商之间密切合作，打通内容端、信息端、服务端存在的障碍，在品牌网站建设、海外社媒账户管理、海外媒体投放及运营等方面为跨境电商卖家打造一站式服务，为 DTC 品牌营造了便利的营商环境，主要表现在以下三个方面。

一是在疫情的影响下，海外电商渗透率飙升。数据显示，在 2020 年的前 2 个月，美国电商渗透率就已从 2019 年的 16% 增加至 27%，仅用 8 周时间就完成了过去 10 年的增幅，涨势惊人。

二是海外跨境电商基础设施逐步完善，各类服务商的出现使出海的进入门槛与试错成本更低，尤其是众多独立站建站 SaaS 服务商的入场，大幅降低企业出海的技术门槛，让中小卖家也可以轻松搭建品牌独立站。

三是随着 Google、Facebook、Twitter、TikTok 等头部海外媒体的兴起，跨境品牌的营销生态越发成熟，独立站的引流获客更加便捷。Digital 数据显示，2021 年全球范围内社交媒体用户的数量已经达到 42 亿，相当于世界总人口的 53%。而这些庞大的用户群体已逐步习惯了从社交媒体"种草"，甚至直接下单购物。

对于中小型卖家而言，DTC 品牌出海是最合适的独立站运营模式（表 11-1），拥有自有的产品和知识产权，品牌可塑性强，品牌建立后有较高的竞争壁垒。

表 11-1 独立站 DTC 模式与其他模式对比

| 模　　式 | 主要兴起时间 | 核心竞争力 | 可复制性 | 竞争壁垒 | 适合卖家群体 |
| --- | --- | --- | --- | --- | --- |
| 普货铺货模式 | 2004 年、2016 年 | 信息差，运营效率 |  | 低 |  |
| 行业垂直站（精品铺货模式） | 2010 年至今 | 选品，供应链管理，运营效率 | ★★★ | 中 | 有细分行业优势 有供应链资源 |
| 区域市场平台 | 2013 年至今 | 供应链，运营能力，品牌，资本 | ★ | 高 | 有技术，有资本 有区域市场经验 |
| 货到付款/CDD | 2016 年至今 | 选品，物流 | ★★★★ | 低 | 有物流优势 有选品能力 |
| 爆款独立站 | 2016 年至今 | 选品，Facebook 推广 | ★★★★ | 低 | 有选品能力 有流量运营基础 |
| DTC 品牌出海 | 2018 年至今 | 产品研发，品牌营销 | ★★★ | 高 | 有研发设计能力 有品牌营销意识 |
| 其他：海外社交电商 | 2018 年至今 | 海外社群运营 | ★★ | 中 | 有海外社群运营能力 |

DTC 品牌出海关键在于产品。它对产品的研发、设计以及自有产品的产权都有一定的要求，并且卖家拥有一定的产品研发能力和品牌营销意识。海外主流消费者在线上购物时最注重产品的三个要素：品质、价格和体验。对于中国卖家来说，强大的供应链能让中国卖家提供具有更高性价比的产品，这让中国卖家在填补海外大品牌与低端产品中间所形成的空白区域时拥有更大优势。垂直类精品的打造必须建立在消费者的需求之上，在设计产品前，务必进行充分的市场调研。同时卖家通过不断的调研和测试，来进一步精准定位产品，减少不确定性并降低风险。

DTC 品牌出海同时也面临一些挑战和问题。一是经营困难。引流成本高昂，海外营销经验不足，难以平衡不同渠道的投入产出，对海外用户偏好了解不够深入，客户体验跟不上，各国（地区）市场的合规政策情况复杂，风险性较大。二是盈利压力大。DTC 品牌一般是通过前期的资金投入和产品的高性价比吸引用户，因此前期的资金压力巨大，长远来看，品牌溢价能力的建立和维系都需要源源不断研发投入、规模效应的实现以及品牌资产的投入，使 DTC 品牌的亏损局面短期内难以扭转。三是面临很大的创新压力。新一代消费者期望越来越高，数字化创新节奏越来越快，消费者需求喜好复杂多变，不断挑战 DTC 品牌的创新能力。

扩展阅读 11-1　DTC 品牌出海

## 课后习题

1. 品牌和商标的区别与联系是什么？

2. 什么是 DTC 品牌？

———— 即测即练 ————

# 第12章

# 跨境电商法律法规与政策发展

【本章学习目标】

1. 理解什么是跨境电商法律法规、政策,其包含的范围和体系,对跨境电商法律法规与政策有一个系统、全面的认知;
2. 了解主要国际组织及美、日、欧等国家和地区颁布的跨境电商法律法规及相关政策;
3. 熟悉中国跨境电商相关领域的法律法规;
4. 掌握中国跨境电商政策的发展历程及主要内容;
5. 了解中国跨境电商综试区的发展状况;
6. 掌握杭州综试区六体系两平台的内容;
7. 了解促进跨境电商综试区发展的对策;
8. 了解跨境电商政策发展的对策建议。

## 导学案例:跨境电商海外维权

近年来,中国传统外贸增速放缓,跨境电商异军突起,成为中国对外贸易发展的新业态和经济新的增长点。为了鼓励和促进跨境电商的发展,中国密集出台各种服务与规范跨境电商发展的法律法规和政策措施。

尽管有国际和地方政府的保驾护航,跨境电商卖家还是会感叹"跨境电商不好做"。究其原因,大多数卖家总是有意无意地被一些法律纠纷所困扰,但却不知道如何正确地规避和解决这些纠纷,因此官司不断、烦恼不已。

做跨境电商一定会涉及不同国家的不同法律领域,遇到形形色色的法律问题:被诉侵权、店铺被封、资金冻结、钓鱼圈套、FBA货物被销毁、库存丢失……一般卖家遇到这些问题时,总是由于种种原因没有进行妥善的处理,导致出现一定甚至巨大的损失。下面来看这个成功维权的案例,值得卖家借鉴和参考。

小A是中国的一名卖家,一直在亚马逊上做跨境电商。2016年年初,他店内销售的商品被某国际知名奢侈品牌起诉侵权,随后其账户里的75万美元被亚马逊冻结。事情发生后,小A与该奢侈品牌及亚马逊平台沟通,希望能尽快解决此事,但由于小A人在国内,又没有任何国外诉讼经验,所以沟通效果并不乐观。大量资金被冻结,很快致使小A的资金运转困难,陷入难以为继的困境。眼看这种情况对自己不利,小A知道再拖下去他将损失惨重。于是,他通过一个法律咨询服务平台联系到一家在美国很有资质的律师团队,把官司全权委托给律师处理。代理律师在了解了事情的来龙去脉后,第一时间与这家奢侈品牌进行了联系,很快与该品牌达成和解,同时成功要求亚马逊对小 A 的 75 万美元进行解冻。最终小 A 走出困境。

资料来源：小纽美国法律咨询. 跨境电商海外维权系列——成功案例分析 [EB/OL].（2018-07-05）.https://www.sohu.com/a/239538086_649260.

## 12.1 跨境电商法律法规

2008 年，始于美国的次贷危机向全球蔓延，最终演变成国际金融危机，实体经济受到严重打击，国际贸易面临前所未有的严峻形势：发展低迷，增长乏力，各国进出口额都大幅下挫。在此背景下，跨境电商因减少中间环节、降低交易成本、受各国贸易壁垒和限制少等特点而迅速崛起，成为外贸发展的新业态、经济增长的新引擎。跨境电商行业的迅猛发展离不开相关政策与法律法规的支持；随着其进一步深入发展，相关政策措施、法律法规亦需与之配套，促进跨境电商行业规范、健康、有序地发展。

### 12.1.1 跨境电商法律法规概述

**1. 跨境电商法律法规的内涵**

跨境电商法律法规是指规范、监管、完善、促进跨境电商行业健康有序发展的相关法律和规章制度。

跨境电商的快速发展，为社会创造了大量的就业岗位，为经济向好向上发展打下了坚实的基础，但是跨境电商要长久稳定运行，离不开相关法律法规的有效规范与监管。

**2. 跨境电商法律法规的范围**

借助互联网、移动端、5G、大数据、云计算等新技术手段，跨境电商实现了买全球、卖全球的宏伟目标，各国纷纷发展跨境电商促进经济发展，由此在全球范围内产生了各种各样的法律问题、矛盾纠纷，国际组织、各个国家和地区都制定与出台了相关法律规范和规章制度。从制定的主体这一角度来看，跨境电商法律法规覆盖的范围有两类：一是主要的国际组织，包括联合国、世界贸易组织、经济合作与发展组织、亚太经济合作组织（APEC）等；二是主要的国家和地区，包括欧盟、美国、澳大利亚、新加坡、日本、韩国、俄罗斯、巴西、中国等。

**3. 跨境电商法律法规的体系**

按照涉及的行业领域，跨境电商法律法规的体系可分为以下几个方面：跨境电商贸易、商务、运输相关的法律法规；跨境电商监管的法律法规，包括通关、检验检疫、金融、税收等方面；知识产权与平台责任的法律法规；一般的电子商务法律法规。

**4. 跨境电商法律法规的特点**

1）制定的主体多、涉及的行业广、覆盖的范围大

跨境电商的法律法规制定的主体有国际组织，包括联合国及其相关部门、世界贸易组织、经济合作与发展组织、亚太经济合作组织，世界各国政府及其部委（商务部、海关、外汇管理局、财政部、税务总局），还有地方政府等。跨境电商法律法规对产品制造业、跨境电商企业、跨境电商平台企业、物流、支付、仓储、运输、信息技术等众多

行业都具有规范、约束的效力，覆盖全球范围。

2）法规的法律地位相对较低

跨境电商的相关法律地位最高，法规以部门规章制度、办法、文件、通知、指导意见等形式出台，其法律地位相对较低。

3）需要及时更新

由于跨境电商受新的信息技术及手段的影响以及国际国内发展出现的新形势，跨境电商的法律法规需要与时俱进，不断修正及增加新的内容以适应由新技术、新环境、形势的变化所产生的新需求。

### 12.1.2　国际组织及主要国家和地区跨境电商法律法规

#### 1. 国际组织制定的跨境电商法律法规

国际组织在电子商务立法方面做了大量的开创性工作，成为世界各国立法的范本。

1）联合国

20世纪80年代，联合国开始研究和探索电子商务方面的法律问题，并在1982年的联合国国际贸易法委员会第十五届会议上，将解决计算机自动数据处理在国际贸易流通中所引起的法律问题优先列入工作计划。此后，联合国国际贸易法委员会对电子商务的立法工作展开全面研究，于1996年6月提出《电子商务示范法》蓝本，同年12月在联合国大会通过《电子商务示范法》。

联合国国际贸易法委员会从1982年开始编写《电子资金划拨法律指南》，提出了以电子手段划拨资金而引发的法律问题，并讨论了解决这些问题的方法，1986年获得大会批准，1997年正式公布。

1985年，联合国国际贸易法委员会在其第十八届会议上通过了《计算机记录的法律价值报告》，建议各国政府确定以计算机记录作为诉讼证据的法律规则，并为法院提供评价这些记录可靠性的适当方法。

1993年10月，联合国国际贸易法委员会电子交换工作组第二十六届会议审议了《电子数据交换及贸易数据通信手段有关法律方面的统一规则草案》。

1999年6月，联合国国际贸易法委员会电子交换工作组第三十五届会议提出《电子签章统一规则》草案版本，并于2000年9月的第三十七届会议上获得通过。该规则提出，除了建立在公钥加密技术之上的强化电子签章外，还有其他各种各样的设备，使得"电子签章"方式的概念更加广泛，这些正在或将要使用的签字技术，都考虑到执行上述手写签字的某一个或未提及的功能。2001年3月，联合国国际贸易法委员会电子交换工作组第三十八届会议通过的《电子签章示范法》重新定义了电子签章："电子签章是指在数据电文中，以电子形式所含、所附或在逻辑上与数据电文有联系的数据，它可用于鉴别与数据电文有关的签字人或表明此人认可数据电文所含信息。"

2）世界贸易组织

WTO制定的《服务贸易总协定》于1995年开始生效，其为所有的金融服务贸易提供了一个基本的法律框架。

1996年12月，WTO在新加坡举行的第一次部长级会议上签署了《关于信息技术产品贸易的部长宣言》，1997年3月开始生效，电子商务首次被纳入多边贸易体制中。

1998年5月，132个WTO成员的部长达成一致，签署了《关于全球电子商务宣言》。1998年9月，WTO理事会通过的《电子商务工作计划》涵盖了服务贸易、货物贸易、知识产权保护、强化发展中国家的参与问题。

3）经济合作与发展组织

OECD在1980年提出了《保护个人隐私和跨国界个人数据流指导原则》，1985年发表了《跨国界数据流宣言》，1992年制定了《信息系统安全指导方针》，1997年发表了《电子商务：税务政策框架条件》《电子商务：政府的机遇与挑战》等报告。1998年10月，OECD在加拿大渥太华召开了题为"一个无国界的世界：发挥全球电子商务的潜力"的电子商务部长级会议，公布了《OECD电子商务行动计划》《有关国际组织和地区组织的报告：电子商务的活动和计划》《工商界全球行动计划》，并通过了《在全球网络上保护个人隐私宣言》《关于在电子商务条件下保护消费者的宣言》《关于电子商务身份认证的宣言》《电子商务：税收政策框架条件》等报告。

1999年12月，OECD制定了《电子商务消费者保护准则》，提出了保护消费者的三大原则和七个目标。保护消费者的三大原则是：第一，确保消费者网上购物所受到的保护不低于日常其他购物方式；第二，排除消费者网上购物的不确定性；第三，在不妨碍电子商务发展的前提下，建立和发展网上消费者保护机制。保护消费者的七个目标是：第一，广告宣传、市场经营和交易信守公平、诚实信用原则；第二，保障消费者网上交易的知情权；第三，网上交易应有必要的认证；第四，网上经营者应使消费者知晓付款的安全保障；第五，应有对纠纷行之有效的解决和救济的途径与方法；第六，保护消费者的隐私；第七，向消费者普及并宣传电子商务和保护消费者的法律知识。

2000年12月，OECD公布了一项关于电子商务经营场所所在地的适用解释，规定将来通过网络进行的电子商务，由该公司经营实际所在地的政府进行征税。2003年6月，OECD通过了《经合组织保护消费者防止跨境欺诈和欺骗性商业活动指南》，其指出：为了防止那些从事诈骗活动和商业欺诈活动的人侵害广大消费者，OECD成员应该联合起来共同提出快速而有效的办法来收集与共享信息。这些成员应该在现有方案的基础上，通过网络工具和数据库来收集与共享信息，其中包括消费者投诉和一些悬而未决的调查与案件中的通知信息等。

4）亚太经济合作组织

亚太经济合作组织在电子商务的跨境商业个人数据隐私保护方面做出了一系列卓有成效的工作。APEC商务指导组于2003年2月成立了个人资料隐私分组，旨在建立一个APEC共同的隐私保护方式。2004年，各成员在韩国釜山第17届APEC部长级会议中签署了《APEC隐私保护纲领》，也称《APEC隐私保护框架》，进一步明确了APEC保护数据隐私的意义，为亚太地区的个人信息隐私保护提供了指导性原则和标准。2007年9月，在澳大利亚悉尼举行的第19届APEC部长级会议上签署了《APEC数据隐私探路者倡议》，首次提出建立简单透明的APEC跨境隐私保护规则体系（CBPRs），用以落实数据隐私权保护，加强消费者的信心和促进跨境数据的交流。2009年，在新加坡举行的第21届APEC部长级会议上批准实施《APEC跨境隐私执行合作安排》，旨在通过建立 APEC 区域法律合作框架体系保护网上个人数据信息，加强 APEC 各经济体在保护跨境个人信息流动方面的合作程度，促进跨境电商数据流动，规范企业和处理个人数据行为。

**2. 主要国家和地区制定的跨境电商法律法规**

1）欧盟

欧盟始终将规范电子商务活动作为发展电子商务的一项重要工作，先后制定了一系列用来规范和指导欧盟各国电子商务发展的指令，以保障和促进联盟内部电子商务的发展。

视频 12-1　电子电器出口欧美不得不知的法规

1997 年 4 月，欧盟委员会提出了著名的《欧洲电子商务行动方案》，为欧洲的电子商务立法确定了宗旨和立法原则，明确指出了欧洲究竟能在多大程度上受益于电子商务，取决于是否具备满足企业和消费者需要的法律环境。

1997 年 5 月 20 日，欧盟通过了《关于远距离合同订立过程中对消费者保护的指令》，为消费者网上交易的合法权益保护规定了多项措施；2011 年 11 月 22 日，欧盟公布了《消费者权利指令》，其重点突出了对互联网交易问题的关注，规范网络交易市场，增加网络消费的信心。

1997 年 12 月，欧盟执委会针对信息社会的著作权问题，提出《关于信息社会的版权与邻接权指令》的立法草案，其对欧盟成员国范围内统一协调著作权及邻接权保护的法律规范作出了相应的规定，以适应电子商务条件下与知识产权有关的产品及服务的发展需要，欧盟于 1998 年 12 月通过了该法案。

1998 年 7 月 20 日，欧盟委员会通过《关于内部市场中与电子商务有关的若干法律问题的指令》，目的是保障内部市场的良好运行，重点在于保障信息服务得以在成员国之间自由流通。

1999 年 12 月 13 日，欧盟议会和理事会共同制定与颁布了《关于在欧盟范围内建立有关电子签名共同法律框架的指令》，为在欧盟范围内电子签名的法律制度协调一致和运转与发展提供了有力的保障。

2）美国

美国是全球电子商务发展最早最快的国家，它不仅是世界上最大的在线零售市场，也是全球最受欢迎的跨境市场，美国政府出台了一系列的法律和文件，采用鼓励投资、税收减免等措施，营造促进电子商务发展的便利环境。

1997 年 9 月 15 日，美国颁布了《全球电子商务纲要》，这是美国电子商务发展的一个里程碑。其他跨境电商相关法律主要有《个人隐私保护法》《电子信息自由法案》《公共信息准则》《1996 年电信法》《计算机保护法》《网上电子安全法案》《统一电子交易法》《国际国内电子签名法》等。

3）日本

日本在跨境贸易方面制定了一系列的法律法规，包括《外汇及对外贸易管理法》《进出口交易法》《贸易保险法》和《日本贸易振兴会法》等，根据有关进出口的法律，日本政府还颁布了《输入贸易管理令》和《输出贸易管理令》，日本经济产业省则颁布了具体的《输入贸易管理规则》和《输出贸易管理规则》。

《外汇及对外贸易管理法》规定日本的对外交易活动可自由进行，政府部门仅在必要时采取最低限度的管理和调控。《进出口交易法》允许日本的贸易商在价格、数量等贸易条件方面进行协同以及结成诸如进出口协会之类的贸易组织，必要时政府可以通过行政命令对外贸进行调控。该法同时确立对外贸易的秩序，以实现对外贸易的健康发展。在此基础上，日本政府制定了《输入贸易管理令》和《输出贸易管理令》对货物进行具体分类加以管理。

4）俄罗斯

在电子商务方面，俄罗斯是世界上最早进行立法的国家之一，颁布了一系列法律法规，包括《俄罗斯信息、信息化和信息保护法》《电子商务法》《电子合同法》《电子文件法》《俄联邦因特网商务领域主体活动组织的建议》《电子商务组织和法律标准》《提供电子金融服务法》《利用全球互联网实现银行系统的信息化法》《国际信息交流法》《俄联邦电子商务发展目标纲要》《国家支付系统法》《电子签名法》《电子一卡通法》及与电子商务税收有关的法律等。

5）巴西

巴西外贸委员会是巴西对外贸易政策的最高决策机构，发展、工业和外贸部是对外贸易政策的执行部门。巴西联邦税务总局是海关事务的主管部门，隶属于财政部，负责制定和执行海关政策、征收关税以及实施海关监管制度等。巴西中央银行是外汇兑换的管理部门。

巴西主要的海关程序都包含在 2002 年 12 月 26 日的第 4543 号法令中，其后的5138 号法令对其进行了修改。关税管理的主要法律制度是 1994 年 12 月 23 日的第 1343号法令。主要的进口措施都编撰在 2003 年 12 月 1 日的《进口管理规定》。出口措施都包括在 2003 年 9 月 3 日的第 12 号《出口管理规定》中。

6）韩国

韩国于 2002 年颁布了《电子商业基本法》，对电子商务涉及的多方面法律问题进行了较为原则性的规范，包括电子讯息、数字签名、电子认证、电子商务安全保证、消费者权益保护、行业促进政策制定等。对电子商务安全性的规定，包括对保护个人信息的规定和对电子交易者保证电子信息交易系统安全的规定；对保障消费者权益的规定，既规定了政府在保护电子交易消费者的合法权益方面的责任，还特别规定了电子交易者和网上商店经营者等成立损害赔偿机构的责任；对促进电子商务发展的规定，包括政府应制定促进电子商务发展的政策和方案，该法对方案的具体内容作出了规范；采取促进电子商务标准化的措施；加强多方面的信息技术开发；税收优惠和补贴政策；此外，还包括国际合作、机构成立及职责设置等规范。

7）新加坡

1998 年，新加坡为了推动本国电子商务的发展，颁布了《电子交易法》。该法主要涉及电子签名、电子合同的效力、网络服务提供者的责任三个与电子商务有关的核心法律问题，明确了电子签名的效力、特定类型的安全电子签名技术及其法律意义、使用电子签名者的义务、电子签名安全认证机构的义务等重要问题；明确了电子合同的法律有效性，合同不能仅因采用电子形式效力就受到影响；明确了网络服务提供者的责任，对于其无法控制的第三方电子形式的信息造成的问题，不应让网络服务提供者承担民事或刑事责任，即便第三方利用网络服务提供者的网络系统传播了违法或侵权的信息。

新加坡于 2000 年 8 月 31 日发布了电子商务的税收原则，确认了有关电子商务所得税和货物劳务税的立场。

8）印度

为促进电子商务的发展，印度于 1998 年制定了《电子商务支持法》，内容涉及电子商务具体的交易形式，以及证据、金融、刑事责任方面的内容，具有较强的操作性。该法在亚洲是制定得较早的电子商务法案，在体例上也具有明显的独特性，它从法律上明确了针对传统交易方式制定的法律不能因电子商务的新型交易方式而造成障碍，而且在证据、金融、刑事责任方面该法也有具体的规定，有很强的操作性。

为了给电子商务中基于电子数据交换的交易行为提供法律支持，印度信息产业部于 1999 年以联合国《电子商务示范法》为蓝本制定了《信息技术法》，该法明确了电子合同、电子签名的法律效力，规定了网络民事和刑事违法行为的法律责任，以保障电子商务的安全性和便捷性。2003 年，印度政府又对《信息技术法》进行了修订，明确了电子票据的法律效力。2008 年 12 月，印度政府对《信息技术法》再次进行修订，通过《信息技术（修订）法案》，对不适应电子商务发展的规定进行了修订，如将"数字签名""数字认证"修订为"电子签名""电子认证"等，同时针对一些新出现的网络违法犯罪形式，增加了网络犯罪的种类。

### 12.1.3 中国跨境电商法律法规

近年来，中国跨境电商规模呈爆发式增长，其增速明显高于传统外贸，这使得传统外贸企业加快了向跨境电商企业转型的步伐。中国从信息、支付、清算、物流、税收等多方面出台相关法律法规，支持与监管跨境电商行业，推动其健康发展和规范有序运营与管理。

中国跨境电商涉及的法律法规可以分为四类。第一类是跨境电商涉及的贸易、商务、运输类法律法规，这一类主要是针对跨境电商活动中的跨境贸易属性，解决涉及贸易的基础问题，尤其适用于 B2B 模式的跨境电商；第二类是跨境监管对应的有关法律法规，此类主要是针对跨境电商过程中的通关、商检、外汇、税收等问题，对各种模式的跨境电商交易都具有约束力；第三类是跨境电商知识产权保护的法律法规，主要涉及商品的专利、商标、著作权等问题的规范；第四类是电子商务活动相关的法律法规，重点在于电子商务本身的一般性法律问题，其关键在于电子信息技术带来的新空间、新模式。

**1. 跨境电商贸易、商务、运输等相关的法律法规**

1）规范对外贸易主体、贸易规范、贸易监管的一般性法律

跨境电商的参与者多数具有贸易主体的地位。跨境 B2B 电子商务仍然适用货物贸易的情形。中国出台的最重要的法律基础是《中华人民共和国对外贸易法》，其规范了贸易参与者、货物进出口、贸易秩序、知识产权、法律责任等。从根本上确立了贸易参

与者的备案登记、对货物进出口的许可管理和监管、保护知识产权等措施。

与此同时，针对贸易参与者的登记问题，中国又出台了《对外贸易经营者备案登记办法》，规范了登记需要递交的材料和审核细节。针对货物进出口环节，中国还制定了《中华人民共和国货物进出口管理条例》，具体规定了对禁止进出口、限制进出口、自由进出口等的管理措施。

2）贸易合同方面的法律

跨境电商的合约除了电子合同的属性外，还具有贸易合同的性质。当前国际上比较重要的公约是《联合国国际货物销售合同公约》，该公约实际规范的是一般贸易形态的、商业主体之间的、非个人使用、非消费行为的货物销售合同订立。该公约具体规范了合同订立行为，货物销售、卖方义务、货物相符（含货物检验行为等）、买方义务、卖方补救措施、风险转移、救济措施、宣布合同无效的效果等。同时，也需要参照《中华人民共和国民法典》合同编（以下简称《民法典》合同编）进行规范。《民法典》不仅规范了销售合同，而且也对商事代理方面的合同行为制定了专门的条款，对运输过程中的一些问题也做了规定。

3）跨境运输方面的法律法规

跨境电商交易活动后期会涉及较多的跨境物流、运输问题，涉及海洋运输、航空运输方面的法律。这方面主要可参照《中华人民共和国海商法》《中华人民共和国民用航空法》和《中华人民共和国国际货物运输代理业管理规定》。这些法律法规对承运人的责任、交货提货、保险等事项做了具体规定，同时也对国际贸易中的货物运输代理行为做了规范，厘清了代理人作为承运人的责任。这部分法律规范同时还需要参照《民法典》，解决代理合同当中委托人、代理人、第三人之间的责任划分问题。货运代理的代理人身份和独立经营人身份/合同当事人的双重身份也需要参照《民法典》进行规范。

4）跨境电商商务方面的法律法规（产品质量和消费者权益）

跨境电商常常面临商品质量的责任和纠纷。在贸易过程中，产品/商品质量问题和责任需要通过法律来规范，消费者权益需要通过法律进行保护。中国先后出台了《中华人民共和国对外贸易法》《中华人民共和国产品质量法》

视频 12-2 跨境电商质量管理 5 项国家标准出台

《中华人民共和国消费者权益保护法》等法律法规，对生产者、销售者的责任进行了梳理，对欺诈、侵权的行为进行了规定。

**2. 跨境电商监管方面的法律法规**

1）通关方面的法律法规

通关是跨境电商产业链中的一个重要节点。跨境电商的选品、订购、签约、支付等环节在线上完成，但商品的送达，即物流环节仍需线下操作。跨境电商交易双方分处不同的关境，其所涉及的货物/物品需要经过海关的查验。跨境电商的新特点，使海关在管理制度、监管模式和信息化系统建设等方面都面临新的挑战。

自发展跨境电商以来，中国先后出台了《中华人民共和国海关法》，并通过《中华人民共和国海关企业分类管理办法》《中华人民共和国海关行政处罚实施条例》来进一步细化。《中华人民共和国海关法》涉及海关的监管职责，对进出境运输工具、货物、

视频12-3 国务院再出实招推进通关便利化

物品的查验以及关税等内容。《中华人民共和国海关企业分类管理办法》对海关管理企业实行分类管理,对信用较高的企业采用便利通关措施,对信用较低的企业采取更严密的监管措施。同时,也在通关环节加强了"知识产权的海关保护",出台了《中华人民共和国知识产权海关保护条例》及其实施办法。针对目前空运快件、个人物品邮件增多的情况,也出台了一些专门的管理办法,如《中华人民共和国海关对进出境快件监管办法》《海关总署关于调整进出境个人邮递物品管理措施有关事宜的公告》(海关总署公告2010年第43号)等。

2)商检方面的法律法规

跨境电商所交易的大部分货物都需要通过商检环节。目前商检依据的主要是《中华人民共和国进出口商品检验法》(以下简称《进出口商品检验法》),其涉及商品检验检疫方面的出口、进口的检疫以及监督管理职责。同时依据《进出口商品检验法》出台了《中华人民共和国进出口商品检验法实施条例》,对《进出口商品检验法》各个部分拟定了细则。还出台了针对邮递物品和快件的检验检疫细则,如《进出境邮寄物检疫管理办法》和《出入境快件检验检疫管理办法》等。

3)金融方面的法律法规

第一,外汇管理的有关规定。跨境电商主要涉及向外汇管理部门、金融机构的结汇问题,涉及的规范主要有《中华人民共和国外汇管理条例》,其中涉及的项目售汇、结汇条文会直接影响到跨境电商的部分支付问题。

第二,跨境电商支付法律法规。跨境支付是跨境电商的核心环节,它涉及交易主体间资金转账的安全和投资者收益的回报安全,对其进行风险监管至关重要。联合国国际贸易法委员会1992年颁布的《国际贷记划拨示范法》是跨境电子支付范围界定的核心规则。目前,中国在跨境支付领域的监管办法有:《跨境贸易人民币结算试点管理办法实施细则》,在试点区域实行对跨境支付的监管并主要关注支付安全问题;《电子支付指引》,对电子支付的法律界定、服务申请程序、规范等内容做了规定,重点对支付损失责任进行了划定;《支付机构客户备付金存管办法》,主要对客户备付金存管银行作

视频12-4 跨境支付迎利好!

出了具体规定;《支付机构互联网支付业务风险防范指引》,对支付机构的支付安全保障和资金安全方面提出了规范化操作的要求;《非金融机构支付服务管理办法》,主要对非金融机构支付服务的各项内容与准入门槛、终止业务机制、支付各方的权利与义务等进行规范;《支付机构跨境电子商务外汇支付业务试点指导意见》,针对小额跨境电商支付交易,对机构的准入与业务管理等提出要求。

4)税收方面的法律法规

目前中国主要依据《中华人民共和国海关法》《中华人民共和国个人所得税法》《中华人民共和国税收征收管理法》等法律来落实跨境电商征税,《海关总署关于跨境贸易电子商务进出境货物、物品有关监管事宜的公告》对企业"货物清单"、个人"物品清单"等办理免税手续条件作出了规定;《海关总署关于调整进出境个人邮递物品管理措施有关事宜的公告》对个人寄到不同国家和地区商品的免征税税额标准及超出限值的非

个人自用物品的退运或按货物要求办理通关手续等作出了规定；《关于实施支持跨境电子商务零售出口有关政策的意见》中专门提出要针对中国跨境出口企业制定新的税收制度，并由相关部门研制对该主体实行的出口退税、增值税、免税条件等政策；《财政部 税务总局关于跨境电子商务零售出口税收政策的通知》对出口企业的消费税、增值税等的退免条件等提出了相关的税收细则。

视频 12-5 跨境电商享福利 税收政策优惠多

**3. 跨境电商知识产权保护的法律法规**

跨境电商活动中交易的商品需要遵守知识产权的相关规范，主要涉及商品的专利、商标、著作权等问题。

目前中国在跨境电商知识产权保护方面的法律法规主要以单行法的方式出台，《网络交易管理办法》第十五条规定："网络商品经营者、有关服务经营者销售商品或者提供服务，应当遵守《商标法》《企业名称登记管理规定》等法律、法规、规章的规定，不得侵犯他人的注册商标专用权、企业名称权等权利。"《中华人民共和国反不正当竞争法》对不得从事的网络破坏知识产权的活动进行了明确的说明，如未经同意不得使用相关网站特有域名、未经授权不得使用相关团体的电子标志等；《中华人民共和国知识产权海关保护条例》主要赋予了海关对出入境商品的知识产权实施保护的权利。其他相关法律法规还包括商标类的《中华人民共和国商标法》《驰名商标认定和保护规定》《集体商标、证明商标注册和管理办法》；专利类的《中华人民共和国专利法》《最高人民法院关于审理专利纠纷案件适用法律问题的若干规定》《最高人民法院关于对诉前停止侵犯专利权行为适用法律问题的若干规定》《国防专利条例》；著作权类的《中华人民共和国著作权法》《著作权集体管理条例》《计算机软件保护条例》、《信息网络传播权保护条例》等。

**【案例讨论 12-1】**

**美国婚纱礼服产业协会控诉中国多家独立站侵犯知识产权**

2016年年初，中国3 000多家跨境电商独立站被美国婚纱礼服产业协会（ABPIA）告上法庭，在当时引起轩然大波，卖家域名被收回，资金被冻结，受影响卖家不计其数。

**中国婚纱独立站被告事件经过**

2016年1月4日，美国婚纱礼服产业协会联合 Allure Bridals、Alyce Designs、Jovani Fashion、La Femme Boutique、Mon Cheri Bridals、Mori Lee、Sydney's Closet、Promgirl，向美国伊利诺伊州东北区地方法院提起了诉讼，控诉中国3 000多家跨境电商独立站（以婚纱礼服为主）采用了它们的产品图片和商标，销售假冒产品，侵犯了知识产权。

在起诉书中，原告称被告违反了 Lanham Act, 15U.S.C. §1114、Lanham Act, 15 U.S.C. §1125（a）、Lanham Act, 15 U.S.C. §1125（d）、Copyright Act, 17 U.S.C. §501、Illinois Uniform Deceptive Trade Practices Act, 815 ILCS §510, et seq. 这5条法律规定，侵犯了原告的商标和知识产权，造成不正当竞争以及网络侵权等。

原告于2016年1月13日向法院提议实行临时限制令（TRO），要求转移被告网站域名、临时冻结被告资产，并责令被告停止制造和销售假冒产品。

随后法院批准了这一限制令提议，于 1 月 13 日至 27 日期间执行。

另外，原告联系了专家证人和第三方支付服务商，冻结了被告金融账号，转移和暂时禁用被告的网站。之后原告要求延长 TRO 期限，法院表示将在 2 月 10 日举行 TRO 听证会。

而在 TRO 生效期间，众多被告联系法院，称原告没有做到尽职调查，导致业务被错误限制。在听证会举行前，原告移除了 300 多个被告名单。

在 2016 年 2 月 10 日的听证会上，法院根据上述事实，认为原告没有做到尽职调查，驳回了原告延长限制令的请求，并结束了临时限制令。

据了解，原告还在 2016 年 1 月 20 日提出初步禁令，法院在 1 月 25 日举行了相关的听证会。3 月 10 日，原告提出了修改版初步禁令，与之一并提交的还包括 Jon Liney 和 Suren Ter Saakov 两人的支持声明。然而法院认为原告将 3 000 多名被告混为一体，没有事实依据证明所有被告侵权。

法院认为，在 Jon Liney 的声明中，并没有明确指出哪些被告出售假冒婚纱产品；Suren Ter Saakov 公司的反假货软件只是一个调查工具，无法提供证明伪造的证据。因此两者都没有提供足够的事实和法律依据，能够用于追究被告责任。

**结果：法院最终撤销了这一起诉**

法院认为，原告并没有提供积极证据支持它的指控。虽然原告指控被告网站采用了原告图片，侵犯了知识产权，但是这一证据并不能建立起最低限度联系，无法对被告行使管辖权。

因此法院驳回了原告的初步禁令请求，并基于同样理由和原告自愿撤诉，法院最终撤销了这一起诉。

尽管婚纱独立站事件以法院撤销起诉告终，但是在 2016 年，中国自建站还多次遭遇"围剿"。就在 2016 年年底，600 余家中国婚纱自建站再次被 ABPIA "警告"。

2017 年，业内人士提醒中国卖家，在进行跨境交易时，要注意自身有无侵权，不销售假冒产品，提前跳出钓鱼者狩猎的范围。同时，还应提升自身知识产权保护意识，了解美国法律对知识产权的规定，判断出哪些行为可能触犯相关条例，避免不知情的侵权发生。

资料来源：知识产权|起诉中国 3000 多家婚纱独立站的 ABPIA 败诉[EB/OL].http://www.hunjia520.cn/information/2244.html.

【案例讨论 12-2】
### 卖家如何应对同行的不正当竞争？

Finbold 分析的数据显示，平均每小时有 155 名卖家入驻亚马逊，按照这样的增长速度预估，到 2021 年年底大约有 140 万新卖家可能加入亚马逊市场。可以说，2021 年将会是跨境电商全面开花的一年。而与以星火燎原之势迅猛增长的卖家数量成正比的，则是竞争日趋激烈的生存环境，前有同行围追堵截，后有平台监管穷追不舍，对于普通小卖家而言，在千帆竞发、百舸争流的跨境蓝海稳占一席立身之地是一大难题。

在市场高度饱和的态势之下，对于卖家而言最受威胁的，莫过于竞争对手的恶意打击行为。2021年4月，有卖家愤懑抱怨当下亚马逊营商环境对中小卖家以及遵纪守法者的不友好。该卖家表示，那些使用不良竞争手段进行恶意攻击的卖家，违法成本几乎为零，但凡瞄准哪款产品就开始蓄意打击对手从而成功抢占，在不受任何制裁的情况下换取巨额利润。

主要恶性行为包括以下几方面。

一是注册阶段。由于可用于注册账号的身份资料有限，因此在注册阶段就有许多卖家存在违规或压榨欺骗的行为。

（1）一些小公司会通过网络购买营业执照以及身份证资料，或者直接购买账户，非法使用他人公司或他人个人信息。

（2）一些大型公司会和员工签署协议，利用员工身份证资料注册亚马逊账号，压榨其生存空间。

二是运营阶段。① 非暴力手段包括：利用QA（品质保证）诬蔑对手商品存在问题或缺陷。恶意取消订单，让产品的完购率暴跌。利用退货退款甚至差评，降低产品的权重，造成卖家货物以及经济上的损失。使用大量买家号刷广告，点击链接不下单，直接从曝光上废其武功。投诉产品质量问题，造成Listing下架甚至无法恢复。② 暴力手段包括：修改类目，使得产品归属错误，权重降低。各种造成商家Listing"变狗"或者下架的行为。在此营商环境之下，安分守己的卖家身边埋伏着诸多隐忧，需警惕自己的产品突然遭受恶意投诉、篡改信息而导致订单急剧下降。

问题1：跨境电商市场上为什么会产生不正当竞争？

问题2：不正当竞争行为对跨境电商行业有何影响？

问题3：面对亚马逊平台同行的不正当行为，跨境电商卖家怎么办？

问题4：跨境电商平台企业如何更好地保护正当经营的卖家利益？

资料来源：夹缝中生存！卖家如何应对同行和亚马逊的"双重夹击"?[EB/OL].（2021-04-25）. https://weibo.com/ttarticle/p/show?id=2309404629915982233634.

**案例解析：**

问题1：从本案例可以看出：随着跨境电商亚马逊平台上越来越多的卖家入驻，卖家竞争日趋激烈，有些卖家为了生存，不惜采取恶意行为攻击同行卖家，其违法成本很低，又能获得巨额利润，导致不正当竞争层出不穷。

视频12-6　最高法加强涉网络侵权和电商平台知产案件指导

问题2：干扰跨境电商市场的正常秩序，使遵纪守法的卖家受到不公平、不公正的待遇，市场上充斥大量虚假信息、欺骗、恶意攻击同行竞争者等不良行为，长此以往，跨境电商营商环境将恶性循环，不利于跨境电商的良好发展。

扩展阅读12-1　Wish商家如何正确处理知识产权侵权

问题3：可以通过亚马逊官方正规渠道投诉；找到恶意投诉的竞争对手，动之以情，晓之以理；以和为贵，如果不是太重要的产品链接，还是要集中力量做好核心业务，打造出属于自己的品牌；确实重要的产品，需要使用

扩展阅读12-2　亚马逊侵权类型及其处理办法

法律手段强力反击。

问题4：平台出台从注册到运营管理的全方位规则，同时加强技术手段并严格监管，对违反规则有不正当行为的卖家给予相应有效的惩罚措施，对正当经营的卖家给予保护和维权畅通的渠道。

在跨境电商交易中，各大电商平台陆续发布了《知识产权侵权处理规则》，详见各大平台网站。

**4. 电子商务活动相关的法律法规**

自20世纪中国引入电子商务至今，这种以互联网为操作平台的贸易形式便得到了快速的发展，而与之相关的法律规制也相继出台。1994年，中国开始颁布第一部电子商务法规《中国人民银行关于改变电子联行业务处理方式的通知》，截至2019年，在全国性立法层面上，对中国电子商务进行规制的法律文件主要有：1997年颁布的《计算机信息网络国际联网安全保护管理办法》；2000年颁布的《互联网信息服务管理办法》和《中华人民共和国电信条例》等。其中现行的《民法典》合同编第四百九十二条明确了数据电文形式合同成立的地点①；2004年通过的《中华人民共和国电子签名法》专门针对电子商务签名中的关键问题做了明确规定，主要包括数据电文的各项要求、电子签名的认证以及相关的法律责任等，该法于2015年和2019年先后进行了修正。2018年8月31日，第十三届全国人民代表大会常务委员会第五次会议通过《中华人民共和国电子商务法》（以下简称《电子商务法》），旨在保障电子商务各方主体的合法权益，规范电子商务行为，维护市场秩序，促进电子商务持续健康发展，该法于2019年1月1日起实施。

扩展阅读12-3　中华人民共和国电子商务法

扩展阅读12-4　中华人民共和国电子签名法（2019修正）

## 12.2　中国跨境电商政策发展

### 12.2.1　中国跨境电商政策发展概述

跨境电商行业的高速发展离不开相关政策的支持，从2012年3月商务部颁布《商务部关于利用电子商务平台开展对外贸易的若干意见》以来，针对跨境电商行业的配套政策和措施纷纷出台。从现有颁布的政策来看，各相关部门工作的主要目的是：大力支持跨境电商新兴业态的发展，积极引导跨境电商运营的规范化。目前，涉及跨境电商政策制定的部门包括国务院、海关总署、商务部、国家发改委、财政部、税务总局、市场监督管理总局、中国人民银行和国家外汇管理局等部门。

这些政策深入跨境电商的方方面面，大到总体制度、环境建设，如开展跨境电商综试区试点，小到跨境电商的具体环节，如税收、支付、通关、海外仓等方面，为跨境电商的发展扫除障碍，创造各种有利条件推动其快速发展。

---

① 资料来源：《民法典》第四百九十二条【合同成立地点】[EB/OL].（2021-03-08）.https://www.maxlaw.cn/z/20210308/1000743131492.shtml.

### 12.2.2 中国跨境电商政策发展历程

随着中国跨境电商的发展，其政策制定呈现出明显的阶段性特征。综合考虑中国跨境电商政策阶段性特点、年度发布数量以及关键政策发布节点，可将跨境电商政策发展过程划分为蓄势萌芽期、红利爆发期、监管过渡期、规范发展期四个阶段。

**1. 政策蓄势萌芽期（2004—2012年）**

中国跨境电商起步于20世纪末，以阿里巴巴国际站、中国制造网等为代表的平台为跨境出口企业提供在线展示、交易撮合等信息服务，但不提供在线交易业务。2004年，敦煌网上线，标志着跨境电商从单纯的信息服务升级为交易、支付、物流、通关等全流程电子化的在线交易。在此期间，国家相继出台《中华人民共和国电子签名法》《国务院办公厅关于加快电子商务发展的若干意见》等法规和政策，电子商务法规环境与支撑体系逐步建立，电子商务创新应用不断加强，跨境电商作为电子商务领域的新兴业态逐步兴起。《跨境贸易人民币结算试点管理办法》《物流业调整和振兴规划》两项跨境电商政策措施发布，规范跨境结算业务，发展国际物流，鼓励企业利用电子商务平台开展对外贸易，为跨境电商行业大发展积蓄产业力量和政策基础。这一时期跨境电商主要政策如表12-1所示。

表12-1　中国2004—2012年跨境电商政策

| 发布时间 | 政策/文件名称 | 核心内容 | 发布单位 |
| --- | --- | --- | --- |
| 2004.8.28 | 中华人民共和国电子签名法 | 针对经营者使用可靠的电子签名与提供电子认证服务 | 全国人民代表大会常务委员会 |
| 2005.1.8 | 国务院办公厅关于加快电子商务发展的若干意见 | 电子商务综合法规 | 国务院办公厅 |
| 2007.12.13 | 商务部关于促进电子商务规范发展的意见 | 推动网上交易健康发展，规范网上交易行为 | 商务部 |
| 2009.7.1 | 跨境贸易人民币结算试点管理办法 | 对跨境贸易人民币结算试点的业务范围、运作方式、试点企业、清算渠道等做了具体规定 | 中国人民银行等6部委 |
| 2009.11.30 | 商务部关于加快流通领域电子商务发展的意见 | 扶持传统流通企业应用电子商务开拓网上市场，培育一批管理运营规范、专业网络购物企业 | 商务部 |
| 2010.5.31 | 网络商品交易及有关服务行为管理暂行办法 | 规范网络商品交易及有关服务行为，保护消费者和经营者合法权益，促进网络经济健康发展 | 国家工商行政管理总局 |
| 2010.6.14 | 非金融机构支付服务管理办法 | 规范非金融机构支付服务行为，降低支付风险 | 中国人民银行 |
| 2010.6.24 | 商务部关于促进网络购物健康发展的指导意见 | 拓宽网络购物领域，规范交易行为 | 商务部 |
| 2010.7.3 | 跨境贸易人民币结算试点管理办法实施细则 | 促进贸易便利化，保障跨境贸易人民币结算试点工作的顺利进行，规范试点企业和商业银行的行为，防范相关业务风险 | 中国人民银行 |

续表

| 发布时间 | 政策/文件名称 | 核心内容 | 发布单位 |
| --- | --- | --- | --- |
| 2011.11.4 | 支付机构客户备付金存管暂行办法（征求意见稿） | 规范支付机构客户备付金的管理，保障当事人合法权益，促进支付行业健康发展 | 中国人民银行 |
| 2012.1.5 | 支付机构互联网支付业务管理办法（征求意见稿） | 针对支付机构，规范和促进互联网支付业务发展，防范支付风险 | 中国人民银行 |
| 2012.2.6 | 关于促进电子商务健康快速发展有关工作的通知 | 8部委从多方面推动电子商务健康快速发展 | 国家发改委等8部委 |
| 2012.3.12 | 商务部关于利用电子商务平台开展对外贸易的若干意见 | 增强电子商务平台的对外贸易功能，提高企业利用电子商务开展对外贸易的能力和水平 | 商务部 |
| 2012.3.27 | 电子商务"十二五"发展规划 | 全面贯彻《2006—2020年国家信息化发展战略》《中华人民共和国国民经济和社会发展第十二个五年规划纲要》和《国务院办公厅关于加快电子商务发展的若干意见》 | 工业和信息化部 |
| 2012.5.8 | 国家发展改革委办公厅关于组织开展国家电子商务示范城市电子商务试点专项的通知 | 组织开展电子商务试点工作，推动电子商务的有关政策在局部地区取得突破性进展 | 国家发展和改革委员会办公厅 |
| 2012.12.19 | 国家跨境贸易电子商务服务试点工作启动部署会议 | 明确试点建设任务和工作计划 | 海关总署 |

**2. 政策红利爆发期（2013—2015年）**

2013年被称为中国跨境电商发展的元年，这一年国务院办公厅转发《关于实施支持跨境电子商务零售出口有关政策的意见》，提出要在示范城市完善支付、税收、检验检疫等支持政策，国家外汇管理局、国家质量监督检验检疫总局、国家税务总局等部门迅速响应，出台相关措施推动跨境电商零售出口业务发展。2014年，海关总署相继出台12号、56号、57号、59号文等，把跨境电商正式纳入海关监管，并创新性地提出跨境电商零售进口商品应按照个人物品进行监管。2013年和2014年，跨境电商服务试点城市从2012年的上海、重庆、杭州、宁波和郑州5个城市扩容增加了广州、深圳、苏州、青岛、长沙、平潭、银川、牡丹江、哈尔滨、烟台、西安、长春这12个城市。2015年，国务院同意设立中国（杭州）跨境电商综试区，同年商务部印发了《2015年电子商务工作要点》，表明中国已将跨境电商作为对外贸易的一部分并给予了更多的关注。2015年1月，国家外汇管理局发布《国家外汇管理局关于开展支付机构跨境外汇支付业务试点的通知》。2015年1月至2016年6月，《电子商务法》起草组开展并完成电子商务法草案的起草工作。2015年3月9日，国家质量监督检验检疫总局出台《质检总局关于深化检验检疫监管模式改革支持自贸区发展的意见》，进一步规范了海关检验的工作，支持跨境电商的发展。

在跨境交易、支付、物流、通关、退税、结汇等环节监管模式与信息化建设的政策红利下，跨境进出口平台不断涌现，跨境电商进口迅速发展。

**3. 政策监管过渡期（2016—2018 年）**

跨境电商在政策引导下迅速发展。2016 年 2 月，中国开始实施无纸化通关，大大减少了海关的工作量，并且加快了跨境电商货物的通关速度。2016 年 3 月，财政部、海关总署、国家税务总局联合发布《关于跨境电子商务零售进口税收政策的通知》，实施跨境电商零售进口税收新政，把之前的个人行邮税调整为按（消费税 + 增值税）× 70% 的标准征收。政策规定，在跨境电商零售进口监管过渡期内，对保税进口和直邮进口商品按税收新政征税。2016 年 4 月，中国开始实施跨境电商零售进口税收政策，并调整行邮税政策。2016 年 5 月，中国对跨境电子务零售进口有关监管要求给予一年的过渡期，之后，经有关部门同意这一过渡期延长至 2018 年年底。2016 年 3 月，电子商务立法已列入第十二届全国人民代表大会常务委员会五年立法规划。2016 年 12 月 19 日，在第十二届全国人民代表大会常务委员会第二十五次会议上，全国人民代表大会财政经济委员会提请审议电子商务法草案。

同时，设立跨境电商综试区，重点针对企业对企业出口业务相关环节，在技术标准、业务流程、监管模式、信息化建设等方面先行先试，将两平台六体系等成熟做法向全国复制推广。在监管过渡期内，跨境电商综试区进一步扩容，自 2015 年杭州被设立为全国首个跨境电商综试区以来，至 2018 年国务院已经分批次设立了 35 个跨境电商综试区。

**4. 政策规范发展期（2019 年至今）**

跨境电商零售进口监管过渡期后，海关、税收、检验检疫等各环节的监管进一步规范。2016 年 12 月 27 日至 2017 年 1 月 26 日，中国人大网公开向全国征求电子商务立法意见。2018 年 6 月 19 日，电子商务法草案三审稿提请第十三届全国人民代表大会常务委员会第三次会议审议。2018 年 8 月 27 日至 8 月 31 日举行第十三届全国人民代表大会常务委员会第五次会议，对电子商务法草案进行了四审。2018 年 8 月 31 日，第十三届全国人民代表大会常务委员会第五次会议表决通过《电子商务法》。《电子商务法》自 2019 年 1 月 1 日起施行，明确了跨境电商经营者、平台经营者等的权利和义务，积极推动跨境电商各环节监管的规范化和信息化发展。2018 年 11 月 28 日，商务部、国家发改委、财政部、海关总署、国家税务总局、国家市场监督管理总局联合印发《商务部 发展改革委 财政部 海关总署 税务总局 市场监管总局关于完善跨境电子商务零售进口监管有关工作的通知》，对监管过渡期后的跨境电商零售进口监管工作做了进一步安排，该通知自 2019 年 1 月 1 日起正式实施，明确跨境电商企业、跨境电商平台及境内服务商、消费者、政府部门等各参与主体的责任和义务，为保障政策规范实施和进行有效监管提供决策依据。制定法律是为了更好地发展跨境电商，国家出台相关法律法规和政策，使跨境电商向着更加法律化、合理化、正式化的方向发展。这对中国跨境电商发展是非常有利的，也有助于中国对外贸易的发展。

扩展阅读 12-5 我国跨境电子商务政策分析

视频 12-7 商务部：六大措施支持跨境电商发展

### 12.2.3 中国跨境电商政策发展概览

国务院是跨境电商相关政策指导性意见的制定方，自2013年中国跨境电商发展元年起，已相继颁布政策文件，批准设立跨境电商综试区，要求各部门落实跨境电商基础设施建设、监管设施，以及要求优化完善支付、税收、收结汇、检验、通关等过程。国务院相关跨境电商政策如表12-2所示。海关总署是跨境电商流程层面特别是通关流程相关政策的重要制定方，具体措施包括提高通关效率、规范通关流程、打击非法进出口。海关总署相关跨境电商政策如表12-3所示。商务部等部门也制定和出台了相关跨境电商政策，支持和促进跨境电商的发展。商务部等部门相关跨境电商政策如表12-4所示。

视频12-8 跨境人民币结算便利化升级

视频12-9 跨境电商的"杭州经验"已向全国复制104次

表12-2 国务院相关跨境电商政策

| 发布时间 | 政策/文件名称 | 核心内容 | 政策性质 |
| --- | --- | --- | --- |
| 2013.8.8 | 国务院关于促进信息消费扩大内需的若干意见 | 提出挖掘消费潜力、增强供给能力、激发市场活力、改善消费环境 | 政策指导 |
| 2013.8.21 | 关于实施支持跨境电子商务零售出口有关政策的意见 | 对各部门要求 | 政策指导 |
| 2013.8.17 | 批准设立中国自由贸易区（上海） | 自贸区建设、负面清单 | 政策支持 |
| 2014.5.15 | 国务院办公厅关于支持外贸稳定增长的若干意见 | 基础设施 | 政策指导 |
| 2014.12.28 | 国务院常务会议 | 批准设立中国自由贸易区（天津、福建、广东） | 政策支持 |
| 2015.2.12 | 国务院关于加快培育外贸竞争新优势的若干意见 | 提出加快培育外贸竞争新优势的六大任务 | 政策支持 |
| 2015.3.12 | 国务院关于同意设立中国（杭州）跨境电子商务综合试验区的批复 | 综试区建设要求 | 政策支持 |
| 2015.5.7 | 国务院关于大力发展电子商务加快培育经济新动力的意见 | 效率提高 | 政策指导 |
| 2015.6.10 | 国务院常务会议：部署促进跨境电子商务健康快速发展 | 流程优化 | 政策指导 |
| 2015.6.20 | 国务院办公厅关于促进跨境电子商务健康快速发展的指导意见 | 基础设施 | 政策指导 |
| 2015.7.4 | 国务院关于积极推进"互联网+"行动的指导意见 | 推动互联网由消费领域向生产领域拓展，加速提升产业发展水平，增强各行业创新能力，构筑经济社会发展新优势和新动能 | 政策指导 |
| 2016.1.12 | 国务院关于同意在天津等12个城市设立跨境电子商务综合试验区的批复 | 同意12个城市设立跨境电商综试区，具体实施方案由城市所在地省级人民政府分别负责印发 | 政策支持 |
| 2016.5.9 | 国务院关于促进外贸回稳向好的若干意见 | 要多措并举，促进外贸创新发展，千方百计稳增长，坚定不移调结构，努力实现外贸回稳向好 | 政策指导 |

续表

| 发布时间 | 政策/文件名称 | 核心内容 | 政策性质 |
|---|---|---|---|
| 2017.11.22 | 国务院关税税则委员会关于调整部分消费品进口关税的通知 | 降低进口税率 | 政策支持 |
| 2018.8.7 | 国务院关于同意在北京等22个城市设立跨境电子商务综合试验区的批复 | 明确了新设一批综试区，逐步完善促进其发展的监管制度、服务体系和政策框架，推动跨境电商在更大范围发展 | 政策支持 |
| 2019.3.5 和 2019.3.3 | 2019年两会 | 改革完善跨境电商等新业态扶持政策 | 政策支持 |
| 2020.4.8 | 国务院常务会议 | 推出增设跨境电商综试区、支持加工贸易、广交会网上举办等系列举措，积极应对疫情影响，努力稳住外贸外资基本盘 | 政策支持 |
| 2020.5.6 | 国务院关于同意在雄安新区等46个城市和地区设立跨境电子商务综合试验区的批复 | 同意在雄安新区、大同市、满洲里市、营口市、盘锦市、吉林市、黑河市、常州市、连云港市等46个城市地区设立跨境电商综试区 | 政策支持 |

表12-3 海关总署相关跨境电商政策

| 发布时间 | 政策/文件名称 | 核心内容 | 政策性质 |
|---|---|---|---|
| 2014.1.24 | 关于增列海关监管方式代码的公告（12号文） | 新增"电商9610"编码，清单核放、汇总申报 | 政策规范 |
| 2014.3.4 | 海关总署关于跨境贸易电子商务服务试点网购保税进口模式有关问题的通知 | 网购保税进口商品及购买金额限制等问题 | 政策规范 |
| 2014.7.23 | 关于跨境贸易电子商务进出境货物、物品有关监管事宜公告（56号文） | 强调进出境"货物清单"制度及监管、申报制度 | 政策规范 |
| 2014.7.30 | 关于增列海关监管方式代码的公告（57号文） | 增列"保税电商1210"编码，保税模式获认可 | 政策规范 |
| 2015.5.8 | 海关总署关于调整跨境贸易电子商务监管海关作业时间和通关时限要求有关事宜的通知 | 效率提高 | 政策支持 |
| 2015.9.14 | 加贸司关于加强跨境电子商务网购保税进口监管工作的函［加贸函（2015）58号］ | 加强监管 | 政策规范 |
| 2015.10.14 | 海关总署关于天津市开展跨境贸易电商服务试点工作的报告 | 网购保税进口在试点城市海关特殊监管区域或保税物流中心开展 | 政策支持 |
| 2015.12.4 | 关于进出口货物报关单修改和撤销业务无纸化相关事宜的公告（55号文） | 效率提高 | 政策支持 |
| 2016.4.6 | 海关总署关于跨境电子商务零售进出口商品有关监管事宜的公告（26号文） | 加强监管 | 政策规范 |
| 2016.4.15 | 关于修改进出口货物报关单和进出境货物备案清单格式的公告（28号文） | 规范进出口货物收发货人的申报行为 | 政策规范 |
| 2016.4.15 | 海关总署办公厅关于执行跨境电商税收新政有关事宜的通知 | 保障税负公平，促进跨境电子商务健康发展 | 政策规范 |
| 2016.7.6 | 海关总署关税征管司、加贸司关于明确跨境电商进口商品完税价格有关问题的通知 | 完税价格 | 政策规范 |

续表

| 发布时间 | 政策/文件名称 | 核心内容 | 政策性质 |
|---|---|---|---|
| 2016.10.12 | 关于跨境电子商务进口统一版信息化系统企业接入事宜公告 | 信息化 | 政策规范 |
| 2016.12.5 | 关于增列海关监管方式代码的公告（75号文） | 加强监管 | 政策规范 |
| 2017.12.8 | 中华人民共和国海关暂时进出境货物管理办法 | 规范海关对暂时进出境货物的监管 | 政策规范 |
| 2018.4.13 | 关于规范跨境电子商务支付企业登记管理 | 验核跨境电子商务支付企业资质 | 政策规范 |
| 2018.11.8 | 海关总署关于实时获取跨境电子商务平台企业支付相关原始数据有关事宜的公告 | 跨境电商平台企业应向海关开放支付相关原始数据，供海关验核 | 政策规范 |
| 2018.12.10 | 关于跨境电子商务零售进出口商品有关监管事宜的公告 | 跨境电子商务企业管理、零售进出口商品通关管理等事项 | 政策规范 |
| 2020.3.28 | 海关总署关于跨境电子商务零售进口商品退货有关监管事宜公告 | 商品退货业务 | 政策规范 |
| 2020.6.12 | 关于开展跨境电子商务企业对企业出口监管试点的公告 | 跨境电商B2B出口货物适用全国通关一体化，也可采用"跨境电商"模式进行转关 | 政策支持 |

表 12-4　商务部等部门相关跨境电商政策

| 发布时间 | 发布部门 | 政策/文件名称 | 核心内容 | 政策性质 |
|---|---|---|---|---|
| 2013.2 | 国家外汇管理局 | 支付机构跨境外汇支付业务试点指导意见 | 外汇支付试点规范跨境支付业务 | 政策支持 |
| 2013.12 | 财政部、税务总局 | 财政部 税务总局关于跨境电子商务零售出口税收政策的通知 | 适用于出口企业 | 政策规范 |
| 2015.1 | 国家外汇管理局 | 支付机构跨境外汇支付业务试点指导意见 | 开放购汇 | 政策支持 |
| 2015.4 | 国家外汇管理局 | 国家外汇管理局关于开展支付机构跨境外汇支付业务试点的通知 | 将跨境单笔交易金额上限自1万美元提高至5万美元 | 政策支持 |
| 2015.3 | 国家质检总局 | 质检总局关于深化检验检疫监管模式改革支持自贸试验区发展的意见 | 电商经营主体质量安全责任 | 政策规范 |
| 2015.4 | 商务部 | 2015年电子商务工作要点 | 落实"互联网+"发挥电商作用 | 政策支持 |
| 2015.5 | 国家质检总局 | 质检总局关于进一步发挥检验检疫职能作用促进跨境电子商务发展的意见 | 负面清单 | 政策支持 |
| 2015.5 | 商务部 | "互联网+流通"行动计划 | 基础设施和环境建设，示范引导推动创新等 | 政策支持 |
| 2015.6 | 国家质检总局 | 质检总局关于加强跨境电子商务进出口消费品检验监管工作的指导意见 | 加强监管 | 政策支持 |
| 2015.7 | 国家质检总局 | 质检总局关于支持中国（杭州）跨境电子商务综合试验区发展的意见 | 加强监管 | 政策规范 |

续表

| 发布时间 | 发布部门 | 政策/文件名称 | 核心内容 | 政策性质 |
|---|---|---|---|---|
| 2015.10 | 国家质检总局 | 网购保税模式跨境电子商务进口食品安全监督管理细则（征求意见稿） | 加强监管 | 政策规范 |
| 2017.3 | 商务部 | 跨境电商零售进口过渡期后监管总体安排谈话 | 跨境电商零售进口有关监管要求过渡期政策 | 政策支持 |
| 2016.2 | 财政部、商务部、海关总署、国家税务总局、国家旅游局 | 关于口岸进境免税店政策的公告 | 提高免税限额 | 政策支持 |
| 2016.3 | 财政部、海关总署、国家税务总局 | 关于跨境电子商务零售进口税收政策的通知 | 跨境限额 | 政策支持 |
| 2016.4 | 财政部等 | 关于公布跨境电子商务零售进口商品清单的公告 | 商品清单 | 政策支持 |
| 2016.4 | 财政部等 | 《跨境电子商务零售进口商品清单》有关商品备注的说明 | 商品清单备注 | 政策规范 |
| 2016.4 | 财政部等 | 关于公布跨境电子商务零售进口商品清单（第二批）的公告 | 商品清单 | 政策支持 |
| 2016.4 | 财政部等 | 《跨境电子商务零售进口商品清单（第二批）》有关商品备注的说明 | 商品清单备注 | 政策规范 |
| 2016.5 | 国家质检总局 | 质检总局关于跨境电商零售进口清关单政策的说明 | 提高效率 | 政策支持 |
| 2017.6 | 国家质检总局 | 质检总局关于跨境电商零售进出口检验检疫信息化管理系统数据接入规范的公告 | 提高效率 | 政策规范 |
| 2017.10 | 商务部等14部委 | 关于复制推广跨境电子商务综合试验区探索形成的成熟经验做法的函 | 将杭州综试区六体系两平台等成熟做法向全国复制推广 | 政策支持 |
| 2018.8 | 国家知识产权局 | 关于深化电子商务领域知识产权保护专项整治工作的通知 | 加大重点区域整治力度，加大重点案件打击和曝光力度，加大线下源头追溯和打击力度 | 政策规范 |
| 2018.9 | 财政部、税务总局、商务部、海关总署 | 关于跨境电子商务综合试验区零售出口货物税收政策的通知 | 增值税、消费税免税政策 | 政策支持 |
| 2018.11 | 财政部、税务总局、海关总署 | 财政部 海关总署 税务总局关于完善跨境电子商务零售进口税收政策的通知 | 税收调整 | 政策规范 |
| 2018.12 | 市场监管总局 | 市场监管总局关于做好电子商务经营者登记工作的意见 | 经营场所登记 | 政策规范 |
| 2020.1 | 商务部等6部门 | 商务部 发展改革委 财政部 海关总署 税务总局 市场监管总局关于扩大跨境电商零售进口试点的通知 | 进一步扩大跨境电商零售进口试点范围 | 政策支持 |

续表

| 发布时间 | 发布部门 | 政策/文件名称 | 核心内容 | 政策性质 |
| --- | --- | --- | --- | --- |
| 2020.5 | 国家外汇管理局 | 国家外汇管理局关于支持贸易新业态发展的通知 | 出口货物在境外发生的仓储、物流、税收等费用可与出口货款轧差结算 | 政策支持 |

**【案例讨论12-3】**

**消费者A、B、C缴纳税款的比较（适用2016年的纳税政策）**

2016年4月20日，消费者A在海关联网电子商务交易平台进行身份信息认证后，购买跨境电商零售进口化妆品800元人民币（完税价格，下同）。2016年3月20日，消费者B从国外旅游邮寄进口化妆品800元。2016年4月24日，消费者C未进行身份，并以其他人的名义付款，购买跨境电商零售进口化妆品800元。已知化妆品消费税税率为30%，增值税税率为17%，关税为0，原行邮税化妆品税率为50%，现行行邮税化妆品税率为60%。消费者A、B、C分别需要缴纳进口税款如下。

1. 消费者A

消费者A在4月20日购买跨境电商零售进口化妆品，应按照《关于跨境电子商务零售进口税收政策的通知》（财关税〔2016〕18号）规定，以实际交易价格（包括货物零售价格、运费和保险费）作为完税价格，分别计算并缴纳关税、增值税与消费税进口环节税款，也可由电子商务企业、电子商务交易平台企业或物流企业代收代缴。

应纳消费税税额＝（完税价格＋实征关税税额）÷（1-消费税税率）×消费税税率×70%＝（800+0）÷（1-30%）×30%×70%≈240（元）

应纳增值税税额＝（完税价格＋实征关税税额＋实征消费税税额）×增值税税率×70%＝（800+0+240）×17%×70%≈124（元）

合计进口税收应纳税额＝实征关税税额＋实征消费税税额＋实征增值税税额≈0+240+124=364（元）。

2. 消费者B

消费者B由于是在3月20日之前购买进口化妆品，仍按照原行邮税政策纳税。应纳进口税＝完税价格×进口税税率＝800×50%=400（元）。

3. 消费者C

消费者C虽然在4月20日购买跨境电商零售进口化妆品，但未通过海关联网的电子商务交易平台进行身份信息认证，且非本人支付物品的货款，也未超过单次购买2 000元，故适用现行行邮税政策。应纳进口税＝完税价格×进口税税率＝800×60%=480（元）。

问题：试比较分析消费者A、B、C缴纳税款不同的原因是什么。

**案例解析：**

由上例可以看出，跨境电商零售进口货物税收政策各异。财关税〔2016〕18号文《财政部 海关总署 国家税务总局关于跨境电子商务零售进口税收政策的通知》（以下简称"18号文"）规定，自2016年4月8日起，在跨境电商零售进口商品单次交易限值为人民币 2 000 元、个人年度累计交易限值为人民币 20 000 元内的，按照关税税率 0%，进口环节增值税、消费税暂按法定应纳税额的 70% 的优惠政策征收。如果是超过单次限值、累加后超过个人年度限值的单次交易，以及完税价格超过 2 000 元限值的单个不可分割商品，均按照一般贸易方式全额征税。消费者 A 购买跨境电商零售进口化妆品 800 元，未超过单次交易限值为人民币 2 000 元的限额。因此，享受增值税、消费税按 70% 征收的税收优惠。而消费者 B 和 C 不符合优惠政策的条件，应当分别按原行邮税和现行行邮税政策缴纳进口税。

从消费者 A、B、C 缴纳税款的对比分析来看，消费者购买跨境电商零售进口化妆品，并符合 18 号文税收优惠条件的，征收关税、增值税与消费税比之前征收行邮税的税负有所下降。但对于购买同一款适用行邮税的化妆品，现行行邮税的税负略高于原行邮税。需注意的是，此案例是以化妆品为例进行分析，但并非所有物品均有此税负差异，还要根据物品的进口税收政策与行邮税税率的大小等因素而定。

视频 12-10 深圳海关打击跨境电商走私行为

扩展阅读 12-6 海关总署增列监管方式代码历次公告

扩展阅读 12-7 关于开展跨境电子商务企业对企业出口监管试点的公告

现行新政与原政策相比对税收优惠的限值大幅提高，但取消了进口环节免征增值税、消费税的规定，单次购买小价值进口商品也要缴纳税款。如果是自海关放行之日起 30 日内退货的，可申请退税并相应调整个人年度交易总额。备注：财关税〔2018〕49 号文《财政部 海关总署 税务总局关于完善跨境电子商务零售进口税收政策的通知》将跨境电商零售进口商品的单次交易限值由人民币 2 000 元提高至 5 000 元，年度交易限值由人民币 20 000 元提高至 26 000 元。

## 12.3 中国跨境电商综试区实践

### 12.3.1 中国跨境电商综试区概述

**1. 中国跨境电商综试区设立的背景**

艾瑞咨询《2012—2013 年中国跨境电商市场研究报告》数据显示，2012 年中国跨境电商进出口交易额为 2.3 万亿元，同比增长 31.5%，占整体进出口贸易额的 9.5%。2012 年进、出口贸易额分别为 12.3 万亿元和 13.9 万亿元，分别同比增长 8.6% 和 12.4%，增速分别下滑 10.9 个百分点和 2.8 个百分点。导致 2012 年中国进出口贸易额下滑的原因：一是外部市场需求环境变化；二是随着中国劳动力、土地、资源能源等要素成本和资产价格的显著持续上升，以及人民币持续升值等，中国出口综合成本过快上涨，削弱了中国的出口竞争优势；三是针对中国的贸易摩擦持续增加。

扩展阅读 12-8 大量中国跨境电商 PayPal 账户遭冻结涉千万资金

视频 12-11 全国首个跨境电商全产业链园区成立

在此背景下，跨境电商的快速发展将对维持中国进出口贸易稳定增长产生深远意义和价值。一方面，相较于传统外贸，跨境电商能有效压缩中间环节，化解产能过剩，重塑国际产业链，促进外贸发展方式转变，增强国际竞争力；另一方面，电子商务网站集合海量商品信息库、个性化广告推送、智能化商品检索、口碑聚集消费需求、支付方式简便等多重优势，为中小企业提供发展之道。此外，跨境电商面对的是全球200多个国家和地区的商家与消费者，市场潜力巨大，而在中国政府和企业的大力推动下，已经围绕整个跨境贸易形成了一条从营销到支付、物流和金融服务的清晰、完整的产业链，为中国跨境电商的进一步发展奠定基础。

为促进中国跨境电商行业更好更快地发展，国家决定设立跨境电商综试区，作为中国对外开放的重要改革试点，在新常态下探索经济增长的新模式。

**2. 中国跨境电商综试区的内涵及作用**

中国跨境电商综试区是中国设立的跨境电商综合性质的先行先试的城市区域，旨在跨境电商交易、支付、物流、通关、退税、结汇等环节的技术标准、业务流程、监管模式和信息化建设等方面先行先试，通过制度创新、管理创新、服务创新和协同发展，破解跨境电商发展中的深层次矛盾和体制性难题，打造跨境电商完整的产业链和生态链，逐步形成一套适应和引领全球跨境电商发展的管理制度与规则，为推动中国跨境电商健康发展提供可复制、可推广的经验。

**3. 中国跨境电商综试区的发展历程**

中国跨境电商综试区是中国继跨境电商试点城市之后，针对跨境电商发展提出的又一试点项目，是中国设立的综合性质的跨境电商试点性城市区域，构建一个服务于跨境电商的生态系统，抑或打造一个完整的跨境电商生态系统。

2015年，国务院同意设立杭州跨境电商综试区。2016年，在上海、广州、天津、郑州、深圳、成都等12个城市设立第二批跨境电商综试区。2018年，国务院批复同意在北京市、呼和浩特市、沈阳市、长春市、哈尔滨市等22个城市设立第三批跨境电商综试区。2019年，国务院同意在石家庄市、太原市、赤峰市、抚顺市、珲春市等24个城市设立跨境电商综试区。2020年，国务院同意在雄安新区、大同市、满洲里市、营口市、盘锦市、吉林市等46个城市和地区设立跨境电商综试区。2022年11月，国务院发布《关于同意在廊坊等33个城市和地区设立跨境电子商务综合试验区的批复》，同意在廊坊市、沧州市、运城市等33个城市和地区设立跨境电子商务综合试验区。经过此次扩围，我国跨境电商综试区达到165个，实现了除港澳台外我国内地31个省级行政区全覆盖。跨境电商综试区经过几年的运行发展，为中国跨境电商行业发展作出了应有的贡献，助推经济的增长。各批次跨境电商综试区城市名单如表12-5所示。

表12-5 中国跨境电商综试区城市名单

| 时间 | 批次 | 数量 | 城市名单 |
| --- | --- | --- | --- |
| 2015.3.7 | 第一批 | 1 | 杭州 |
| 2016.1.6 | 第二批 | 12 | 天津、上海、重庆、合肥、郑州、广州、成都、大连、宁波、青岛、深圳、苏州 |
| 2018.7.24 | 第三批 | 22 | 北京、呼和浩特、沈阳、长春、哈尔滨、南京、南昌、武汉、长沙、南宁、海口、贵阳、昆明、西安、兰州、厦门、唐山、无锡、威海、珠海、东莞、义乌 |

续表

| 时间 | 批次 | 数量 | 城市名单 |
|---|---|---|---|
| 2019.12.15 | 第四批 | 24 | 石家庄、太原、赤峰、抚顺、珲春、绥芬河、徐州、南通、温州、绍兴、芜湖、福州、泉州、赣州、济南、烟台、洛阳、黄石、岳阳、汕头、佛山、泸州、海东、银川 |
| 2020.4.27 | 第五批 | 46 | 雄安新区、大同、满洲里、营口、盘锦、吉林、黑河、常州、连云港、淮安、盐城、宿迁、湖州、嘉兴、衢州、台州、丽水、安庆、漳州、莆田、龙岩、九江、东营、潍坊、临沂、南阳、宜昌、湘潭、郴州、梅州、惠州、中山、江门、湛江、茂名、肇庆、崇左、三亚、德阳、绵阳、遵义、德宏傣族景颇族自治州、延安、天水、西宁、乌鲁木齐 |
| 2022.2.8 | 第六批 | 27 | 鄂尔多斯市、扬州市、镇江市、泰州市、金华市、舟山市、马鞍山市、宣城市、景德镇市、上饶市、淄博市、日照市、襄阳市、韶关市、汕尾市、河源市、阳江市、清远市、潮州市、揭阳市、云浮市、南充市、眉山市、红河哈尼族彝族自治州、宝鸡市、喀什地区、阿拉山口市 |
| 2022.11.24 | 第七批 | 33 | 廊坊市、沧州市、运城市、包头市、鞍山市、延吉市、同江市、蚌埠市、南平市、宁德市、萍乡市、新余市、宜春市、吉安市、枣庄市、济宁市、泰安市、德州市、聊城市、滨州市、菏泽市、焦作市、许昌市、衡阳市、株洲市、柳州市、贺州市、宜宾市、达州市、铜仁市、大理白族自治州、拉萨市、伊犁哈萨克自治州 |

### 12.3.2 跨境电商综试区实践样本——中国（杭州）跨境电商综试区

#### 1.中国（杭州）跨境电商综试区设立的背景

2013年，中国电子商务交易额达10万亿元，首次超过美国，成为世界电子商务第一大国。同年，国家将杭州列为首批跨境电商贸易试验区和电子商务示范区。2013年12月，杭州市政府和阿里巴巴集团签订了战略合作协议，欲打造全球的电子商务总部，并希望把总部设在杭州，这是建立中国（杭州）跨境电商综试区（以下简称"杭州综试区"）的基础。

扩展阅读12-9 中国跨境电商综试区前五批名单批次（按省份划分）

视频12-12 杭州跨境电商综试区宣传片

2014年，浙江省跨境电商发展迅速并取得了突破性进展，跨境电商成为浙江新的外贸出口增长点。依托良好的电商发展环境和丰富的市场商品资源，杭州、金华和义乌等地逐渐成为浙江省跨境电商出口的先发优势地区。中国（杭州）跨境贸易电子商务产业园在全国5个试点城市中率先正式开园运营，金华、义乌把发展电子商务作为政府工作的一号工程，全省跨境电商初步形成几大战略平台，地区集聚效应优势凸显。特别是拥有47万家网络经营主体、电子商务交易额居全国城市首位的杭州，其发展优势令人瞩目。

#### 2.杭州综试区发展经验及启示

1）构建了线上线下深度融合的跨境电商生态圈

杭州综试区先行先试，在构建线上线下深度融合的跨境电商生态圈方面，形成可供参考借鉴的先进经验。在线上环节，杭州重点建立了覆盖B2C和B2B业务的"单一窗口"；在线下环节，采取"一区多园"的方式进行整体布局。通过"核心区""经济圈""发展带"，打造了全域覆盖的综试区总体布局，构建了线上线下深度融合的跨境电商生态圈。

2）打造了六体系两平台的全方位服务体系

作为2015年在全国设立的首个跨境电商综试区，经过探索，建立了适应跨境电商发展的新型监管服务体系，形成了六体系两平台的顶层设计框架（图12-1）。

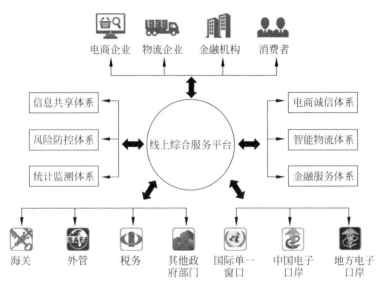

图12-1　杭州综试区六体系两平台

六体系两平台是杭州综试区最为重要的试验内容，也是其在全国范围内复制推广最为广泛的经验。其中"六体系"包括信息共享体系、风险防范体系、统计监测体系、电商诚信体系、智能物流体系、金融服务体系。"两平台"包括线上"单一窗口"和线下"综合园区"，所谓单一窗口，就是一个电子信息化综合服务平台，目前主要包括B2B和B2C业务，从而实现政府部门间信息互换、监管互认、执法互助，汇聚物流、金融等配套设施和服务，为跨境电商打造完整产业链和生态圈。六体系两平台相辅相成，利用互联网思维，大数据手段便利了企业的同时也利好了监管部门。通过六体系两平台的建设，做到了电子商务资金流、信息流、货物流的三流合一。

（1）信息共享体系。杭州综试区通过建立统一信息标准规范、信息备案认证、信息管理服务，构建"单一窗口"平台，打通了关、税、汇、检、商、物、融之间的信息壁垒，实现了监管部门、地方政府、金融机构、跨境电商企业、物流企业之间的信息互联互通，为跨境电商信息流、资金流、货物流的"三流合一"提供数据技术支撑。

杭州综试区制定了全国首个跨境电商B2B出口认定标准、申报流程，企业负责人员只需单击，便可轻松完成报关、报检、退税、结汇等流程。目前，从杭州报关的企业已实现直接从上海、宁波、厦门、天津等口岸出口，报关企业可"一地注册、全国报关"。企业出口货物申报时间从4小时缩短至平均1分钟。另外，"单一窗口"平台已经与阿里巴巴、中国制造网、大龙网、敦煌网四大跨境电商B2B平台的数据对接。

（2）风险防范体系。杭州综试区建立风险信息采集机制、风险评估分析机制、风险预警处置机制、风险复查完善机制，以流程节点风险防控为重点，开展跨境电商全流程的专业风险分析，有效防控综试区非真实贸易洗钱的经济风险，数据存储、支付交易、网络安全的技术风险，以及产品安全、贸易摩擦、主体信用的交易风险，为政府监管提供有效的技术支撑、决策辅助和服务保障。

杭州市人民政府出资与阿里巴巴集团合作共建了跨境电商信用保障资金池，为供应商背书，引导企业通过诚信经营积累信用，为 4 000 多家杭州企业提供超过 8.5 亿美元的信用保障额度。杭州综试区联合金融机构搭建符合跨境电商特点的金融账户体系；对接杭州市市场监督管理局征信系统，依据企业诚信记录，从源头监控企业主体风险；与杭州市公安局合作，对消费者个人信息进行印证与追溯，确保市场交易主体的真实性；发挥网里巴巴的平台作用，建立境外买家征信体系，并将物流、验货等跨境环节纳入风险防控体系；针对跨境电商产业快速发展过程中暴露的纠纷等问题，联合杭州市中级人民法院组建中国首个"互联网法庭"，通过法律手段加强风险监管力度，探索争端解决机制；建立跨境电商商品质量安全国家（杭州）监测中心，将国际"互认机制、采信机制、追溯机制、预检机制"应用于进口敏感产品的监管实践，把控产品质量安全风险，并率先制定了全国首个与跨境电商有关的地方性法规《杭州市跨境电子商务促进条例》。

（3）统计监测体系。利用大数据、云计算技术，对各类平台的交易、物流、支付等海量数据进行分析与运用，建立跨境电商大数据中心，实现跨境电商数据的交换汇聚；发布"跨境电子商务指数"，建立健全跨境电商统计监测体系，完善跨境电商统计方法，为政府监管和企业经营提供决策咨询服务。

（4）电商诚信体系。杭州综试区构建跨境电商信用数据库和信用评价系统、信用监管系统、信用负面清单系统等"一库三系统"，从企业外部环境、企业资质、经营管理、历史信用记录、发展前景、企业财务状况、企业实体考察这七个方面出发，结合政府部门数据，构建跨境电商信用评级指标体系；整合产品上下游供应链，与跨境电商企业共建跨境电商高溯源体系。

（5）智能物流体系。杭州综试区运用云计算、物联网、大数据等技术，充分利用现有物流公共信息平台，构建互联互通的物流智能信息系统、衔接顺畅的物流仓储网络系统、优质高效的物流运营服务系统等，实现物流供应链全程可验可测可控，探索建立高品质、标准化、规范化的跨境电商物流运作流程，形成布局合理、层次分明、衔接顺畅、功能齐全的跨境物流分拨配送和运营服务体系。

杭州综试区整合跨境物流资源，实现运能最大化：通过增加新航线、新设接转专线、增加来往航班、使用水陆空联运等方式，延长长三角区域城市和综试区跨境园区的一体化物流通道；建设机场航空物流平台，实现与航空公司、海关系统以及部分货代系统的互联互通，航空物流相关节点实现管理全程信息化；出台海外仓扶持政策，积极与国际龙头企业合作，推进跨境物流项目建设。

（6）金融服务体系。杭州综试区鼓励金融机构、第三方支付机构、第三方电商平台、外贸综合服务企业之间规范开展合作，利用跨境电商信息可查寻、可追溯的特点，为具有真实交易背景的跨境电商交易提供在线支付结算、在线融资、在线保险等完备便捷、风险可控的"一站式"金融服务。

视频 12-13 杭州综试区线上综合服务平台介绍

杭州综试区联合中国出口信用保险公司浙江分公司

推出"跨境保"产品，开展跨境电商线上融资及担保方式创新试点，为跨境电商企业量身定做收款安全保障方案；联合中国建设银行设立"跨境电子商务金融中心"，并率先与杭州综试区"单一窗口"平台进行数据对接，提供账户管理、支付结算、结售汇、监管信息报送等标准化服务；简化名录登记手续，电商企业通过综试区"单一窗口"平台一次性办理国家外汇管理局名录登记；简化个人电商开立外汇结算账户程序，境内个人电商在"单一窗口"备案后可开立外汇结算账户，不受个人年度等值5万美元的结售汇总额限制。

（7）"单一窗口"建设。"单一窗口"坚持"一点接入"原则，建立数据标准和认证体系，与海关、检验检疫、税务、外汇管理、商务、市场监管、邮政等政府部门进行数据交换和互联互通，实现政府管理部门之间"信息互换、监管互认、执法互助"，实现通关全程无纸化，提高通关效率，降低通关成本。同时，通过链接金融、物流、电商平台、外贸综合服务企业等，为跨境电商企业和个人提供物流、金融等供应链商务服务。

杭州综试区已完成"单一窗口"平台建设、数据支撑、业务应用三大类共计30多项模块的开发并投入使用，已有近6 000家电商平台和企业备案。杭州综试区对于纳入"单一窗口"的外贸综合服务企业、符合要求被评定为一类或二类的出口企业，可使用增值税专用发票认证系统进行信息审核、办理退税，之后再用稽核信息进行复核；对出口退税实行"无纸化管理"，企业进行出口退（免）税正式申报时，只需提供通过税控数字证书签名的正式电子数据，原规定向主管税务机关报送的纸质凭证和纸质申报表留存企业备查。

（8）综合园区建设。杭州综试区采取"一区多园"的布局方式，截至2016年底共建成下城、下沙、空港、临安、江干、富阳、拱墅、桐庐、余杭、建德、西湖、萧山、邮政13个分园区，总面积达到323万平方米，入驻2 000余家企业，已基本形成综合区"一核、一圈、一带"的总体布局。其中，"一核"是指以杭州六大主城区（上城区、下城区、拱墅区、江干区、滨江区和西湖区）为核心区，发挥综合配套和产业基础优势，发展跨境电商集聚平台和线下展示公共平台；"一圈"是指以大江东产业集聚区、下沙、萧山、富阳、余杭五区为产业应用经济圈，利用淘宝城、保税仓储和空港等资源，发挥外贸基础和制造业优势，推动外贸企业和传统制造业应用跨境电商，促进传统经济转型；"一带"是指以临安、建德、桐庐和淳安为西部产业发展带，发挥块状经济特色、综合成本低和工业基础扎实等优势，引进培育跨境电商产业。杭州综试区的"一核、一圈、一带"布局实现了从杭州主城区到外围区域的全覆盖。综合园区有效承接线上"单一窗口"平台功能，优化配套服务，促进跨境电商线上平台和线下园区的联动发展，打造跨境电商完整的产业链和生态链。

3）形成了产业集群发展的优势

扩展阅读12-10 跨境电商综试区的6大政策优势

杭州综试区聚集了阿里巴巴国际站、大龙网、速卖通、天猫国际、苏宁易购、母婴之家、考拉海购、银泰网、Wish、eBay等国内外知名跨境电商企业，以及近8 000家从事跨境电商的外贸、制造企业大卖家。此外，还有 200 余家航空公司和 80 余家海运公司为其提供全天候 24 小时的全球在线物流服务以及一达通、融易通、王道青云等外贸综合服务企业，跨境代运营、大数据运营等服务企业。由支付宝、连连银通等多家具备跨境支付和结售汇牌照的互联网金融企业组成金融服务中心，为综试区企业的跨境支付和结算保驾护航。产业集群式发展形成了更专业化的分工和社会化的协作关系，形成了一个不同企业共生的生态化群体，产生了强大的规模效应和品牌效应。

### 12.3.3 推动中国跨境电商综试区发展建议

**1. 加大基础设施建设力度，夯实综试区发展基础条件**

跨境电商综试区发展需要物流、资金、税收、通关、法律等一系列配套政策体系的完善。在这些方面，需要政府机构、跨境电商综试区管理部门、跨境电商相关企业等多管齐下，补齐短板，为推动跨境电商综试区发展奠定基础。各地区以跨境电商为突破口，大力支持综试区大胆探索、创新发展，在物流、仓储、通关等方面进一步简化流程，精简审批，完善通关一体化、信息共享等配套政策，推动包容、审慎、有效的监管创新，推动国际贸易自由化、便利化与业态创新。

**2. 改善营商环境，优化综试区发展环境**

以市场经济在资源配置中的决定作用为基础，对标国际高标准经贸规则体系，实现生产要素的自由流动与优化配置。强调政府职能转变，简化工作流程，实现贸易便利化、金融开放创新、科技创新、产业集聚与转型等。此外，还要强调市场在资源配置中的决定作用，强调建立完善的市场经济法律法规体系，实现生产要素的自由流动，营造按照市场经济原则实现收入分配的环境。完善跨境电商管理体制机制，实现协同监管与优化服务的有机统一，进而改善跨境电商综试区营商环境。

**3. 注重制度创新，实现与区域开发合作协同**

尝试设立跨境电商综试区协同创新先行区，鼓励在跨境电商综试区所在行政区域内，选择具有体制机制优势与平台功能优势的国家级开发区、产业合作园区等参与跨境电商综试区协同改革，实现协同创新。定期召开跨境电商综试区与区域开放合作协同创新协调会议，建立综试区与先行区互动交流机制。建立相应的组织职能，特别注重在跨境电商综试区和区域机构中设立相应的组织或职能。此外，还要实现跨境电商综试区绩效考评导向与区域政绩考评导向的协同。

**4. 立足自身特点，形成综试区建设的联动效应**

跨境电商综试区并非独立的地域概念，其设立的目标在于，通过建设跨境电商综试区，拉动地域跨境电商发展，带动区域经济发展。跨境电商综试区不能闭门造车、盲目发展，而是要与国家战略如中部崛起、"一带一路"倡议、西部大开发、长江经济带、京津冀一体化、东北振兴等实现联动；要与省内经济实现联动，通过跨境电商综试区建设，呼应自由贸易区、综合保税区、开发区等建设，进而实现经济结构转型，满足高质量发展的需要；要与其他跨境电商综试区实现联动，减少同质化竞争，实现互通有无、优势互补。

## 12.4 跨境电商法律法规与政策发展对策建议

### 12.4.1 建立与跨境电商发展相协调的国际物流体系

结合国际物流的现状，单靠国际快递公司无法满足中国对外贸易的物流需求，特别是在购物旺季，会出现仓库爆炸、货物积压等现象，成为制约跨境电商发展的主要因素。为此，一方面要积极支持中国现有物流企业通过税收、资金等优惠政策进一步拓展国际物流服务，加大业务力度，支持其做大做强，形成规模效应，成为信息化水平高、管理科学、服务水平高的大型物流企业；另一方面，要进一步协调各方资源，努力建设更多的海外存储基地，特别是在主要外贸国家，开发更多的第三方存储设施，在提高分销效率和降低物流成本的同时，也很容易被当地人接受，这是不容忽视的。还需要加强国际物流基础设施建设，促进各种形式的国际运输业务的发展，以更好地满足跨境电商公司的物流周转需求。

### 12.4.2 制定和完善 ODR 规则

各大运营商针对出现的矛盾争端都有自己的解决方式，但从全球来看，仍然缺乏全球公认和可观察的规则，为此，需要建立一个全球认可的 ODR（online dispute resolution，在线争端解决方法）规则。同时，要加强信息安全技术的研发和应用，保证支付系统的稳定性，防止网络安全事故发生，避免技术问题对跨境电商造成的支付风险。此外，还需要关注支持第三方支付机构主动进入跨境支付业务，扩大跨境支付市场的市场份额。市场监管、商务、海关、中央银行等部门共同建立跨境电商信息平台，实现部门间信息共享，加强对异常交易的监控和审计。

### 12.4.3 建立大数据时代的信用体系

首先，对跨境电商公司进行信用评级，加快建立开放透明的信用数据库。此外，评级较差的公司受相关法律的约束，为消费者跨境消费提供指导。其次，要率先建立有关部门的协调监督机制，实现信息共享，并迅速建立电子商务支付监管机制和相关法律制度体系。建设第三方信用平台，实行信息采集、共享和使用机制，构建统一标准、政府主导、多方参与的跨境电商信用体系。政府主管部门还需要积极参与国际磋商，建立争端解决机制，明确哪些国家的法律法规适用于争议，以及解决争议的程序。

### 12.4.4 建立跨境电商便利化和通关服务监督平台

启动跨境电商监管中心并引入自动分拣管道，推动建立跨境电商企业货物、仓储、物流信息统一管理的跨境通关管理服务平台。电子商务网站和通关系统实现数据互联互通，便于跨境电商通关和监管高效，同时大大降低企业运营成本；在对实物有效实施检验和验证的前提下，海关应创新监管方式，依托电子口岸，讨论跨境电商的报关、查验、收汇、核销、退税、结汇等方式，探索无纸化通关和无纸化税务等便捷措施，实现快速通关。

## 12.5 案例讨论：跨境电商零售进口商品走私

跨境电商进口零售商品是当前比较热门的贸易模式，很多企业已经或者正打算进入这个贸易领域。跨境电商进口零售的海关监管模式，从目前分析来看，主要介于行邮模式和一般贸易之间，这几年做了若干次调整［参见《2018版跨境电商海关监管政策解读（一）》一文］，目前在直购进口（监管代码为9610）、保税网购（监管代码为1210）（以上两种方式，下文统称"跨境电商监管方式"）模式下，跨境电商进口零售商品能够享受较一般贸易更为优惠的进口税率，以及更为便利的贸易管制措施。但是需要指出的是，经营跨境电商进口零售，依然应当符合现行海关等政府部门的监管要求，跨境电商进口零售，也不等同于"海淘代购"。违反监管要求，就会触犯法律的红线，构成违规甚至走私行为，这方面的合规风险是旨在从事跨境电商进口零售企业需要高度重视的话题。

### 12.5.1 申报不实

跨境电商零售进口，实际上也归属于进口贸易，因而在一般贸易申报中的违规行为，亦普遍存在于跨境电商的零售进口申报环节，如向海关申报的品名、数量与实际进出口情况有差异，海关监管商品遗失等。

**例12-1**：2017年11月16日，某跨境电商有限公司以保税电商A方式向海关申报进口洗手液，申报税号34022090，申报数量46 656瓶，申报总价人民币699 840元。经查，当事人实际进口货物为化妆品，应归入税号3304990011，数量46 656瓶，实际成交价格为人民币1 400 955元。

海关根据《中华人民共和国海关行政处罚实施条例》第十五条第（二）项的规定，决定对当事人处以罚款。

**解析**：本案是一典型的申报不实违规案件，涉及品名与价格的申报不实。品名申报不实，可能涉及关税税率的差异，从而漏缴关税；价格申报不实，也可能导致漏缴关税。即使申报不实没有涉及关税的漏缴，也可能因为错误申报被定性为影响监管秩序。这类型案件也比较多地发生于一般贸易进出口情形中。

**例12-2**：某跨境电商有限公司于2017年12月13日、2018年5月23日以保税电商监管方式向海关申报进口乳胶护颈枕、乳胶床垫等两批次乳胶护用品。上述2批货物纳入跨境贸易电子商务专用仓库A的跨境电商保税备货管理。当事人作为保税仓经营管理方，因A保税仓库存饱和，货物无法正常入仓，遂将上述货物存放于跨境电商保税专用仓库B，对应货物仍使用保税仓A保税账册。当事人上述调仓行为未向海关报告，其调仓过程也未接受海关监管，并造成保税账册账货不符，造成海关监管活动中断，已构成违反海关监管规定的行为。海关决定对当事人作出行政处罚。

**解析**：网购保税模式进口的跨境电商货物，在保税存储阶段，其监管要求要符合普通保税物流货物的一般规定，保税商品进入保税区域的数量应与运离保税区域的数量一致，就是有进有出、进出相等，同时商品存储在哪个保税区域，需要事先向海关备案。否则就属于违反海关规定的违规行为，会受到海关的行政处罚。

### 12.5.2 进口商品不适用跨境电商模式

跨境电商监管方式下，进口物品可以享受更为优惠的税率和更为便利的贸易管制措施，但正因如此，监管中也规定了非常严格的适用前提，目前主要通过《跨境电子商务零售进口商品清单》（以下简称《零售进口商品清单》）对允许以跨境电商模式进口的商品给予明确列名，未在《零售进口商品清单》的商品不能适用跨境电商监管方式。

**例 12-3**：某海关于 2017 年 11 月 26 日对当事人进口商品进行查验时，发现以直邮跨境电商模式进口的商品包含创口喷雾、脚气药膏、静脉曲张片等药品。该批药品不属于跨境电商正面清单的范畴，属于国家限制进出口的物品，且当事人未提供进口药品和销售药品的许可。

当事人进口国家限制进口的商品未提交许可证件，根据有关法律规定，海关决定对当事人涉案进口商品不予放行，并处以罚款；另根据《中华人民共和国海关行政处罚实施条例》第五条规定，责令当事人提交涉案商品进境许可证件。

**解析**：本案当事人按照跨境电商直购进口方式申报，而商品却属于正面清单之外的品种，本身已经不符合跨境电商监管方式的规定，而且其进口的药品本身不符合贸易管制的要求，因此按照有关规定不予放行，并给予行政处罚。

值得注意的是，虽然《零售进口商品清单》的货品名称是比较清楚的，但是进口之前至少要重视两方面问题：一方面，清单货品名称对应的"备注"项目，这些"备注"的内容实际上是对清单列名的货品做了例外规定，比如规定货品仅限网购保税商品，即这些商品不能通过直购进口方式进口，再比如，规定货品不能列入《进出口野生动植物种商品目录》，即列入该目录的货品不能通过跨境电商方式进口，由此看来符合备注要求是适用商品清单的前提条件。另一方面，清单货品名称对应的税则号列，也可能具有货品排除规定。《零售进口商品清单》注 2 中明确规定"表中货品名称为简称，具体范围以税则号列为准"，换言之，从对货品的精确定义而言，税则号列比货品名称具有更高的优先级。

**例 12-4**：2016 年 4 月至 6 月期间，当事人以保税电商监管方式向海关申报进口 3 票电扇，申报商品编码均为 8414599091，申报数量合计 1 650 台，其中 1 608 台通过海关跨境电商平台进行了销售。经查，发现上述电扇不属于跨境电商零售进口正面清单内商品，应归入商品编码 8414519200 项下。当事人进口货物，商品编码申报不实，影响国家税款征收。经计核，上述 1 608 台电扇的价值共计人民币 131.85 万元，漏缴应纳税款共计人民币 102 447.9 元。

**解析**：当事人申报进口的电扇，申报编码（税则号列）为 8414599091，《零售进口商品清单》中对应的货品名称为"其他扇，风机"，如果仅仅从货品名称来看，进口的电扇和货品名称基本一致，看不出什么问题，但是结合税则号列来看，就有分析的必要，根据进出口税则，税则号列 8414599091 的货品是指电动机输出功率超过 125 瓦的台扇、落地扇、壁扇，而未超过 125 瓦的落地扇，应归入税则号列 8414519200，由于当时 8414519200 未列入《零售进口商品清单》，换言之，电动机功率不超过 125 瓦的落地扇不属于《零售进口商品清单》货品范围。本案中，正因为进口货品并非清单内商品，当然不能按照跨境电商监管方式进口，应当按照一般贸易方式进口，全额缴纳关税和增值税,而当事人以跨境电商监管方式申报进口,显然错误地享受了优惠税率,此时当事人除了需补缴相应税款之外,还可能面临行政处罚。

### 12.5.3 通过跨境电商零售进口方式从事二次销售

跨境电商监管方式要求在进口环节,向海关申报的收货人应为个人消费者,如果收货人为中间商、批发商、零售商等,则不能按照跨境电商监管方式进口,应以一般贸易方式进口,全额缴纳进口税款,并按照贸易管制规定提交许可证件。由于跨境电商监管方式下,可以享受税收及贸易管制的优惠,因此如果明明应该是按照货物贸易进口的货物,假借跨境电商监管方式进口,则可能涉及偷逃进口税款和逃避贸易管制的走私违规。

**例 12-5**:2016 年 1 月至 4 月间,在开展跨境贸易电子商务的过程中,某公司法定代表人、被告人 A 为谋取非法利益,决定利用事先获得的公民个人信息,采取指使公司员工虚构交易订单的方式,以跨境贸易电子商务的名义申报进口纸尿裤等货物,再批量销售给他人。经海关核定,被告单位采取上述方式走私进口货物 9 票,偷逃税款共计 1 280 675.19 元。法院一审判决认定 A 的行为构成走私普通货物,依法应予以惩处。

**解析**:从案情来看,该公司采用进口货物后先在境内囤货,然后再销售给他人的模式,该公司实际上属于批发商,当然不可能是进口商品的最终消费者,但是该公司却利用跨境电商监管方式,虚构订单,套取出跨境电商进口商品,再批量销售给他人,属于明令禁止的"二次销售"行为,当事人存在故意逃避海关监管并进行非法牟利的情节。而选择以跨境电商监管方式代替一般贸易进口,就会存在进口商品的税差,即偷逃进口货物的税款,在数量达到法定金额时,即构成走私普通货物罪。

**课后习题**

1. 跨境电商法律法规的内涵是什么?
2. 陈述中国跨境电商综试区的发展历程。

即测即练

# 第13章

# 海外文化及跨境电商市场

【本章学习目标】
1. 了解什么是文化；
2. 理解文化差异；
3. 了解跨境电商运营中遇到的各国文化差异；
4. 了解"一带一路"之丝绸之路文化与商务往来。

**导学案例：市场调研需要先了解国家文化和文化差异**

中国有一家生产筷子的公司，生产的筷子各种各样，从材料上看，有木制的、竹制的、不锈钢的、高端塑料的；从品质上看，有普通的、中端的、高端的。公司的筷子在国内市场卖得很火，占有30%以上的市场份额。同时，该公司通过跨境电商平台，在全球进行销售。为了进一步开拓海外电商市场，负责海外销售的张经理让刚刚大学毕业加入公司的小王同学负责筷子的跨境电商市场，要求通过对海外市场调研，形成市场调研报告。两周后，小王给张经理提交了筷子的跨境电商市场报告。报告中对几个海外市场进行了分析。对于欧美等西方国家市场，报告分析欧美西方国家吃饭主要用刀叉，不用筷子，所以在欧美国家，筷子的主要市场需求是海外华人及少量曾经在中国生活工作过的西方人，张经理认为小王在这方面的市场分析很不错。对于印度和非洲市场，报告分析称，这些国家和地区人口合起来有几十亿，筷子销售存在潜在市场。张经理笑了笑说："小王，调研之前先去阅读一些中东国家的饮食文化的书籍，然后再修改筷子在印度等国家的市场报告内容。"

中东国家的饮食文化不同于中国，也不同于欧美国家，他们吃饭通常既不用刀叉，也不用筷子，而是直接用手。所以在这些国家和地区筷子销售市场是非常小的。这就是各国各民族饮食文化的差异，导致对产品的需求影响巨大。

资料来源：刘明武. 筷子与刀叉——试论中西文化的异同 [EB/OL]. http://zhwhdx.ustc.edu.cn/zhwhdx/news/detail_197485.htm.

从事跨境电商销售，一定要了解目标市场国家和地区的文化、风俗、习惯。小王通过这个案例深刻认识到，要做好海外跨境电商市场销售，不仅要了解跨境电商市场的专业知识，同时也必须了解海外各国各民族的文化。

## 13.1 海外文化概述

各国各民族都具有不同的文化特征，主要体现在历史文化传统、价值理念、制度、思维方式、行为方式、消费习惯等。这些不同的文化特征导致各国各民族的市场需求也不同。了解全球各国的文化、文化差异以及文化差异对跨境电商市场和跨境电商平台运行的影响是学习跨境电商必须具备的基础知识。首先，各国文化差异虽然看不见、摸不着，但无处不在全球化跨境电商市场中产生影响，学习时要尊重并了解这些文化差异。其次，需要更好地把握各国文化差异对跨境电商市场需求的影响，理解跨境电商文化与产业相融合的特点与趋势。再者，学习海外文化和各国文化差异，目的是提升讲好跨境电商行业发展的中国故事的能力，要把人文交流理念融入跨境电商行业的国际交流合作中去。

### 13.1.1 什么是文化

**1. 文化的界定**

广义的文化，等同于"文明"。文化是指人类活动创造的一切物质财富和精神财富的总和；文化是人类活动的产物，它包括人类的精神活动和人类的物质活动。文化是人类活动创造的一切物质形态，如劳动工具、建筑物、服饰、艺术品等；同时，文化也是人类精神活动及其产物，包括人的思维方式、行为方式及价值理念、人类建立的社会制度（经济、政治、法律）形态、哲学、科学、音乐、艺术等。

**2. 文化的两种表现形式**

文化有两种表现形式：一种是以物质为载体的表现形式，是可见的物质形态；一种是以精神为载体的表现形式，是不可见的精神形态。以物质为载体的表现形式，如人类发明的各种劳动工具、机器、各种建筑物、艺术品、文字、符号等可见的物质形态；以精神为载体的表现形式，如人类的思维活动、科学研究、设计等不可见的精神形态。

**3. 文化都是不断发展变化的**

任何一种国家民族的文化总是处于不断发展变化的过程中。如果一个国家民族的文化不能够随着时代的发展而变化发展，那么这种文化就会有消失灭亡的危险。文化处于不断发展变化之中，文化可以传承、积累、融合。但是各种不同文化发展所处的阶段和发展的程度是不同的。从时间的维度来看，人类文化分为远古原始文化、古代文化、近代文化、当代文化、现代文化。从生产方式的维度来看，人类文化分为农耕文化、工业文化、科技文化、互联网文化、智能文化。目前，全球各国各民族的文化发展所处的阶段是不同的，有的可能在发展的低级阶段，有的可能在发展的高级阶段。如在人类出现工业革命前，世界各国各民族主要处于农耕文化阶段；在工业革命后，世界上许多国家仍然处于农业文明阶段。即使在当今的时代，由于各个国家历史传统、经济发展水平、教育科技发展的程度不同，各国文化发展所处的阶段也会不同。在一些土著原始部落，可能仍然保留原始文化的特征。非洲一些国家还是以农耕文化为主体。而一些发达国家，文化已经进入智能化的时代。

### 13.1.2 如何克服跨境电商运营中遇到的各国文化差异问题

**1. 为什么跨国文化差异对跨境电商市场具有巨大的影响**

在全球化时代，各国各地区由于文化差异，对跨境电商市场需求的影响是巨大的。但是文化与市场的关系一直没有得到学术界的重视。为什么不同的文化传统、习惯理念、思维方式、行为方式和消费观念会对市场需求有不同的影响？比如，从西方国家与中国的饮食文化的差异，我们容易理解中西文化差异对市场需求的影响。在欧美西方文化国家，人们以肉食（牛肉、鸡肉）为主，烹饪方式以烤为主，他们更重视食材的原汁原味，更强调食物的营养价值，蔬菜及面包只是配料，他们不喜欢吃带有骨头的菜肴。中国饮食文化强调荤素搭配及均衡，食材以物以稀为贵，烹饪方式多种多样，要求菜肴色香味俱全，主食以米饭和面食为主。中西饮食文化巨大差异，使得许多中国人第一次到西方国家，无论是因为商务还是旅游，对西方的食物不能够适应。同样，许多西方人第一次来到中国，对中国的饮食也是很不习惯。通过中西饮食文化差异的例子，可以清楚地说明，文化差异对市场需求有巨大影响，在不同文化背景下成长起来的人，他们的生活习惯、生活方式、消费观念是不同的，由此市场的需求也是不同的。跨境电商业务，因为通过网络平台可以直接销售产品，不需要出国对海外市场进行实地考察调研，由此，如果对销售目标国家与地区的文化不了解，就有可能影响产品在该国或该地区的市场定位。

各个国家与地区的文化差异对市场需求的影响主要体现在如下几个方面。

（1）不同国家与地区的文化对同一产品具有不同的价值判断。同一类产品，功能相同，不同文化背景的消费者会有不同的价值判断，从而影响产品的价格及市场的需求。

（2）不同国家与地区的文化会形成不同的消费观。

（3）不同国家与地区的文化对产品的设计、质量和包装具有不同的要求。欧洲西方国家的消费者，不但注重产品的质量品质本身，对产品的包装也有比较高的要求。中国的许多产品，质量很好，价格也很有竞争力，可是包装跟不上，西方消费者往往不愿意购买。

（4）不同国家的文化对产品的颜色具有不同的偏好。

（5）不同国家的文化对同一产品追求个性化、差异化的需求。所以面向西方国家电商市场提供的产品应该是小批量、多品种、差异化、个性化的产品。

（6）不同国家的文化，对产品品牌的认知度不一样。

（7）不同国家的文化对产品的禁忌不同。

**2. 了解和尊重各国（地区）文化及存在的差异**

在全球化时代，全球化统一市场已经形成，互联网技术、现代物流、全球化支付体系使全球跨境电商运行成为现实。但是全球200多个国家和地区的历史传统、政治制度、法律制度、经济制度、意识形态及市场制度的成熟及开放程度各不相同，各国（地区）政府管理经济的政策、手段及方法也各不相同。各国（地区）人们长期形成的价值观念、生活方式也是千差万别。跨境电商在运行过程中面临以上种种文化差异方面的挑战。如何克服各国（地区）文化差异的挑战？行之有效的办法是：了解和尊重。

在商务往来中，了解各国（地区）不同的文化是基本的前提条件。跨境电商的交易是通过虚拟网络平台，在跨文化环境下，跨时空，利用电子支付和国际物流完成的，交易双方可能素昧平生。对于只有不同文化背景的海外客户，如果感觉不到尊重，就不可能开始业务交流。

## 13.2 跨境电商市场及文化

互联网技术及交通物流技术的发展，使覆盖全球化的跨境电商市场成为可能，形成了全球统一电商市场。但是由于各个国家和地区文化差异的影响，全球统一的跨境电商市场又带有明显各自文化差异特征，由此形成了跨境电商市场的国家和地区差异性。如以西方文化为主体的欧美国家，其跨境电商市场与中东阿拉伯国家文化为主体的跨境电商市场是不同的，以印度文化为主体的跨境电商市场与以俄罗斯国家为主体的跨境电商市场也是不同的。以下根据不同的文化体系分别分析全球跨境电商市场。

一是以英语为主要官方语言的西方文化，主要代表国为美国、加拿大、英国、澳大利亚、新西兰。

二是有德语、法语、意大利语等多种不同语言的欧洲大陆文化体系。

扩展阅读13-1 海外节日（上半年）

三是以俄语为主要语言的俄罗斯文化体系。

四是以阿拉伯语为主要语言的中东阿拉伯文化体系。

五是以英语、法语为主要语言的非洲文化体系。

六是以印度语为主的印度、巴基斯坦文化体系。

扩展阅读13-2 海外节日（下半年）

七是以日本、韩国及东南亚国家为主体的日本、东南亚文化体系。

八是以墨西哥、巴西、阿根廷为主体的拉美文化体系。

## 13.3 "一带一路"国际商务文化

2021年和2022年政府两会报告中，多次提到"一带一路"，深化共建"一带一路"务实合作。加快发展外贸新业态新模式充分发挥跨境电商作用，支持建设一批海外仓，积极扩大优质产品和服务进口，创新发展服务贸易、数字贸易，推进实施跨境服务贸易负面清单，深化通关便利化改革，加快国际物流体系建设等。通过以上系列举措，助力外贸降成本、提效率，高质量共建"一带一路"。

扩展阅读13-3 2022年全国两会：政府工作报告中的"一带一路"

扩展阅读13-4 跨境电商市场分类及特点

"一带一路"的核心是丝绸之路。本节围绕丝绸之路的关键人物、地点展开探讨。丝绸之路从张骞出使西域开始有2100多年的历史（表13-1）。2100多年来，在丝绸之路上发生了很多故事，可以归结为三个阶段，差不多700年一个阶段，汉朝、唐朝、元朝是鼎盛时期。

表13-1 丝绸之路的历史

| 距今大约年代 | 朝代 | 人物 | 身份 | 最长经历时段 | 年数 | 备注 |
| --- | --- | --- | --- | --- | --- | --- |
| 2100年前 | 西汉 | 张骞 | 外交官 | 前139—前126年 | 13 | 第一阶段 |
| 1600年前 | 东晋 | 法显 | 僧人 | 399—412年 | 13 | |
| 1400年前 | 唐 | 玄奘 | 僧人 | 628—645年 | 17 | 第二阶段 |

续表

| 距今大约年代 | 朝代 | 人物 | 身份 | 最长经历时段 | 年数 | 备注 |
|---|---|---|---|---|---|---|
| 700年前 | 元 | 马可波罗 | 信使等 | 1271—1288年 | 17 | 第三阶段 |
| 700年前 | 元 | 伊本·白图泰 | 旅行家 | 1324—1349年 | 25 | |
| 600年前 | 明 | 郑和 | 外交官 | 1405—1421年 | | 七次下西洋 |
| 400年前 | 明 | 利玛窦 | 传教士 | 1582—1610年 | | 在中国28年 |

### 13.3.1 丝绸之路关键的人和事

**1. 丝绸之路的由来**

在《中国——亲身旅行的成果和以之为根据的研究》中写道:"从公元前114年至公元127年间,从洛阳到撒马尔罕(今属乌兹别克斯坦)有一条古老的商路",名为丝绸之路。丝绸之路更加系统的描述出自《丝绸之路》这部著作。

**2. 丝绸之路的关键节点**

1)撒马尔罕

斯文·赫定在《丝绸之路》里写道:"从公元前114年至公元127年,从洛阳到撒马尔罕有一条古老的商路,名为丝绸之路。"这其中有两个城市,一个是洛阳,一个是撒马尔罕。撒马尔罕是当年中亚最有名的城市之一,现在是乌兹别克斯坦的一个古城。撒马尔罕博物馆里珍藏了大量关于丝绸之路的文物。当时的撒马尔罕君主叫帖木尔。帖木尔统治很大的地盘,西至地中海,包括印度、巴基斯坦的部分和阿富汗的全部,还有一些周边的小国。帖木尔认为自己是成吉思汗的后裔,他每占领一个国家的土地就按照成吉思汗的模式进行治理。整个中亚,特别是乌兹别克斯坦,都把帖木尔当成他们的圣人。

2)洛阳

关于洛阳,撒马尔罕的博物馆有一幅图,原图不是很清晰,乌兹别克斯坦的艺术家和考古学家把这幅图复原,如图13-1所示。图中描绘的是唐朝武则天划船到撒马尔罕的景象。武则天当时把首都从长安迁移到洛阳,并在洛阳建立了一个巨大的明堂。当时的明堂可以算是全世界最辉煌的宫殿。在明堂边上有一个99米高的建筑,这在当时已经是非常高的技术和水平了,这也是为什么洛阳是当时世界上最繁华的城市之一。洛阳不仅是当时丝绸之路的东方起点,也蕴含许多历史文化,佛教在中国的第一个寺庙——白马寺也是在洛阳建成的,举世闻名的龙门石窟也在洛阳。

图13-1 武则天时期的中国龙舟①

**3. 丝绸之路的开拓者——张骞**

张骞,西汉(汉中,前164—前114年)。杰出外交家、旅行家、探险家。两次出

---

① 2018年5月陈德人教授拍摄于乌兹别克斯坦撒马尔罕博物馆。

使西域，打开了中国与中亚、西亚、南亚以至通往欧洲的陆路交通，被誉为"第一个睁开眼睛看世界的中国人"。

张骞第一次出使西域：公元前139年，受汉武帝命率100多名随员往大月氏，途中被匈奴关押10年之久，后趁匈奴内乱逃脱继续使命，过乌兹别克斯坦和塔吉克斯坦到大月氏。后从阿富汗走昆仑山南线返回，历时13年。

张骞第二次出使西域：公元前119年，汉武帝再令张骞率300多名随员，携金币、丝帛等财物数和牛羊无数，出使乌孙。4年后带乌孙使者返回长安。

张骞每到一个地方就记录下来，汇集成一本百科全书。他把每个地方的经济、生活、产品、消费情况都记载得很清楚，打通西域，为后面的贸易往来奠定了基础。他出使返回时带回乌孙使者，使者看到长安的繁华强大，最后同意汉进入乌孙。公元前115年达成了细君公主和亲，公元前105年解忧公主和亲，汉朝和乌孙的关系更加融洽。张骞最大的贡献是开启了丝绸之路的贸易往来，把天马、汗血马等良种马引入内地，进口宝石、玻璃器、葡萄、核桃、苜蓿、石榴、胡萝卜和地毯等，出口丝绸、茶叶、漆器、工具等产品，输出铸铁、开渠和凿井等技术。

**4. "一带一路"的先行者——法显**

法显，东晋时期僧人（临汾，334—420年）。3岁度为沙弥，20岁受具足戒，一生潜心于佛学，是中国第一位到海外取经求法的大师，比玄奘取经早230年。

法显走遍了整个印度，称得上是"一带一路"的先行者。65岁出发，赴天竺寻求戒律。法显活动能力很强，公元399年5人出发，一路上召集同行者，到新疆的时候已经增到11人，然历经磨难，到达中天竺剩2人，到达摩竭提国仅剩他自己1人。409年，到斯蒂兰卡过马六甲海峡，412年，到山东沿海，历时7年写成《佛国记》。历经13年的艰苦跋涉，法显沿丝绸之路到达了天竺各国，沿海上丝绸之路返回中国。这是有史以来记载的第一位走完"一带"和"一路"的中国人。

**5. 民族脊梁（鲁迅语）——玄奘**

玄奘，唐代僧人（河南偃师，602—664年），10岁出家，20岁受具足戒，游历四川、河南、河北、陕西各地，参访名师，讲经说法。

英国历史学家史密斯有一句话说得特别好，"中世纪的印度历史漆黑一片，他是唯一的亮光。"整个印度佛教十分流行，玄奘把它记录了下来。他26岁时到印度去取经，历时17年一共走了5万多里（1里=500米）路，遍及百余个大小国家城邦，边学边讲边辩边著书立说，携带657部佛经回到长安。他谢绝唐太宗唐高宗的从政命令，只求一经堂翻译经文。共翻译佛教经论74部、1335卷，每卷万字左右。译典著作有《大般若经》《心经》等，做佛学玄奘可以说是第一人。

### 13.3.2 丝绸之路概述

**1. 丝绸之路的多样性**

丝绸之路有草原丝绸之路、冰雪丝绸之路、海上丝绸之路，这是丝绸之路的多样性。

草原丝绸之路最重要的时间是元代，草原丝绸之路有三条，即西线：中亚—欧洲；南线：中原；北线：漠北—西伯利亚。以元上都和元大都为中心，三条驿路是帖里干、木怜、纳怜。草原丝绸之路最重要的是元大都跟元上都之间的通信，元朝最早建都在元上都，元上都在今天的内蒙古，后来在北京建了元大都。元大都与元上都之间大概相距350公里，这350公里之间一共有四条道路，这四条道路我们都把它叫作草原丝绸之路，其中有一条道路是老百姓可以走的，是驿路正站，指的是上都—正蓝旗侍郎城—黑城子—沽源—延庆—居庸关—昌平—大都。另外有两条是皇帝专用的道路，索洛站道：上都—宝昌—张家口—宣化—沙城—怀来—居庸关—大都；黑谷路：上都—恒州—李陵台—察汗淖尔—沽源—黑谷口—昌平—大都。还有一条是大臣专用的道路，钦差御史路：上都—白城子—丰宁—古北口—密云—顺义—大都。元代整个丝绸之路驿站数有1 519个，车辆有4 000多辆。

冰雪丝绸之路主要是往东三省方向的。在长白山下有朝贡道、驿路、丝绸之路等遗址，三道沟故城挖掘出来的遗迹中清晰显示车同轨、车辙沟中的马掌印。

海上丝绸之路在汉朝到唐宋时期，有小范围沿着海岸线的丝绸之路出现。汉代以沿着近海、亚洲为主航行；唐宋沿着波斯湾、红海、抵达地中海的线路。明代开始跨越大洋，从海上穿越。海南岛的琼海中国南海博物馆，对丝绸之路有非常详细的介绍，对明朝郑和有极高的评价。郑和七次下西洋。郑和带领浩浩荡荡的船队第一次出海时，有200艘船，最大的一艘船长151.8米，宽61.6米，整个船队的规模为27 000人，可见当年明朝的强盛。船上装着大量的瓷器和丝绸。在将这些物品全部赠送给对方之后，把对方回赠物品带回国内。明朝时代，意大利人利玛窦专门写了一本书，对郑和下西洋有很精辟的评价。

**2. 海上丝绸之路的发展**

国际商务可分为四个时代即农牧业时代、大航海时代、工业化时代和大数据时代。农牧业时代的资源只有土地，所以人骑着马或者驾着马车，马车所到之处就是国际商务交易。大航海时代，情况发生了变化，发现了新大陆。工业化时代和大数据时代，国际商务快速发展。各时代特征如表13-2所示。

表13-2　国际商务的四个时代特征

| 时代 | 区域 | 基础设施 | 节点 | 商品内容 | 商业资源 |
| --- | --- | --- | --- | --- | --- |
| 农牧业时代 | 人/马所及 | 土地/牧场 | 驿站 | 农牧产品/人 | 土地资源 |
| 大航海时代 | 船运所及 | +船队/航线 | +港口 | +矿产资源/奢侈品/武器 | 新大陆资源 |
| 工业化时代 | 电力所及 | +公路/铁路 | +城镇 | +工业品/服务 | 矿能资源 |
| 大数据时代 | 网络所及 | +网络/平台 | +数据中心 | +服务 | 数据资源 |

农牧业时代的关键节点是驿站，即邮政，它可以算得上是中国人的一项伟大发明，是中国对世界最大的贡献之一。欧洲是由一个个小国家组成的，每个国家最大的距离可能就100公里，所以他们并不需要驿站。但中国土地辽阔，皇帝的指令需要驿站传达下去，需要通信，古代通信其实就是邮政。皇帝的一个指令从一匹马开始往下传递，到了一个驿站，换一匹马再往下传，到了下一个驿站再换一匹马再往下传。因此，皇帝的指令可能3天就能到海南岛。这就是古代中国人建立的网络系统。长城的烽火台也是驿站的一部分。

大航海时代（15—19世纪初），郑和虽然七次下西洋，但他只是一个外交官，几百艘船下西洋，并不是以贸易为目的。虽然大农牧—大航海时代中国实力是最强的，但是西班牙、荷兰、葡萄牙的实力也在不断上升，相对而言，大航海时代是旧中国没落的开始。

大航海时代，郑和下西洋开始不久之后，迪亚士开始海上探险。他们的行为不是出于郑和那种外交目的。郑和下西洋实际上就是送了一些东西，拿回来一些东西。欧洲人沿海从葡萄牙、西班牙、荷兰开始寻找，借助指南针和望远镜，寻找黄金，寻找白银，寻找新大陆，后来，新大陆的寻找从货物的贸易慢慢扩展成了奴隶的贸易。

克里斯托弗·哥伦布（Christopher Columbus，1451—1506）出生于意大利热那亚，葡萄牙里斯本人，西班牙大航海家、探险家。14岁开始跟随葡萄牙人航海；28岁与葡萄牙圣塔岛总督女儿结婚；精通航海理论，会四国语言；40岁游说航海计划（葡、意、法、英、西等）。55岁开始第一次远洋航行；66岁第四次（最后一次出海）远洋航行。

哥伦布是意大利人，但是长期在葡萄牙生活，那时葡萄牙是航海的中心，里斯本是航海业务中心。哥伦布跟葡萄牙的国王说要制订一个航海计划，发现一些新的地方。但是葡萄牙国王没有兴趣。后来，哥伦布跟意大利人说、跟法国人说、跟英国人说，都没有成功，最后说动了西班牙女王伊莎贝拉，开始远洋，前后一共四次。哥伦布与西班牙国王的协议是：授予海军上将，授予所发现和所取得的大陆与岛屿的首席长官并可永远世袭所有特权，所购买的、所交换的、所找到的或以其他方式所获取的珍珠、宝石、金银、香料及其他一切财物的1/10归哥伦布，9/10归国王和王后。

哥伦布的远洋共3艘船，90人开始出发，完全比不上郑和下西洋的规模。哥伦布首先要去的地方是亚洲。因为他看了马可波罗的书，他想到中国、印度，做印度的香料、中国的丝绸生意。但他从西班牙往西走，一直走到加勒比，发现了加勒比的岛屿，他以为到了亚洲。哥伦布的远洋第一次非常成功，没有一个人死亡。90人中留下了30多人，在加勒比的岛上建了一座城堡，其他人都安全返回。印第安人的"印第安"的名字就是哥伦布取的。哥伦布到了加勒比海的岛屿后，他以为到了印度，所以把当地人叫作印第安。当时他跟那些土著人非常友好，还带着10个土著人回到了西班牙，这10个人经过训练，有5个人能够当翻译。第二次远洋，共17艘船，带1 500人、更多黄金出发了。他们浩浩荡荡地坐船来到加勒比，发现了新的黄金、新的白银、新的大陆。哥伦布第三次远洋，共6艘大船，船员包括军人、矿工、农民、手工艺者等。第四次有4艘大船、150人。

### 13.3.3 丝绸之路国际商务总结

新时代是世界巨变的时代，是中国崛起的时代，也是大数据爆发的时代。在构造全新商业观念的时期，"一带一路"国际商务应尊重历史和文化差异，商业无国界。

---

**课后习题**

1. 什么是文化差异？
2. 东南亚跨境电商市场主要包含哪几个国家市场？

3. 助力外贸降成本、提效率，高质量共建"一带一路"的具体举措有哪些？
4. 简述张骞出使西域的贡献。

— 即测即练 —

# 参 考 文 献

[1]  柯丽敏，王怀周．跨境电商基础、策略与实战 [M]．北京：中国工信出版集团，2016．

[2]  跨境电商的六大特征 [EB/OL]．（2019-11-12）．https://zhuanlan.zhihu.com/p/91398035．

[3]  数字经济下中小企业跨境电子商务白皮书 [EB/OL]．（2019-11-29）．https://mp.weixin.qq.com/s/_rvZJaYFaBo07eppDC-e7g．

[4]  浙江省电子商务促进会，数字贸易研究院．中国跨境电商发展报告 [EB/OL]．（2021-01-04）．https://mp.weixin.qq.com/s/tY4Pn6VtWbonMiDnccQN_A．

[5]  亿邦智库．2020跨境电商发展报告 [R]．2020．

[6]  李克强主持召开国务院常务会议 部署"十四五"时期纵深推进大众创业万众创新 更大激发市场活力促发展扩就业惠民生 [EB/OL]．(2021-06-21)．http://www.gov.cn/guowuyuan/cwhy/20210622c20/mobile.htm．

[7]  中国侨网．跨境电商规模5年增长近10倍 市场采购贸易方式快速发展 [EB/OL]．（2021-07-07）．https://baijiahao.baidu.com/s?id=1704583196260794915&wfr=spider&for=pc．

[8]  马述忠，等．2018世界与中国数字贸易发展蓝皮书 [R/OL]．（2020-06-08）．www.cec.zju.edu.cn/2020/0608/c51939a214-883/page.htm．

[9]  中国信息通信研究院．数字贸易发展与影响白皮书 [R]．2019．

[10] 阿里商业评论，阿里研究院．跨境电商模式与商业生态框架分析报告 [R/OL]．（2016-04-11）．https://mp.weixin.qq.com/s/W-OrsoVoykmPorPOH9qHIw．

[11] 浙江省电子商务促进会．2021中国跨境电商行业细分领域及消费者行为数据分析 [EB/OL]．(2021-05-21)．https://mp.weixin.qq.com/s/PlA1bCyxsVxsDWvkYkqdLg．

[12] 李金灿．2021年跨境电商独立站行业概览 [EB/OL]．（2021-07-17）．https://www.doc88.com/p-73773073666558.html．

[13] 头豹信息科技南京有限公司．2021年跨境电商独立站行业概览 [EB/OL]．https://www.waitang.com/report/30741.html．

[14] 世界会展平台．全球60家主流跨境电商平台汇总，有些你根本没听过！ [EB/OL]．（2021-03-31）．https://mp.weixin.qq.com/s/GAH50zsN5cypz-CQbRzmvQ．

[15] 跨境知道．速卖通2019核心战略分析：全球布局现状及用户增长方案 [EB/OL]．（2019-04-28）．https://www.ikjzd.com/articles/59955．

[16] 阿里商业评论．跨境电商模式与商业生态框架分析报告 [R/OL]．（2016-04-11）．https://www.sohu.com/a/68753308_384789．

[17] 斑马易境EKP．跨境电商的支付方式有哪些？ [EB/OL]．（2021-05-20）．https://www.zhihu.com/

question/59901330.

[18] 外贸跨境电商 B2B 平台有哪些？跨境电商 B2B 前十排名 [EB/OL].（2019-03-08）. https://www.cifnews.com/article/46968.

[19] 艾瑞咨询 .2021 年中国新跨境出口 B2B 电商行业研究报告 [R/OL].（2021-03-01）. https://mp.weixin.qq.com/s/udZxV04-nNNW85VGcWQzFQ.

[20] 万字长文：中国跨境电商二十年 [EB/OL].（2021-08-10）. https://mp.weixin.qq.com/s/YEYLQWk3VM6zs2rPkMxwwA.

[21] 亚马逊全球开店 . 亚马逊中国与杭州签署战略合作备忘录，携手推动杭州出口跨境电商发展 [EB/OL].（2016-05-13）. https://mp.weixin.qq.com/s/OiW5jYQ8eulnVnB8_uEy-Q.

[22] 36 氪 . 如何建设跨境电商品牌？[EB/OL].（2021-04-06）. https://36kr.com/p/1169892896245128.

[23] 金名标 . 商标 = 品牌？商标和品牌之间的区别与联系 [EB/OL].（2020-07-07）. https://mp.weixin.qq.com/s/J3E3sWTxeIol0IpHaRYvQQ.

[24] 亿邦智库 .2021 中国 DTC 企业出海发展报告 [R/OL].（2021-04-27）.https://mp.weixin.qq.com/s/m2QBGKCHswWKYUa2kJVpxw.

[25] 中移智库 . 数字化营销现状与趋势 [R/OL]. https://max.book118.com/html/2021/0823/8021104067003137.shtm.

[26] 山东支点网络科技 . Facebook 营销的 5 种营销模式 [EB/OL].（2020-11-09） https://www.sdzhidian.com/id3230161.html.

[27] 艾瑞咨询 . 2021 年中国跨境电商出口物流服务商行业研究报告 [R].2021.

[28] 内蒙古跨境电商运营 . 一文读懂自贸区、综保区、保税区、保税物流中心分别是什么 [Z]. 2021.

[29] 美意科技 . 供应链干货：跨境电商如何进行仓库管理 [EB/OL].（2015-04-20）. http://www.360doc.com/content/15/0419/22/20625683_464479355.shtml.

[30] 懂懂笔记 . 跨境电商大洗牌，十万家店铺被封，背后不止"刷单"那么简单？[EB/OL].(2022-03-08). https://chuhaiyi.baidu.com/news/detail/43494498.

[31] 金贵朝，林洁，盛磊 . 跨境电商视觉营销 [M]. 北京：中国工信出版集团，2022.

[32] 金贵朝，盛磊，苏丹娣 . 电商美工 [M]. 杭州：浙江大学出版社，2019.

[33] 张克夫，郭宝丹 . 跨境电子商务法律法规 [M]. 北京：清华大学出版社，2021.

[34] 郑春贤 . 跨境电子商务法律问题研究 [M]. 北京：中国商务出版社，2021.

[35] 郑秀田 . 跨境电子商务概论 [M]. 北京：人民邮电出版社，2021.

[36] 伍蓓 . 跨境电子商务理论与实务 [M]. 北京：人民邮电出版社，2020.

[37] 熊励，许肇然，李医群 . 跨境电子商务 [M]. 北京：高等教育出版社，2020.

[38] 张夏恒 . 跨境电子商务概论 [M]. 北京：机械工业出版社，2020.

[39] 郑红花 . 跨境电子商务法律法规 [M]. 北京：电子工业出版社，2017.

[40] 徐凡 . 跨境电子商务基础 [M]. 北京：中国铁道出版社，2017.

[41] 张夏恒，陈怡欣 . 中国跨境电商综合试验区运行绩效评价 [J]. 中国流通经济，2019（9）：73.

[42] 罗格淋 . 中国跨境电商政策和发展策略 [J]. 现代商贸工业，2020，41（33）：39-40.

[43] 罗云开 . 我国跨境电商政策回顾与评析 [J]. 中国外资，2020（8）：58-61.

[44] 赵崤含，潘勇 . 我国跨境电子商务政策分析：2012—2020 [J]. 中国流通经济，2020（1）：47-59.

[45] 杨芸.基于跨境贸易电子商务发展的政策研究——以杭州跨境电子商务综合试验区为例[J].对外经贸，2019（11）：70-72.

[46] 人民资讯.扩量提质跨境电商"试"入快车道[EB/OL].（2002-02-11）.https://www.sohu.com/a/523045061_121124359.

[47] 电子商务研究中心.跨境电商系统：跨境支付介绍[EB/OL].（2019-09-07）.https://mp.weixin.qq.com/s/QDboGO7ULGl1TjXIAR_j7g.

[48] 方美玉.跨境电商Wish立体化实战教程[M].杭州：浙江大学出版社，2019.

# 教师服务

感谢您选用清华大学出版社的教材！为了更好地服务教学，我们为授课教师提供本书的教学辅助资源，以及本学科重点教材信息。请您扫码获取。

**》 教辅获取**

本书教辅资源，授课教师扫码获取

**》 样书赠送**

**电子商务类**重点教材，教师扫码获取样书

 清华大学出版社

E-mail: tupfuwu@163.com  
电话：010-83470332 / 83470142  
地址：北京市海淀区双清路学研大厦 B 座 509  

网址：http://www.tup.com.cn/  
传真：8610-83470107  
邮编：100084